BARKING UP THE WRONG TREE

有效努力
放大你的核心优势

［美］埃里克·巴克（Eric Barker）——著　　刘惠——译

C〒S 湖南文艺出版社
HUNAN LITERATURE AND ART PUBLISHING HOUSE　博集天卷 CS-BOOKY

献给我的父母，

他们如此善意地容忍作为儿子的我，

一株娇弱的兰花，一个幸运怪物，一个未经筛
选的领袖。

什么？这到底意味着什么？

那赶快读读这本书吧！

请停止无效努力……

重要的事从来都不会附带指引。

——詹姆斯·理查森

002

有　效　努　力

BARKING
UP THE
WRONG
TREE

成功的原因到底是什么

了解超级成功人士和我们之间的不同，

努力更像他们，以及庆幸有时候我们不一样。

曾经有两个人因参加跨美自行车赛（RAAM）而一命呜呼。

《户外杂志》（*Outside Magazine*）将跨美自行车赛称为世界上最艰难的耐力比拼赛事，没有之一。选手要在12天内骑自行车从圣迭戈出发，穿越3000英里到达大西洋城。

或许有人认为："哦，这不就是环法自行车赛嘛。"然而这种想法是错误的。毕竟环法自行车赛设有不同的阶段，而且选手有休息时间。但跨美自行车赛一旦开始比赛，就不会停止计时。所以，选手在睡觉、休息或者做任何与骑行无关的事情上所花的任何一分钟，都有可能被其他选手超越。选手每晚平均睡眠时间为3小时——勉而为之。

比赛第四天，排名靠前的骑手必须讨论来决定何时休息。由于竞争激烈（选手之间相差不到一小时），这个决定让他们感到压力巨大，同时他们还意识到，在讨论的时间里他们可能会被别人赶超，这样一来他们还要

002

有　效　努　力

BARKING
UP THE
WRONG
TREE

弥补休息时间，重新夺回领先地位。可是随着赛事的推进，选手们只会变得越来越虚弱。比赛没有片刻休息的时间。因此，他们在横穿整个美国的途中，身心疲惫，而痛苦以及睡眠不足只会不断加剧。

然而这并不会对2009年排名第一的骑手造成丝毫影响。确切地说，他领先第二名12个小时。尤雷·罗比克（Jure Robič）似乎是坚不可摧的。他曾五次问鼎跨美自行车赛，这已经是前无古人后无来者，而且他通常只需要9天的时间就能到达终点。在2004年的比赛中，他领先第二名选手11个小时。你能想象，比赛宣布冠军人选后人们还要再等上半天才能看到亚军的情景吗？

很显然，我们都想知道，在这样一场耐力考验赛中，罗比克领先或成功的原因是什么。

是因为他天赋异禀吗？不是。体能测试的结果表明，他是典型的耐力极强型运动员。

或许他有最好的教练？没有。他的朋友乌罗克·韦列派克（Uroč Velepec）把罗比克定义为"完全无法被指导"的人。

在《纽约时报》（New York Times）的一篇报道中，丹·科伊尔（Dan Coyle）分析了罗比克比赛中的优势，这种优势让他成为跨美自行车赛有史以来最优秀的选手。

那就是他疯狂的天性。

这并不是在夸大其词地形容他的极端主义。事实上，罗比克参加比赛的时候，完全丧失了理性。

他变得偏执，几度含泪崩溃，似乎能从脚下的马路缝隙中看出什么特别的意义。罗比克还会扔下他的自行车，双拳紧握，眼冒金星地朝着随行队员的汽车走去。（他们早已明智地将门锁上。）他甚至会在比赛中途跳下自行车，用拳头殴打邮筒。有一次他出现了幻觉，看到一群圣战士手持枪械追赶自己。他的行为严重影响到了他当时的妻子，以致她把自己锁在了队伍的拖车中，没有继续观看比赛。

科伊尔写道，罗比克认为自己的疯狂是"尴尬、窘迫却没有办法摆脱的"。有趣的是，尤雷的这种天赋早已被视为竞技体育中的优势。早在19世纪，菲利普·蒂西耶、奥古斯特·比耶等科学家就指出，某种程度上的精神错乱可以帮助运动员忘却痛苦，并促使他们的身体超越自然的生理极限。

我不了解你们的情况，反正我高中的指导老师从没有告诉过我幻觉、殴打邮筒以及广义上的精神错乱是让自己获得令全世界瞩目的成功的途径。我接受的教训是完成作业、遵守纪律以及友善待人。

这就引发了一个严肃的问题：成功背后的真正原因是什么？

这本书探索了现实世界中成功的原因。这里我指的是人生的成功。不仅仅是赚钱。什么样的态度和行为能让我们在自己选择的职业或个人领域中取得成功？许多书籍涉及成功这颗钻石的一个切面，或者纸上谈兵，说说而已。在本书中，我们将会看到成功的真正原因，好让你一步一个脚印去实现自己的目标。

能为你定义什么叫成功的，好吧，是你自己。这事关什么能让你在职场和家庭感到幸福。但这并非意味着成功等于随心所欲。你已经知道，什么有可能让你到达成功彼岸（坚持不懈的努力），而什么不会（每天睡到

004
有　效　努　力

BARKING
UP THE
WRONG
TREE

中午起来）。问题在于，这中间存在着一道鸿沟。你曾被告知，要获得你想要的，你得拥有何种品质和技能，但没有确凿的证据能证明这是对的，而且很可能你已经见过层出不穷的例外了。这正是本书将要考察的重点。

我在我的博客——"有效努力"（Barking Up the Wrong Tree）中连续八年围绕成功人生的秘诀不断分析研究结果、采访专家。目前我已经找到了一些答案。许多答案令人惊讶。甚至有一些从表面看相互矛盾。但是这一切都让我们得以洞悉取得职业和个人生活的成功所需要付出的努力。

大多数情况下，我们接受的教育是，要想做出一番成就，你必须具备有条理和真诚等品质。而事实上并非如此。我们将通过探索一些谬论来发掘极其成功的人与我们之间的不同，并通过学习不断地向他们靠拢——有时候你会庆幸自己没有那么成功。

成功有时候只缘于天赋，有时候是因为你乖乖地听了妈妈的话，而有时候则恰好相反。到底哪些老话是真理，哪些是谬论呢？

真的是"好人难出头"？还是"易出头"？

半途而废者永远不会成功？或者其实，固执才是成功真正的敌人？

自信是决定性因素吗？但假如自信只是一种错觉呢？

在每一章中，我们都会探讨故事的两面。我们会看到每种观点的优势。所以如果出现矛盾对立的情况，我们将一起深入探讨。角度不同，观点也会不一样，就像做实验一样。最终我们选定一个优点最多、缺点最少的答案。

第一章，我们会探讨稳中求进、乖乖听话的人到底能不能获得成功。哈佛教授高塔姆·穆昆达（Gautam Mukunda）会教你"强化剂"这一概念。正如尤雷·罗比克的疯狂，"强化剂"就是人的某些特性。这些特性通常不被看好，但在某些情况下却有压倒性优势，让我们在竞赛中夺魁。我们会知道，为什么优秀毕业生代表很少成为百万富翁，为什么最好的（以及最坏的）美国总统总是那些能颠覆体系的人，以及怎样让你最大的缺点成为最大的优势。

第二章，我们要探讨的是，好人何时能勇拔头筹，以及马基雅弗利关于金钱的论断何时为真。并且我们会与秉持着做生意的人要有同理心、要怀揣利他主义理念的沃顿教授交流，也会和斯坦福的一位老师交流，这位老师的研究表明我们高估了努力工作的价值，拍马屁才是晋升的正道。我们还会研究海盗和监狱帮派，看看这群违法人员在遵守什么样的规矩，搞清楚如何在雄心勃勃地取得成功和夜间能安然入睡之间找到平衡。

第三章，我们会潜入海豹突击队的训练现场，去一同探索"新兴科学"——坚毅和耐力。我们会采访经济学博士，计算出加倍努力和认输的最佳时机。功夫大师会告诉我们什么叫好汉不吃眼前亏。当然，我们还会学到一些荒谬的道理，帮助我们抉择何去何从。

第四章主要研究了到底是"你的知识"重要还是"你的人脉"重要。我们将看到，最擅长社交的员工往往是工作效率最高的，但那些最厉害的专家们几乎都把自己定义为内向型人（包括90%的顶级运动员，这很是令人惊讶）。我们会找到硅谷社交能力最强的人，从他那里学习怎样轻松自如地与他人交往。

第五章涉及态度问题。一方面，我们会了解到自信如何帮助我们取得成功，另一方面，我们也要看到一味地自信不可取，我们还需要理智地分析眼前面临的挑战，并且在自信和理智之间寻求平衡。我们还会知道"心

006

有　效　努　力

BARKING
UP THE
WRONG
TREE

理比对"这一新兴理论如何帮助我们决定何时全力以赴，何时三思而后行。最重要的是，我们会发现，整个自信范式的核心可能是有问题的。

在第六章中，我们将退而观全局，尝试着让职场上的得意与生活中的成功保持步调一致，并看到它们之间何时存在冲突。那么在我们一周7天，每天24小时连轴转的世界里能不能找到工作和生活的平衡点呢？哈佛商学院教授克莱顿·克里斯坦森（Clayton Christensen）和成吉思汗用实例说明了如何在快速运转的工作环境中寻求平静。我们也会从传奇人物的惨痛经历中吸取教训，他们虽然很成功，却付出了沉重的代价，牺牲了家庭和幸福。

成功并不一定是我们在电视上看到的那样。你也不是要成为完美的人。你只需要知道自己的优势，并且能恰到好处地适应身边的环境。你不需要像尤雷·罗比克那样疯狂，但有时候找准自己的位置，即便是丑小鸭也能变成白天鹅。在恰当的环境中，你的与众不同、你试图改变的习惯乃至在学校里被别人奚落的地方都可能成为你无人能比的优势。

事实上，这就是我们成功的开始。

CHAPTER

1

小心行事、乖乖听话就能成功吗

循规蹈矩就会得到应有的回报？
那些优秀毕业生代表、
无痛症患者与钢琴神童告诉我们的事

**BARKING
UP THE
WRONG
TREE**

阿什琳·布洛克尔（Ashlyn Blocker）感觉不到疼痛。

事实上，她从来都感觉不到疼痛。表面上看，她只是个普通的小姑娘。但是由于疼痛基因SCN9A存在缺陷，她的神经不会像你我的神经那样传导疼痛信号。因此疼痛信号从来都不会传递到她的大脑。

听上去像天赐的神奇能力是吗？且不要过早下定论。维基百科上关于"先天性无痛症"①的词条言简意赅地写着："这是一种十分危险的情况。"戴恩·伊诺耶（Dane Inouye）写道："很多孩子小的时候梦想成为超级英雄。我们可以把患有先天性无痛无汗症（CIPA）的病人当成超级英雄，因为他们感觉不到任何身体疼痛。可笑的是，赋予他们'超能力'的病症同样也是他们的氪星石。"

贾斯廷·黑克特（Justin Heckert）发表在《纽约时代杂志》（*New York Times Magazine*）的一篇文章中写过这样一件事，阿什琳曾经脚踝受伤但她仍然跑来跑去，直到两天后，她的父母才发现她的脚踝有点不对劲。患有同样症状的另一位患者名为卡伦·卡恩（Karen Cann），她在生第一个孩子的时候骨盆发生破裂。直到几周后无法行走时，她才意识到自己的骨盆

---

① 先天性无痛症（Congenital Insensitivity to Pain）包括先天性无痛无汗症（CIPA）。

破裂了。

先天性无痛无汗症患者的寿命通常较短，一般来说，他们在童年期就会死去。50%患有CIPA的婴儿活不过三岁。好心的父母用襁褓包裹婴儿，但即便是非常热的时候孩子也不哭。那些活下来的孩子经常咬自己的舌尖，或者使劲揉搓眼睛，给眼角膜造成了严重的损害。成年患者通常浑身是伤，并且经常骨折。他们每天都必须反复检查自己身上有没有受伤的痕迹。身上的淤青、破口或烫痕是他们知道自己受伤的唯一途径。阑尾炎以及其他内部病症是最令人担心的——他们直到患病致死都感觉不到任何疼痛。

但在某些情况下，谁不希望自己能像阿什琳那样呢？

生活中，在我们没有遇到无法感受疼痛的具体困扰之时，我们会轻易地被这种病症的好处给蒙蔽了。比如，再也没有不得安宁的伤痛。再也不害怕去看牙医了。一辈子都感受不到疾病和受伤带来的不适。再也不怕头疼或反复无常的腰部疼痛带来的困扰了。

从医疗保健支出和劳动力损失上来看，美国人每年因治疗疼痛所花的费用在5600亿～6350亿美元之间。15%的美国人面临日常慢性疼痛，因此我们不难理解为什么许多人愿意变成艾什琳。

畅销小说《玩火的女孩》（*The Girl Who Played With Fire*）中有一个反派角色也患有先天性无痛症，但他的疾病却成了他的超能力。他具备专业拳击运动员的水准，并且感觉不到疼痛，他看上去坚不可摧，令人闻风丧胆。

那么更大的问题出现了：我们的缺点什么时候能变成优势？做一名既

004

有　效　努　力

BARKING
UP THE
WRONG
TREE

有身体缺陷又有超能力的异类不是更好？处于钟形曲线中部的人的生活是否更好一些？通常情况下，谨慎行事更被看好。但是做普遍意义上"对的事情"，而不去冒险走极端会让我们走向成功——还是平庸呢？

要解开这个疑团，我们首先要看看那些循规蹈矩、不越雷池半步的人变成了什么样子。高校的优秀毕业生代表混成了什么样子？成为优秀毕业生是每位家长对孩子的期望。妈妈总说，努力学习，你就能行！是的，普遍情况下妈妈是对的。

但也不总是这样……

学校里的优等生很少是生活中的第一名

波士顿大学研究者卡伦·阿诺德（Karen Arnold）对81名高中毕业生和做毕业演讲致辞的学生进行毕业后的追踪调查，旨在研究这些尖子生最后变成了什么样子。其中有95%的人进入大学继续学习，他们的平均GPA达到了3.6。1994年，60%的人已经获得了本科学位。因此不难看出，高中阶段的成功预示着大学岁月的辉煌。将近90%的尖子生现在从事着专业性职业，其中有40%是高精尖职位。他们稳妥可靠，坚持不懈且适应力很强。总之，他们大多数人的生活都很好。

但是有多少高中尖子生去改变世界、主宰世界或者在全世界人的心中留下不可磨灭的印象呢？答案似乎很明确：没有。

谈论到调查对象的成功轨迹，卡伦·阿诺德说："尽管大多数人获得职业成功的动力很强，而且之前学习成绩很优异，但他们成年后很少有人会站在个人成就舞台的最高点。"阿诺德在接受另一次访谈时说："尖子生们不太可能拥有远见卓识……他们只会适应各种制度而不会试图颠覆传统。"

这81位高中毕业生没有到达人生巅峰会不会只是偶然事件？并不是。研究表明，学生在校期间的优异品质正是妨碍他们在社会上出类拔萃的绊脚石。

那么到底为什么这些学校里的尖子生在生活中很少获得第一名呢？原因有两个。首先，学校鼓励学生遵守纪律，并奖励那些一直都很听话的学生。而事实上，学习成绩和智力没有太多联系（但标准化的测试能更好地测量IQ）。因此，成绩只能很好地说明学生的自律性、自觉性和遵守规则的能力。

阿诺德在一次采访中提道："本质上来说，我们喜欢那些遵守规则和有适应规则意愿的人。"许多尖子生承认自己虽不是班里最聪明的孩子，但却是最努力的学生。也有人指出，自己在校期间的努力与其说是为了把知识参悟得更透，不如说是为了取悦老师。大多数调查对象被定义为"投机分子"：他们以取得好成绩而不是学习本身为己任。

其次，学校喜欢通才，而很少注重学生的个性或专长。现实世界恰好相反。说起这些尖子生，阿诺德认为："无论是私人生活上还是职业上，他们都发展得非常均衡而且很成功。但是他们从来没有激情四射地投入到某一个领域中。样样通样样疏的通才显然不能成为显赫人物。"

假如你想在学校中取得好成绩，同时你很喜欢数学，那么你就必须停止钻研数学以确保历史的成绩也能达到A。通才的道路培育不出专家。我们最终从事的职业几乎都非常注重某种专长，对于其他特长的要求不是很高。

006

有　效　努　力

BARKING
UP THE
WRONG
TREE

阿诺德发现，讽刺的是，喜欢学习的聪明孩子在学校通常过得很艰难。一方面，他们有自己感兴趣的领域，并希望精益求精。另一方面，他们又对学校里的条条框框感到窒息。而那些尖子生非常务实。他们遵守规则，更看重成绩而非个人技能或对知识的深刻理解。

学校有明确的制度，而生活没有。在没有明确制度可依从的时候，优等生就不知道何去何从了。

从肖恩·埃科尔（Shawn Achor）在哈佛大学进行的研究可以看出，与其从大学分数上预测今后人生的成功率，还不如掷骰子。一项针对700多名美国百万富翁进行的研究表明，富翁们在校的平均GPA仅有2.9。

循规蹈矩不仅不会让人成功，还会磨灭你的个性——无论好坏。尽管这样可以规避某些风险，但它同样扼杀了取得惊天动地的成就的可能。就好像有人在你的发动机上安装了调速器，这样你的车速永远不会超过55码，虽然陷入致命的撞车事故的概率极低，但你也就永远不会创造陆地上任何一项有关驾驶速度的纪录。

如果那些按规矩办事的人没能走向巅峰，那么到底谁能呢？

天才的领导者都是跳出规则的人

温斯顿·丘吉尔可能永远都当不上英国的首相。因为他不是个按照常理出牌的人，他的当选十分令人震惊。在同辈中，他是佼佼者。但他也是个偏执狂，他我行我素、不计任何后果，是个很难相处的人。

最开始，丘吉尔在英国政界阶级中稳步上升（26岁的时候就当选议会成员），最后大家认为他能力不足，不适合进入政界最高层。20世纪30年代，他的职业晋升之路戛然而止。无论从哪个角度看，他都是内维尔·张伯伦的绝佳陪衬。张伯伦做事合乎规矩，堪称英国首相的典范。

英国人民在领导人选举这件事上秉持着一丝不苟的态度。回顾一下历届首相就知道了。与美国总统相比，他们的首相普遍年纪很大而且都接受过更严格的考验。约翰·梅杰虽然比任何一位英国领导人崛起的速度都快，但客观来说，他比大多数美国总统所做的准备还要充分。

丘吉尔特立独行。他不仅深爱着自己的国家，还在大英帝国面临的所有潜在威胁上表现出明确的偏执态度。他甚至认为甘地很危险，并且对于印度所谓的和平主义叛乱直言不讳地持反对态度。他是大英帝国的"四眼天鸡"①，积极地对抗所有威胁——或大，或小，或是虚惊一场。但是这种"不良"品质却很关键，他因此成为世界历史上最受尊敬的领导人之一。

只有这只担心天会塌下来的"小鸡"看到了希特勒的威胁。张伯伦却认为"希特勒是个'一言既出，驷马难追'的人"。地位稳固的英国领导人认为息事宁人的态度可以消除纳粹带来的危机。

只有在关键时刻，我们才发现丘吉尔的偏执非常具有先见之明。他才不会相信把自己的午饭钱给了校园恶霸就会让自己免受欺负。他只知道，对准恶霸的鼻子狠狠来上一拳更管用。

丘吉尔的狂热——早期险些毁了他的职业生涯——正是英国人参加二战时所需要的品质。幸好英国人明白得还不算太晚。

---

① 动画电影《四眼天鸡》（Chicken Little）的主角。它机灵聪明，胆小怕事。有一天，它警告大家"天塌了！"，大家却不相信它，它因而成为大家的笑柄。直到有一天，"天"在大家面前塌了下来，"四眼天鸡"成功地拯救了世界，成为"英雄"。

008

有　效　努　力

BARKING
UP THE
WRONG
TREE

　　在回答"到底谁能成为领头羊"这个问题前，我们不妨从另一个角度考虑：是什么造就了伟大的领袖？关于领导人的作用是否关键这个问题，数年来的学术研究并没有给出定论。一些研究表明，无论有没有领导人，厉害的团队都会成功。有的研究认为，某些时候魅力超凡的个体才是团队成败的关键。这些结果都不明确，然而有一名学者的研究给出了清晰的见解。

　　高塔姆·穆昆达认为，研究出现不一致，原因在于存在本质上完全不同的两种领导人。第一种人通过正常的渠道上升，被提拔，做事合乎常理，不负众望。内维尔·张伯伦这样的领导人便是"经过筛选"的领导人。第二种人却不走寻常路，他们走的是"旁门左道"：有主动请缨，不需要别人提拔的企业家；有意外地成了总统的美国副总统；有在风暴一般的不可能事件中脱颖而出的领导人，例如被选为美国总统的亚伯拉罕·林肯。这一类属于"未经筛选"的领导人。

　　当那些"经过筛选"的候选人竞选领导人时，他们已经经历了充分的考验，因此人们可以指望他们做出合乎标准、合情合理的决定。他们就像一个模子里刻出来的，毫无辨识度——所以从大部分研究中看不出领导人的作用。

　　可是，"未经筛选"的候选人并没有接受充分的考验，因此不能指望他们做出"被认可"的决定——许多人甚至对被认可的决定一无所知。他们的行为出乎意料，背景各不相同，而且通常难以捉摸。但是他们能带来改变、创造不同。有时候这种改变是贬义的。因为他们并没有按常理出牌，他们经常打破手中的统治制度。少数领导人还具备改革意识，他们会破除体制内错误的信仰、愚蠢的逻辑，让体制内的格局更明朗。这些就是研究人员所说的能产生巨大积极影响的领导。

穆昆达在博士论文中用这套理论研究了美国所有的总统，将他们按照"经过筛选"和"未经筛选"的标准进行分类，并评出哪一些是伟大的领袖，哪一些不是。研究结果具有很强的说服性。他的理论评估总统的影响力，准确度达到99%，这是前所未有的数据自信。

经过严格筛选的领导人从不搅局，而未经筛选的领导人会情不自禁地捣乱。后者通常会破除一些规矩，但有时候他们破除的是像奴隶制这样的制度，如亚伯拉罕·林肯。

穆昆达亲自体验了一把不走寻常路的后果。他这份非常规的博士论文让他在求职的过程中四处碰壁。尽管有着哈佛大学和麻省理工学院的双学术背景，在投了50多份简历之后，他只收到了两次面试机会。学校希望聘用一位传统型的，可以开授"政治科学101"这种课的教授——一位经过筛选的学者。而穆昆达这块"他山之石"似乎并不是当上传统型教授的料。只有那些资源丰富到能够支持它们拥有多样而全面的教职队伍的学校才会去寻找具有明星潜质、敢于标新立异的教授。这样的学校才会对穆昆达这类人感兴趣。哈佛商学院向他伸出了橄榄枝，穆昆达欣然接受。

在我采访穆昆达的时候，他说："好的领导人和优秀的领导人之间的区别并不是程度上的。他们本质上是不同的人。"假如英国人看到姑息策略失效后，感叹"赐给我们一个更好的内维尔·张伯伦吧"，那么他们早就遭了殃。他们需要的不是一个更加符合常规的领导人。他们需要的是被严格的标准拒之门外的领袖。老路子不奏效时，将它加倍只会导致灾难性后果。对付希特勒这样的危险人物，他们需要的是像丘吉尔这样特立独行的人。

010

有 效 努 力

BARKING
UP THE
WRONG
TREE

当我问穆昆达为什么"未经筛选"的领导人如此有影响力时，他回答道，他们身上通常有独特的品质让他们脱颖而出。这些品质不是我们平时所说的那些恭维的话，例如"聪明绝顶"或"政治头脑灵敏"。这些品质通常不被看好——我们会认为这些是"坏"品质——但在特定情况下，它们却能转化成优势。就像丘吉尔对保卫国家的偏执，这些疯狂的品质只有在恰当的环境中才能成为优化表现的催化剂。

穆昆达称这些品质为"强化剂"。这里蕴含着如何让自己最大的缺点变成最大优势的奥秘。

天才的另一个名字是脆弱

格伦·古尔德（Glenn Gould）是一个患有疑病症①的人。如果你和他通电话的时候打喷嚏，他会立马挂断电话。

这位古典乐钢琴家通常会戴着手套，甚至同时戴上好几副，这对他来说并不稀奇。提到他随身携带的药品，古尔德说："曾经有位记者说我出行的时候会带一整箱的药片。事实上，我的药片根本没有装满我的手提箱。"有时候他会取消自己30%的音乐会，然后重新预订，然后再取消。于是古尔德戏谑地说："我不去听音乐会，有时候连我自己的音乐会我都不去。"

是的，他就是这么古怪。同时，他也是20世纪公认的最伟大的音乐家

---

① 疑病症（hypochondria）又称疑病神经症，主要指患者担心或相信患有一种或多种严重躯体疾病。

之一。他曾四次获得格莱美奖，专辑卖出了几百万张，甚至荣获我们这个时代的最高荣誉：《辛普森一家》曾引用过他的事迹。

古尔德不仅仅患有疑病症，还被《新闻周刊》（*Newsweek*）评为"音乐界的霍华德·休斯[①]"。他早上六点睡觉，下午起床。如果他认为某个航班"不吉利"，他就会拒绝登机。他非常讨厌冷天气，所以即便是夏天他也会穿上冬天的厚衣服。他总是用一个垃圾袋携带日常用品，以致他在佛罗里达州曾被警察逮捕，因为警察误以为他是无业游民。

当然，他的怪异影响到了他的人际关系。由于担心和别人过度亲密会影响自己的工作，他总是和朋友们保持一臂的距离。他的生命线就是电话。在生命的最后九个月中，他的话费账单高达13000美元。由于他开车疯狂，朋友给他车上的乘客席起了个绰号——"自杀座位"。有一次他反驳说："我认为朋友们是在说我开车丧失理智。的确，我偶尔闯过几次红灯，可是有时候看见绿灯我也会停下来啊，却从来没有人认可我的优点。"

更奇怪的是他演奏著名乐章的方式。凯文·巴扎纳在古尔德的传记中曾这样描述他："他外表凌乱，蜷缩着蹲在键盘旁边，快速舞动的手臂伴随着身躯的晃动和频繁的摇头。"要知道，他可不是爵士钢琴家或埃尔顿·约翰[②]。这个家伙演奏的可是巴赫的曲子。事实上，他讨厌演出。控制欲极强的性格决定了他难以适应巡回演出，因为这意味着他得飞来飞

---

① 霍华德·休斯（Howard Hughes），美国著名商业大亨、投资人、电影制作人、慈善家，是当时世界上最富有的人之一。

② 埃尔顿·约翰（Elton John），英国摇滚乐唱作人、作曲家、钢琴家和演员。

012

有　效　努　力

BARKING
UP THE
WRONG
TREE

去，寄宿在不同的地方，并且每天都与不同的人打交道。"我讨厌观众。我认为他们是一股邪恶的力量。"他低声怒斥。

接下来就是他的"椅子"。考虑到他的演奏风格，古尔德需要一把特殊的椅子。这把椅子离地面约有一英尺的距离，椅面向前倾斜，这样他能舒服地坐在椅子边上。他提了很多具体的要求，最终他父亲不得不找人为他量身定做一把。古尔德整个演艺生涯中就只用那一把椅子，无论他去哪里演出都要带上。日复一日，这把椅子已经破烂不堪，以致最终不得不用电线和胶带绑住。我们在古尔德的专辑中还能听到这把椅子发出的吱吱声。

尽管他非常怪异，他的才能却很惊人。正如克利夫兰管弦乐团的乔治·塞尔所说："这个疯子是天才。"

但他的技能、名誉和成功却不是轻易得来的。的确，他是音乐奇才，12岁的时候他就达到了专业钢琴手的水准。但小时候的他非常笨拙而且敏感，因此那几年他不得不在家中接受教育，毕竟他无法应对与其他孩子相处的压力。

古尔德很可能完全无法融入现实社会。那么他到底是怎样脱颖而出，成为伟大的音乐家的呢？他很幸运地出生在一个良好的家庭环境中，这种环境能够保护他脆弱的气质。他的父母很支持他——令人意想不到。他的母亲致力于培养他的才能，而他的父亲每年在古尔德的音乐培训中支付3000美元的费用。（3000美元听上去不算多，是吗？要知道那可是20世纪40年代啊。在古尔德的家乡多伦多，3000美元相当于普通人年均收入的两倍。）

在父母的鼎力支持下，再加上古尔德不知疲倦的工作狂态度，他的才能爆发了出来。在录制音乐的时候，他曾以每天工作16小时，每周工作一百来个小时而闻名。自然，他在做计划的时候经常遗忘日历上的休息时间，需要有人去提醒他：大多数人并不想在感恩节或圣诞节的时候工作。当有人请他给艺术家们提点建议，以启发他们的创造性时，古尔德说："你必须放弃所有的事情。"

他这种神经质的执念是有回报的。25岁的时候他参加了俄罗斯音乐之旅的演出。在二战之前，他是第一个参加演出的北美人。28岁的时候，他与伦纳德·伯恩斯坦（Leonard Bernstein）以及纽约爱乐乐团（New York Philharmonic）一同录制电视音乐节目。31岁的时候，他成了音乐界的传奇。

后来他决定离开公众视线。"我殷切希望后半生为自己而活。"古尔德说。32岁的时候，他不再参加公共演出。所有演出共计不超过300场。大多数巡演的音乐家只用三年就能赶上他的场次。他一如既往地疯狂工作，但不再为观众而演奏。他想要的控制欲只有演播室录制才能满足。奇怪的是，他的息演并没有削弱他在音乐界的影响力——事实上，不减反增。凯文·巴扎纳认为，古尔德"虽然淡出了演艺圈，但他的影响力一直存在"。他从未停止工作，直到1982年逝世。第二年他就被列入格莱美名人堂。

古尔德对自己极端的习惯和疯狂的生活方式有什么看法呢？"我不认为我非常怪异。"传记作家凯文·巴扎纳说，"这才是真正的怪异之处——即便是你的所有思想、言语和行为都和其他人不同，你也无法意识到自己很奇怪。"

014

有　效　努　力

BARKING
UP THE
WRONG
TREE

如果没有父母早年的鼓励和经济上的大力支持，古尔德肯定不会成为音乐传奇。因为他太过脆弱和怪异，以至于他无法承受世界的残酷。没有父母的悉心培育，或许他早就成为佛罗里达州穿着厚重衣物的无业游民了。

坏基因，好基因？

下面我们来谈谈兰花、蒲公英，以及幸运怪物。我知道，这些都是老生常谈，没有新奇之处，但请听我说完。

瑞典人有一句老话说，大多数孩子都是蒲公英，只有少数孩子是兰花。蒲公英适应能力强。它们或许不是最漂亮的花朵，但即便没有用心呵护，它们一样可以生根开花。没有人会特意栽种蒲公英，也没有这个必要，因为蒲公英几乎能适应所有的环境。兰花就不一样了。如果得不到应有的照料，兰花就会枯萎死亡。但如果加以呵护，兰花就会绽放出我们能想象到的最绚丽的花朵。

我们现在不仅仅是在谈论花朵，也不是单纯谈论孩子。我们是在学习一堂尖端的遗传学课程。

新闻中总是会报道那些能引起各种病症的基因。我们会本能地给这种基因贴上"好"或"坏"的标签。例如，这种基因能引发酗酒或暴力行为。"呦，我可没有这种基因，太棒了。"那么这种基因被认为是不好的。心理学家将这种现象称为"素质-压力模式"。如果你携带这种基因，并在生活中遇到了麻烦，你就会本能地希望赶紧摆脱压抑或焦虑等紊乱状况。所以，祈祷自己不会携带这种可能让自己变成怪物的可怕基因吧。请注意：似乎越来越多的研究表明这种观点是错误的。

遗传学近期发现的结果让我们彻底转变了这种坏基因与好基因对立的模式，并越来越向强化剂理论靠拢。心理学家称之为"差别感受性假说"。在不同的情境下，导致不良现象的基因也可以带来好的结果。正如一把刀子，人们既可以用它恶意伤人，也可以用它来为家人准备美味的食物。这把刀是好是坏需要视具体情况而定。

让我们详细解释一下。大多数人体内的DRD4基因都很正常，但有些人体内存在该基因的变体DRD4-7R。7R基因与注意缺陷多动障碍（ADHD）、酗酒和暴力有关。这是一种"坏"基因。研究人员阿里尔·克纳夫（Ariel Knafo）对孩子们进行了研究，看看哪些孩子愿意主动分享自己的糖果。如果没有特殊的要求，大多数三岁的孩子都不愿意放弃美味的糖果。但是携带7R基因的孩子却愿意主动分享。为什么即便没有人要求他们帮助别人，携带这种"坏"基因的孩子还愿意这样做呢？因为7R基因并不"坏"。就像定义一把刀子的好坏，我们要具体情况具体分析。如果携带7R基因的孩子在恶劣的环境下长大，被虐待或被忽略的话，他们以后很可能会成为酒鬼或恶棍。但是从小备受呵护的孩子长大后会比体内携带正常DRD4的孩子更加善良。因此环境很重要。

同理，很多类似基因对行为的影响也要一分为二地对待。携带某种CHRM2基因的孩子如果在恶劣的环境下成长，最终会变成令人头疼的少年犯。但同样的基因遇上良好的家庭环境，会让孩子变得出类拔萃。携带5-HTTLPR基因的孩子如果遇上了强势的父母，那么很可能变得爱撒谎，而和蔼的父母会让他们变得非常听话。

016

有 效 努 力

BARKING
UP THE
WRONG
TREE

好吧，我们先暂时离开遗传学以及各种首字母缩写成的基因名称。

大多数人就像蒲公英一样顽强，他们在绝大多数情况下都会有较好的发展。但是有一些人像兰花一样需要呵护，他们不是对不良后果敏感，而是对所有的事情都很敏感。他们并不会像蒲公英那样在沟渠旁盛开。只有在宜人的温室中受到细心呵护，他们才会绽放出让蒲公英自愧不如的美丽花朵。正如作家戴维·多布斯（David Dobbs）在《大西洋》（*The Atlantic*）的一篇文章中所写的那样："那些麻烦的基因会让我们遇到很多问题，引发自我毁灭以及反社会的行为。但同时这些基因也彰显着人类非凡的适应力和进化的优势。恶劣的环境以及素质低下的父母会让兰花性质的儿童变得抑郁，吸食毒品并上瘾，甚至锒铛入狱——而良好的环境和细心的父母会让孩子成为社会上最具创造力、最成功以及最幸福的人。"

这就让我们想到了"幸运怪物"。他们到底是怎样的人呢？温迪·约翰逊（Wendy Johnson）以及托马斯·J.布沙尔（Thomas J. Bouchard）教授认为："遗传变异使得幸运怪物具有潜在的适应优势，因此他们和社会上的普通人有了很大的差别。"根据达尔文的理论，所有的进化都很缓慢。而理查德·戈尔施密特（Richard Goldschmidt）指出，大自然在某些情况下可能会发生巨大的变化。为此有人嘲讽理查德疯了。然而20世纪后期，斯蒂芬·杰伊·古尔德等科学家开始逐步认同戈尔施密特的看法。研究人员发现了一些特例，案例中的变异情况是突发的，符合"幸运怪物"理论。有时候自然选择也会另辟蹊径，因此如果"怪咖"能找到适合自己的环境，他就会成功。这种变异事实上是改良了物种，又一次证实了强化剂理论。正如作家波·布朗森（Po Bronson）所说："硅谷中所有人都具有性格缺陷，而硅谷的环境会奖励这些缺陷。"

如果你得知你儿子上身过长，下身过短，手脚很大，且胳膊又瘦又长，你会怎么样？我想你肯定不会欢呼雀跃。这些特征似乎都不是很"理想"。而在经验丰富的游泳教练眼中，这些特点正是奥林匹克冠军所需要的。

有人认为迈克尔·菲尔普斯（Michael Phelps）是一名X战警——一位具有超能力的变异人。难道说菲尔普斯天生形体素质好？并不是这样。他舞蹈跳得不好，跑步也不行。事实上，他天生不适合在陆地上运动。但是马克·莱文和迈克尔·索科洛夫都曾在《纽约时报》的文章中这样描写菲尔普斯那些奇怪的体貌特征，这些怪异的特点共同造就了独一无二的游泳健将。是啊，菲尔普斯又高又壮，但是对于一个身高六英尺四英寸的人来说，菲尔普斯的身体比例并不是很和谐。他的腿很短，但躯干很长——看上去就像一只独木舟。与身体不成比例的是，他的手和脚都很大——很好的"脚蹼"。无论向哪个方向伸展你的胳膊，指尖之间的距离都会和你的身高匹配。但菲尔普斯的身体比例却不协调。他的翼展能达到六英尺七英寸。较长的胳膊能更加有力地划水。15岁的时候，菲尔普斯就加入了美国奥林匹克运动员队伍。1932年以来，他是队伍中最小的运动员。作为游泳运动员，菲尔普斯最大的挑战是什么呢？跳水。他蹬出去的速度比大多数游泳运动员都慢。菲尔普斯天生不适合在水外运动。这家伙不仅仅是"有前途"那么简单；截至目前，他获得的奥林匹克奖牌数首屈一指。

除了体育之外，这和成功有什么关联呢？温迪和托马斯教授认为天才也是一种幸运怪物。尽管菲尔普斯在田径场上表现笨拙，古尔德也很难适应文明社会，但他们都在适合自己的环境中发光发热，走向成功。

018

有　效　努　力

BARKING
UP THE
WRONG
TREE

　　兰花在不良的环境中枯萎，却在细心的呵护下盛开。为什么有的怪咖无药可救，而有的却前途无限？为什么有的人非常聪明而有的人非常疯狂？基思·西蒙顿（Keith Simonton）院长说："创造性天才参加人格测试后的分数表明，他们的病理程度处于中级水平——比正常人的精神病理程度高，却低于真正的疯子。他们的怪异似乎恰到好处。"

　　通常来说，我们对"好"与"坏"的定义因标准不同而不同。以色列军队需要能从卫星图像中发现威胁状况的军人。这就需要士兵具备绝佳的视力，即便是成天盯着同一个地方也不会感觉厌倦，他们还要能注意到细微的变化。这可不是项简单的任务。然而以色列国防军的视觉情报局（Visual Intelligence Division）却在我们想不到的地方找到了最佳人选。他们招募了一些自闭症患者。自闭症患者虽然在人际沟通方面存在障碍，却能胜任视觉型任务，例如字谜游戏等。他们用实际行动证明了自己在国防建设中的价值。

　　临床神经心理学家，戴维·威克斯（David Weeks）博士写道："怪人是社会进化中的变异情况，为自然选择提供了智力材料。"他们可能是格伦·古尔德这样的兰花，也可能是迈克尔·菲尔普斯这样的幸运怪物。我们曾耗费太多时间让自己变"优秀"，而所谓的"优秀"仅仅是中等水平。要变得伟大，我们就必须与众不同。而这并不是让我们去达到社会公认的最佳标准，因为社会也在不断地变化。成为最优秀的人往往指的是做最好的自己。约翰·斯图尔特·米尔（John Stuart Mill）曾说："当今社会很少有人敢于做自己，这是我们这个时代面临的头号危机。"

　　在恰当的环境中，坏的可以变成好的，古怪也可以变得美丽。

包容缺点也是在呵护优点

史蒂夫·乔布斯（Steve Jobs）曾陷入深深的忧虑中。

2000年，乔布斯和皮克斯（Pixar）动画工作室其他的高层领导人都在思考同样的问题：皮克斯影业大势已去了吗？尽管《玩具总动员》《玩具总动员2》和《虫虫危机》为皮克斯赢得了巨大成功，但他们害怕在成功的光环下，现有的创造力会经历上升，缓慢发展，最终止步不前。

为了给团队增添更多活力，他们决定雇用名声大噪的动画电影《铁巨人》的导演布拉德·伯德，来执导皮克斯的下一部作品。乔布斯、约翰·拉塞特（John Lasseter）以及爱德·卡特马尔（Ed Catmull）一致认为布拉德·伯德有能力让皮克斯绽放活力。

面临创造力贫乏的危机，乔布斯寄望于皮克斯那些优秀的员工了吗？没有。他有没有从别的公司招兵买马，引入新鲜血液？也没有。这时候就不能打出安全牌，不能寄希望于"经过筛选"的人才。这类人才是皮克斯成功的主力军，但同样会面临发展瓶颈。

执导皮克斯第一部作品时，伯德袒露解决创造力危机的办法："给我找一些'败类'。我需要怀才不遇的艺术家。他们一直以来无人问津，却能另辟蹊径。把那些大家群起而攻之的家伙全部找来。"这段话翻译一下就是：给我找一些"未经筛选"的艺术家。我知道他们很疯狂。但这就是我想要的。

伯德最新一部动画版的"十二金刚"不仅仅让电影改头换面，还改变了整个工作室的工作方式：

020

有 效 努 力

BARKING
UP THE
WRONG
TREE

我们给那些"败类"机会来证明自己，同时也改变了公司里的办事风格。与之前的电影相比，《海底总动员》每分钟的成本更低一些，场景的数目是之前的三倍，而且很多不可思议的场景都得到了实现。取得这样的成就是因为皮克斯的高层领导给了我们平台，让我们去尝试实现所有疯狂的想法。

这部动画就是《超人总动员》，其总票房超过6亿美元，并获得了奥斯卡最佳动画片奖。

一些品质可能会让一个人变得不可理喻，难以容忍，但它们同样可以让一个人有力量去改变世界。

研究表明，创造力非凡的人心高气傲，不够诚实，且毫无条理。他们在学校的成绩也不理想。老师嘴上说得好听，事实上他们不喜欢有创造力的学生，因为这些学生通常很不听话。这样的人在你看来是理想的员工吗？恐怕不是。因此，员工的创造力和员工的表现成反比也不足为奇。有创造力的员工被提拔成首席执行官的情况寥寥无几。

H. R. 吉热是《异形》系列电影中怪诞角色的设计师，他曾说："在瑞士库尔，'艺术家'是贬义词，这个词集酒鬼、妓女贩子、无业游民和傻瓜于一体。"

任何一位数学家都知道平均数不可靠。安德鲁·鲁滨逊（Andrew Robinson）是著名广告机构天联广告公司（BBDO）的首席执行官，他曾说："你把头放进冰箱，把脚放在火炉上时，平均温度也是刚刚好呢。因此我对平均数一直持谨慎态度。"

按照一般规律来说，再好的东西取其平均以适应某一特定场景都会引起麻烦。良好的品质可能转化成极端的坏品质。在一年的前八个月中穿夹克衫温度正好，但在寒冷的冬天这就是下下策。同理，在强化剂的作用下，那些普遍不被看好的品质在特定的环境下也会有用武之地。例如F1赛车不能适应城市的道路状况，却能在赛场上打破纪录。

这只是一个基本的统计学问题。涉及表现行为的极端时，平均数并不起作用；真正关键的因素是变量，是那些异于常态的部分。普遍情况下，我们人类都会试图去掉最低值以提高平均数，但这样做的同时也降低了变量发生的概率。砍掉钟形曲线的左侧会提高平均值，但总是有一些特性既在曲线左侧，也在右侧，令人难以定夺。

我们经常争论的话题——创造性与心理疾病之间的联系——就是一个很好的例子。基思·西蒙顿院长在"疯子–天才悖论"的研究中发现略微有创造性的人心理健康程度高于平均水平，但创造性极强的人患精神疾病的概率非常高。正如领导人筛选理论所说，取得某种程度上的成功需要沾染上某些问题重重的特性。

这种现象广泛存在于一系列的疾病和天才之中。研究发现，患有注意力缺陷障碍（ADD）的人更具有创造力。心理学家保罗·皮尔逊（Paul Pearson）发现幽默、神经质和精神疾病之间存在某种联系。我们普遍认为冲动是一种不好的品质，并经常把它与"暴力"和"犯罪"相提并论，但冲动和创造性之间有着直接的关联。

你会雇用一个精神病患者吗？不会。然而研究表明，精神病患者的整体表现并不理想。可是大多数人并没有进一步研究下去。一份名为"成功艺术家的个性特征"的研究对创造性领域中的人进行了心理评析，那

022
有 效 努 力

BARKING
UP THE
WRONG
TREE

些顶级艺术家的得分远远高于次要艺术家。《个性与社会心理学杂志》
（*Journal of Personality and Social Psychology*）中的一项研究表明，出色的
美国总统在心理变态特性中的评分高于其他总统。

强化剂通常会伪装成积极因素，毕竟我们认为成功人士的一切特性都
是好的。有一个陈腐的笑话不是说嘛，穷人是疯狂，而富人顶多算是"反
常"。某些类似于执念的特性，对成功人士来说是积极的、肯定的，而对
于其他人来说却是消极的、否定的。对一些人来说，追求极致是完美主义
的体现，而对另一些人来说却成了"疯狂"。

马尔科姆·格拉德韦尔（Malcolm Gladwell）用通俗的语言解释了K. 安
德斯·埃里克森（K. Anders Ericsson）的研究，即要成为某一领域的专家，
你需要将近一万个小时的练习。绝大多数人自然会问：为什么世界上会有
人去做这样的事情？

说起"专家"这个名词，我们很快就会联想到一些褒义词，如"奉
献"和"激情"。毋庸置疑，愿意花费如此多的时间和精力去做一些不重
要的事情肯定是出于热爱。学校里的尖子生把学习当成自己的工作任务，
他们努力学习，成绩全线飘A，遵守纪律而且充满激情，有创造性的学生
却以极大的热情投入到自己喜欢的事情当中。

丹尼尔·钱布利斯（Daniel Chambliss）在他那项著名的研究"卓越的
世俗"中调查了顶级游泳运动员的极度奉献精神和一成不变的枯燥日程。
即便是日复一日、年复一年地投入到训练当中，他们也很难用"奉献"支
撑下来，或许"痴迷"才是答案所在。

或许你认为强化剂理论只适用于个人性的艺术以及专业领域，例如体

育，而不适用于日常生活。这种想法是错误的。想想世界上那些富翁。他们是谨慎行事、遵守规矩的人吗？他们没有任何怪异的特性吗？并非如此。

福布斯400富豪排行榜中有58位富豪没有上过大学或者曾经中途辍学。这58位富豪——几乎占总人数的15%——的平均净资产为48亿美元。比400名富豪的净资产的平均值（18亿美元）高出了167个百分点。58位富豪的平均净资产几乎是常青藤院校毕业的富豪平均净资产的两倍之多。

事业心强的硅谷企业家已成为现代社会尊重与崇拜的典范。人们对他们的描述符合刻板印象吗？浑身散发能量，睡眠时间短，勇于承担风险，聪明绝顶，充满自信与魅力，时而傲慢，充满雄心壮志，不断进取且乐此不疲。

当然，这些特性符合轻躁狂症的临床特点。心理学家约翰斯·霍普金斯（Johns Hopkins）的研究证实这并非偶然。而重度躁狂会让人无法适应正常社会的生活。但是轻度躁狂会爆发不间断的、欣快的、动力十足的力量，在向目标靠拢的过程中仍能与现实保持联系（尽管联系很少）。

在强化剂理论的指导下，我们要学会好坏兼容。《破除坏习惯的经济价值：品行不端、学校教育和劳动力市场》这篇论文的作者指出，减少小男孩的好斗性及不良行为确实能提高他们的学习成绩，但同时减少的还有他们一生的收入。那些有不良行为的男孩最终变得更加努力，效率更高，所获收入是那些听话的孩子的三倍。

这同样适用于风险资本行业。著名的风险资本家马克·安德里森

024

有　效　努　力

BARKING
UP THE
WRONG
TREE

（Marc Andreesen）在斯坦福做演讲的时候说：

"风险投资行业完全是胆量与创新的博弈，要非常大胆才行……传统思想认为投资要规避风险。起初效果非常明显，而事实上收益甚微。风险投资最忌讳的是唯唯诺诺，瞻前顾后。因此会出现'顶级的企业家，绝妙的创意，质量过关的产品，满意度很高的原始客户。考量，考量，再考量。好吧，这个项目很合理，我要投资了'的过程。你会发现自己反复考量的这些公司同时符合你所有的要求，包你满意。但它们却没有任何亮点。它们没有极端优势使之鹤立鸡群。相反，那些有极端优势的公司都存在严重的不足。因此风险投资的教义之一就是，只有承担了某些缺陷，你才能找到真正的赢家。我们可以通过案例来检验这条理论。但历来的投资对象都不包含任何一家真正有潜力的公司。因此我们要做的是对那些真正有实力的创业公司进行投资。从另一个角度说，我们的眼睛要容得下沙子。"

有的时候，最惨烈的悲剧会成为最强大的动力。下面这些人物有什么共同点呢？

· 亚伯拉罕·林肯

· 甘地

· 米开朗琪罗

· 马克·吐温

他们都在16岁以前成了孤儿。在极其成功或非常有影响力的人当中，有很多都是孤儿，这其中包括了至少15位英国首相。

毫无疑问，对许多人来说年幼失亲是件非常痛苦的事情，有着极其深远的负面影响。而丹·科伊尔在《一万小时天才理论》（*The Talent Code*）中指出，这种悲剧会让某些孩子感受到世界并不安全，因此要想生存下来就必须非常努力才行。正是由于这些独特的个性和境遇，他们往往非常努力，化不幸为动力，最终成为优秀的人物。

因此在恰当的环境中，"负面"品质也会变成优势。你那些"坏"品质可能会成为强化剂。那么我们怎样把缺点变成超能力呢？

你属于常规阵营，还是非常规阵营

1984年，摇滚音乐家尼尔·扬（Neil Young）因为改变音乐风格而遭到起诉。

音乐大亨戴维·格芬（David Geffen）曾和这位摇滚乐传奇人物签订了一份重要的合同，但是格芬不喜欢尼尔·扬为唱片公司做的第一张专辑。诉讼中表明这张专辑"不具代表性"，平淡无奇。格芬认为这不是尼尔·扬的一贯风采。他希望扬能一如既往地做自己，并能卖出很多张专辑。格芬认为《跨越》（*Trans*）这张专辑中乡村音乐的元素太过突出。尼尔·扬的这张专辑画风突变，与之前的风格相差甚远。

表面上看的确是风格迥异。事实上，格芬大错特错。

尼尔·扬具有创新精神。这才是真正的尼尔·扬。作为一名艺术家，他总是会尝试新的风格。他不会像可口可乐公司那样始终如一地控制同一种产品的生产。他的音乐一直在进步，从未停止。尼尔·扬从不步别人的后尘，他专心走自己的路。

026

有 效 努 力

BARKING
UP THE
WRONG
TREE

和高塔姆·穆昆达交流过领导人筛选理论之后，我问了他一个我们都很好奇的问题："我怎样运用这个理论让自己的人生更成功呢？"他说，有两个步骤。

首先，认识你自己。自古以来这句话已经被说过很多次了。它已经被刻在德尔菲（Delphi）神谕的石头上了。《多马福音》（*The Gospel of Thomas*）中写道："如果你们在自己里面生出那件东西，那件你们拥有的东西会救了你。如果你们自己里面没有那件东西，那件你们所没有的东西会杀了你。"

如果你喜欢规规矩矩地生活，如果你属于学校里的尖子生，再如果你是严格筛选出来的领导者，那你就加倍努力做自己。确保找到适合自己的路。思维谨慎的人学习成绩好，且在权责清晰、制度明确的环境中都能够取得好成绩。但是在无规可循的时候，他们将过得很艰难。研究表明，这类人失业的时候，幸福感下降的指数比那些行事大胆的人要高120个百分点。毫无章程的生活让他们感到迷茫。

如果你更像一位格格不入者、艺术家、未经筛选的领导者，那么墨守成规会成为你成功路上的拦路虎。死板的制度只会让你对自己的缺点感到沮丧，你不仅无法认识自己，同时还在否定自己的核心优势。

虽然提升自己很重要，但研究发现，人的基本性格不会改变，正所谓本性难移。比如说话连贯度、适应性、冲动、谦虚等品质自出生那天就已成定局。

彼得·德鲁克（Peter Drucker）可能是管理方面最具影响力的思考者。在《21世纪的管理挑战》（*Management Challenge for the 21st Century*）一书中，他指出职场上的所有成功——跨越无数工种、不同行业以及完全不同的职业生涯——都来源于穆昆达的观点：认识你自己。就在生活中得到你想要的东西而言，认识你自己意味着你了解自己的优势。

我们都会羡慕那种做事情胸有成竹的人，他们认定自己在某件事上能做得出色，于是镇定从容地去实践了，果真取得了成功。他们的秘密在于：他们并不是对所有的事情都很擅长，他们只是知道自己的长处并且去做适合自己的事情而已。关于了解自己的长处，德鲁克说：

"（认识到自己的优势之后，）当我们面临机遇、工作岗位或者任务的时候，可以告诉别人：'是的，这事我能行。这就是我的优势所在，这就是我期待的环境和我想要的人际关系。这就是这一阶段你对我应有的期待，因为这才是真正的我。'"

很多人对此表示不解。因为他们并不清楚自己的优势。德鲁克给出了一个有助理解的解释："什么是你擅长做且总是能产生理想结果的事？"

要想知道自己擅长做的事情，德鲁克推荐了他称之为"反馈分析"的方法。方法很简单，做事之前先把自己的期望写下来，然后观察结果。慢慢地，你就知道自己做得好的是什么、做得不好的是什么了。

在追寻成功和幸福的途中，当你弄清楚自己是属于经过筛选还是未经筛选的阵营以及自己的优势的时候，你已经领先大多数人好几英里了。现代积极心理学的研究一再证实了幸福的真谛之一就是不断强化"特征优势"。盖洛普研究发现，一个人每天在自己喜欢的事情上花的时间越多，就越不会感到压力，而且大笑和微笑的次数也越多，还会感到自己深受尊敬。

028

有　效　努　力

BARKING
UP THE
WRONG
TREE

假如我们已经知道自己是什么类型的人，以及自身的特征优势，我们究竟怎样才能成功呢？下面我们来看一下穆昆达给出的第二条建议：找到适合自己的环境。

选择适合自己的环境非常重要。虽然那些未经筛选的领导者在特定环境下非常成功，但在其他环境里他们可能会经历惨痛的失败。我们会想当然地认为："我过去一直很成功，现在也是赢家。我成功是因为我天生就具备成功的潜质，因此在新的环境中我还是会成功的。"错。你过去成功是因为你恰好遇到了适合自己的环境，在这种环境下，你的偏好、天赋和能力得到了发挥，因此你成功了。

问问你自己：你在什么样的公司、机构和职位中能发挥自身价值？

环境影响着每一个人。事实上，那些行事谨慎的优等生虽然非常擅长遵守规则，但也经常跌跌撞撞。当最终面临自由选择的时候，他们通常会走弯路，因为他们没有激情，也没有特别渴望幸福。提到所研究过的尖子生时，卡伦·阿诺德说："人们都觉得好学生在工作中也会表现出色，但是成绩好并不意味着他们能把学校里的高分复制到职场上来。"

研究发现，无论你是经过了层层筛选的学者，还是未经筛选的另类艺术家，环境对你来说都至关重要。哈佛商学院教授鲍里斯·格罗伊斯伯格（Boris Groysberg）对那些跳槽去对手公司的华尔街高级分析师进行了调查，发现了一个有趣的现象：跳槽之后的他们都不再是高级分析师了。为什么呢？通常我们认为，专家之所以成为专家是因为他们具有独一无二的技能。但我们忽视了环境的力量、熟悉业务的重要性、赖以支撑的团队的影响，以及日渐显露出来的劣势。格罗伊斯伯格还发现：与自己的团队一同换工作的分析师跳槽后依然很优秀。

明智地选择适合自己的环境，这样你就可以充分利用自身优势和环境来最大限度地创造价值。这就是职场成功的原因。有了这种自我认知，无论身处何地，你都能创造属于自己的价值。

丰田公司（Toyota）帮助慈善团体的方法就是一个很好的例子。纽约市的粮食银行靠着各家公司的捐赠得以正常运行。丰田公司过去每年都会捐钱，直到2011年，丰田公司想到了一个更好的办法。其工程师投入了大量时间精调流程，发现每个公司都可以捐钱，但他们可以捐点不一样的：专业技术。因此他们决定捐赠效率。

记者莫纳·埃尔-纳加尔（Mona El-Naggar）对捐赠结果进行了报道：

"在哈勒姆区的某个流动厨房，丰田的工程师们将晚饭的等待时间从90分钟之久降到了18分钟。斯塔滕岛的备餐间工人将分装食品的时间从11分钟降到了6分钟。在布鲁克林区布什威克的一家仓库中，志愿者们正在为桑迪飓风的受难者包装供给品。只做了一点点改善，打包一个盒子的时间起初需要3分钟，现在只需要11秒了。"

你也可以这么做：认识自己并找到适合自己的环境。发现自己的优势，并找到用武之地。

如果你是个善于遵守规则的人，那就找一个符合自己特征优势的机构，并全力以赴。社会会回报那些顺应规则的人，正是这些人维持着世界

030

有　效　努　力

BARKING
UP THE
WRONG
TREE

的秩序。

如果你更像是个不走寻常路的人，那就逢山开路，遇河架桥吧。虽然会有风险，但这才是真正的你。将自己身上的强化剂释放出来，这样你才会与众不同。只有悦纳自己的"缺陷"，你才会触及成功和幸福。

例如图灵测试（Turing test）。数十年来，计算机科学家们让人们坐在电脑前，通过打字和"某人"聊天。聊一段时间后，受试者会被问道：刚刚和你聊天的是人类还是某种软件？其中迷惑住最多人的计算机程序将获得勒布纳奖（Loebner Prize）。但同时图灵测试还会颁发另一个奖项——最具人性奖，给最有人性的参赛者。裁判在观看打字记录的时候，会留意谁最不会被一台聪明过人的计算机迷惑。1994年，查尔斯·普拉特（Charles Platt）获得了该奖。他这么有人性难道是因为他的情绪反应更真实吗？还是因为他的语言更丰富，更精微？绝对不是。他的回答是：情绪无常，暴躁易怒，言语可憎。或许正是这些缺点才使我们如此具有人性。查尔斯·普拉特从人类的缺陷中找到了成功之道。有时候我们也可以。

现在你已经清楚地知道你是谁和你属于怎样的环境。但是生活中并不是只有你自己，你还要和周围的人打交道。如何更好地与别人交往呢？真的是"好人难出头"吗？你需要抄近路（可能还需要不择手段）才能领先他人吗？

请接着阅读下一章。

2

好人总是会吃亏吗

关于信任、合作与善待他人，

我们可以向黑道、海盗和连环杀手学习什么

**BARKING
UP THE
WRONG
TREE**

病人在医生救治的过程中死亡，这种现象并不罕见。但我们很少见到医生蓄意杀害病人的情况。

迈克尔·斯旺戈（Michael Swango）并不是一名成功的医生。但詹姆斯·B.斯图尔特（James B. Stewart）在他的《盲眼》（*Blind Eye*）一书中却将斯旺戈定义为有史以来最成功的杀人狂魔之一。

斯旺戈在医学院读大三的时候，经他救治的病人死亡率极高，以至于引起了同学们的注意。他们甚至开玩笑称，摆脱病人的最佳方式就是让斯旺戈来救治病人。同学们给他起了一个绰号：零零戈。他似乎像詹姆斯·邦德一样拥有杀人执照。

然而这里是医院，病人在这里去世很正常。因此他很容易洗脱蓄意杀人的罪名。然而自从斯旺戈在俄亥俄州一家医院的神经外科室实习开始，医院的死亡率就以惊人的速度攀升。自斯旺戈在医院九楼轮岗之后，越来越多的病人需要抢救。

他是怎么摆脱罪名的？难道他是汉尼拔·莱克特（Hannibal Lecter）那样天才般的人物？并不是。斯旺戈聪明绝顶（曾获得国家优秀学生奖学金，并以优异的成绩从大学毕业），因此我们必须相信他也曾为了避免被人怀疑动过心思。

麦当劳的大规模谋杀案充斥新闻版面的时候，斯旺戈和一位同事说：

"每当我想到一个好主意的时候，总会有人捷足先登。"他会谨慎地随身带着一个报纸剪贴簿，上面的内容都与暴力事件有关。每当别人问他为什么时，他都会说："如果有一天我因为谋杀罪被指控了，这些文章会证明我的心智不健全。这将成为我的辩词。"

纸还是包不住火。一名护士亲眼看见他向病人雷娜·库珀（Rena Cooper）的静脉注射管中注射药剂。然而斯旺戈并不是雷娜的主治医师。她差点就此丧命，最终在医生的抢救下活了下来。病情稳定后，她指证了斯旺戈的罪行。针对此事的调查很快有了进展。

到此，我本该告诉你斯旺戈被捕了。每个人都站在了正义的一边。法网恢恢疏而不漏，正义最终战胜了邪恶。

遗憾的是，这并不是故事的结局。

医院的高层管理人员一致对外，因为他们认为与阻止杀人犯相比，医院的名声更重要。一旦大家知道医院里有个杀人犯医生会怎么做？医院里的人还能保住工作吗？万一斯旺戈提出诉讼呢？又或者，病人或病人家属起诉他们呢？所以他们阻止了警察的调查，并让斯旺戈继续留在医院工作。杀人事件一次又一次地上演，斯旺戈式的恐惧持续了15年之久。

据统计，斯旺戈一共杀害了60人。为此斯旺戈在"成功的"美国杀人狂魔排行榜中位列前茅。事实上，我们并不知道他到底杀了多少人。实际数目很可能远高于此。

许多受过教育的明智之士明明知道斯旺戈的本性，而且有能力阻止他，却选择无动于衷。

好吧，这并不是一本关于杀人狂魔如何成功的书。但斯旺戈的案例的确引发了争论，我们都想知道：骗子和犯罪分子更容易成功吗？世界是公

034

有　效　努　力

BARKING
UP THE
WRONG
TREE

平的吗？好人会有好报，还是好人注定失败？好人真的难出头吗？

这些问题的答案不尽人意。但这并不意味不存在大量给大家带来希望好消息。

要解开心中的困惑，我们先从反面案例开始。

坏蛋比我们更清楚自己想要什么

从短期来看，有时候坏即是好。

人们常说："努力工作，公平竞争会让你出人头地。"抱歉，很多证据表明，他们说的并不是真的。被调查的人都认为成功的头号因素是努力，但这与我们的研究结果大相径庭。

我们发现，职场中的表面功夫似乎比事实更具说服力。斯坦福大学商学院的杰弗里·普费弗（Jeffrey Pfeffer）教授认为，在领导面前做好样子比努力工作更重要。一项研究表明，那些领导眼中的红人，他们的业绩考核分数高于那些埋头苦干却不被领导赏识的员工。

事实上，我们对这些人非常熟悉，他们就是我们常说的"马屁精"。拍领导马屁真的有用吗？研究发现，奉承领导非常管用，即便领导知道你只是在迎合他。加州大学伯克利分校的珍妮弗·查特曼（Jennifer Chatman）教授曾对拍马屁的反作用进行过研究，但她最终发现拍马屁并不会产生反作用。

普费弗教授说我们不能再把世界想象成公平的了。他坦言：

"有人能保住工作，有人却被炒了鱿鱼。从他们身上我们可以看出，只要你让老板或老板们开心，你的工作能力就不是那么重要了。相反，如果你惹老板不开心了，即便你的工作能力再强也保不住饭碗。"

像我们这种希望通过自己的努力和公平竞争来收获回报的人很难接受这一点。更坏的消息还在后头呢。得意的不仅是马屁精，还有一些浑蛋。

你是否认为，工资谈判是一种互惠共赢的过程？实际上那些自私自利的人会得到更高的工资。《哈佛商业评论》（*Harvard Business Review*）中写道，不太随和的人比那些比较随和的人每年多赚一万美元。粗鲁的人的信用等级通常更高。

同样令人难过的是，我们似乎都错误地把善良当成了一个人的缺点。

我们对别人百分之八十的评价都无外乎这两种特性：热心和有能力。哈佛大学的特蕾莎·阿马比尔（Teresa Amabile）做过一项名为"优秀却残忍"的研究，结果表明，人们认为这两个特点是逆相关的：如果一个人过于善良，我们就会认为他能力不足。因此人们认为浑蛋更有实力，那些违法乱纪的人比言听计从的人更有能力。

这不仅仅是思维定式。有时候那些浑蛋在工作中的确表现更优秀。研究发现，某些负面的特点很有可能会让你成为团队领导。那些晋升最快的管理者（工作表现最出色的那些人）往往都不想只当团队中的小角色或者一门心思地完成任务。他们是最想获得权力的人。

雪上加霜的不仅是坏人得逞，被踩在脚下的好人甚至会患病死去。职场上没有权力（即工作中话语权很少）的人患冠状动脉疾病的概率比患肥胖症和高血压的概率高很多。感到酬不抵劳？这么想还会增加得心脏病的风险。然而，拍马屁会减轻工作压力，提升幸福感，促进身体健康。

036

有　效　努　力

BARKING
UP THE
WRONG
TREE

你是好人吗？你觉得难以接受这些坏消息吗？或许，是因为你在职场上地位不高因此执行力不足。需要翻译一下吗？无力感让你更加有口难言。

我们总被告知"好人将出头"，就像迪士尼电影的结局那样。遗憾的是，研究人员发现在很多种情况下事实并非如此。有一份名为"坏比好强"的研究表明，在很多领域中坏事的影响比好事更深远、更持久。"坏情绪、坏父母和坏的反馈更具影响力，好事不出门坏事传千里……几乎没有例外。所有研究结果表明坏事总比好事强大，这是一个广泛存在的心理学现象。"我不禁想到一项非正式调查，调查发现图书馆中伦理学著作被盗的概率比一般书籍高25%。

我得就此打住了。因为我的出版商一定不希望这本书和抗抑郁药品一起打包出售。

坏蛋们为什么会成功呢？诚然，他们不诚实、不善良，但他们身上也有值得我们学习的闪光点：他们对自己想要的东西志在必得，对自己已取得的成就从不遮掩。

是不是以为我在教唆你成为坏蛋？少安毋躁。这仅仅是故事的开头，他们只是暂时很成功。现在我们该从另一个角度探讨一下了。

如果你跟你的妈妈说，为了成功你得满口谎言、仗势欺人、溜须拍马，你妈妈肯定会说："如果大家都这样做怎么办？"

如果人人都变得自私自利，不再信任他人了会怎样呢？让我们在摩尔多瓦①寻找答案吧。

---

① 欧洲东南部内陆国。

自私的行为会传染

我相信，你不止一次认为自己生活在全世界最惨的地方。无论是上小学，找了一份糟糕的工作，还是心情不好的时候，你都会或多或少地感到自己正生活在世上最不幸的地方——但除非你真的生活在摩尔多瓦，否则你就是错的。

荷兰社会心理学家路德·魏荷文（Ruut Veenhoven）享有"幸福研究教父"的美誉。他运行着"世界幸福数据库"。在全世界所有国家的幸福感调查中，魏荷文发现摩尔多瓦排名较低。

曾是苏联加盟共和国之一的摩尔多瓦名不见经传，是什么使那里的人相互心怀芥蒂的呢？人们相互猜疑，缺乏信任。作家埃里克·韦纳（Eric Weiner）写道，很多学生为了通过考试贿赂老师，因此摩尔多瓦人从来不让三十五岁以下的医生给自己看病，因为他们担心年轻医生是通过贿赂老师才获得医学学位的。

没有人想做对他人有益的事。信任缺失已经让这个国家的人陷入了自私的黑洞。

关于妈妈的提问"如果大家都这样做怎么办"，通常我们都会简单地说："好吧，不是所有人都会这样做。"其实并不是这样的，对吗？我们都知道，自私会让一家企业或一个部门走下坡路。各项研究一致表明：不良行为会传染，并蔓延开来。久而久之，所有人都在打着自己的算盘。

杜克大学教授丹·阿里尔利（Dan Ariely）的研究表明，他人作弊后还安危无恙，这会助长不诚信的火焰，继而人人开始作弊。慢慢地，作弊会

038

有　效　努　力

BARKING
UP THE
WRONG
TREE

成为人们接受的社会惯例。毕竟人人都难辞其咎。难道你从来没有超速驾驶过吗？为什么要超速呢？好吧，就像那个关于道德的老掉牙的笑话，道德标准分三类："对""错"以及"大家都这样做"。一旦我们看到他人没有因此受到责罚，我们会很自然地认为这样做没问题。当所有人都不遵守规则时，便没人愿意继续遵守成规。

研究发现，当你认为他人不值得信赖的时候就会产生一种自我实现的预言[①]。你会理所当然地认为他们将表现恶劣，于是你不再相信他们。你会保留自己的付出，这会形成一种恶性循环。团队中出现一只蛀虫，整支队伍的工作表现将下跌30%至40%。

的确，个别人的诡计可能会得逞，但总有一天其他人也会开始走捷径。到那时候每个人都要遭殃了。在这种自私文化里，没有人去创造共同利益。路德·魏荷文指出："社会环境的质量远比你在社会上的地位重要。"为什么呢？密歇根大学政治科学系教授罗伯特·阿克塞尔罗德（Robert Axelrod）解释道："自私自利的人短时间内是能达到自身目的的，但长远来看，这么做会毁掉成功赖以生存的环境。"

简单来说，你成了一个自私自利的马基雅弗利式的人物，你的行为最终会被别人发现。如果你在掌权之前遭到了别人的报复，那你就完蛋了。即便你最终成功了，你还是会遇到麻烦。别人从你身上学到，要想成功就不能墨守成规，那么他们也不会再遵守制度了，因为坏行为会传染，人们就会按照行得通的方法办事。你的所作所为促成了像你一样的捕食者的出

[①] 指人们先入为主的判断，无论其正确与否，都将或多或少地影响到人们的行为，以至于这个判断最后真的实现。

现。慢慢地，好人离开，连锁反应就出现了：你可能很快就造就了一个令人讨厌的工作环境。一旦信任荡然无存，那么一切都会随之消失。我们在对不同领域——工作场合、运动队、家庭中——进行调查时发现，人们最期待他人拥有的品质是信任。

要想真正地通过付出取得成功，意味着你要放下自私的心态来建立信任与合作。即便想做一个成功的反面人物，你也需要别人的信任和合作。要知道为什么职场上的自私不是长久之策，以及信任与合作到底有多重要，你可以从罪犯们身上找答案。

信任让交易更顺畅

第一天入狱的你会收到一个礼物篮，里面有各种好东西。这是真的，我可没有开玩笑。

伦敦国王学院的戴维·沙贝克教授解释道，狱内团伙通常会对刚入狱的人摆出一副热情好客的面孔，并把他们纳入自己的帮派中。因此，同一个阵营的狱友会纷纷解囊帮助新来的伙伴适应环境，这种事并不罕见。还有比这更友善的举动吗？（虽然我不确定这些礼物能不能达到玛莎·斯图尔特的标准，但我想不出比监狱更欢迎礼物篮的地方了。）

我们总认为帮派团伙目无法纪，行为冲动，精神变态。很多帮派成员的确符合这些特性，但是他们比我们想象的更懂得信任与合作的重要性。

帮派并非都是穷凶极恶、整天打打杀杀的团伙。事实上，从数据中可以看出，街头帮派不会制造犯罪。相反，是犯罪滋生了街头帮派。同样，记录在案的绝大多数狱内团伙在关押期间之所以成立并不是为了进一

040

有　效　努　力

BARKING
UP THE
WRONG
TREE

步为非作歹，而是为了保护自己的成员。一份针对雅利安兄弟会（Aryan Brotherhood）的研究报告指出，监狱帮派的成员并非"坏人中的坏人"，他们在被关押期间的犯罪记录或暴力事件的数量与非帮派成员几乎没有差别。

在很多方面，犯罪分子比我们更懂得信任与合作的价值。因为在他们的世界，信任得来不易。如果你天天担心有人会从背后给你一刀，你就不愿意去上班了。因此罪犯之间的信任成本非常高，因为一旦有人偷了他们的海洛因，他们也不能报警。

很多人不认同这个观点，认为犯罪团伙中间必然没有信任可言，他们会用更多办法来这项弥补损失：假如有人把他们的事情搞砸了，他们就会杀了这个人，以儆效尤。但在调查过已成规模的犯罪团伙之后，我们发现借助暴力解决问题实在言过其实。如果你真的变成了《黑道家族》里的托尼·索普拉诺（Tony Soprano），把所有与你作对的人干掉会有什么后果呢？尽管大家都很尊重你，可是没有人愿意跟随你。因此当一个暴力的黑帮老大对这个头衔来说本身就是一种讽刺。如果你知道老板会因为你晚递交费用报表而朝你的脑袋上开枪，你还会为他卖命吗？我觉得你不会。

因此，聪明的不法分子会用其他方式来代替武力。他们需要更多秩序，而非更少，以减少暴力手段的使用。科克伦州立监狱的一名囚犯曾说："没有秩序，我们就会陷入混乱状态。一旦群龙无首，我们就会性命不保。"

稳定和秩序到底有多重要呢？囚犯们的日常交往是以族群为界线的，稳定和秩序如此重要，白人甚至鼓励黑人加入黑人帮派。倘若没有派别划分，监狱中的暴力事件就会变多。如果每个人都有所归属——哪怕加入敌对帮派的阵营中——那么监狱生活就会更加稳定。

想要点花招？没问题。但要想长期如此你需要一整套系统。总是担心被骗或者被杀会让你的交易成本变得过高，从而降低交易效率。你需要规矩和合作，而这意味着信任。

经济学家称之为"连续交易规律"。当你了解并信任某人时，你们之间的交易就会更加顺畅。这意味着后续会产生更多交易，市场变得更加广阔，各方的收益也更多。这同样适用于监狱团伙。这就好比毒贩在易趣网上也有了好评反馈一样。"会再次购买的五A级信誉卖家。"

这种秩序、信任和规则让监狱帮派最终更像一家公司。帮派领导（"发号施令者"）通常会给刚加入帮派的成员一份调查问卷以了解新成员的潜力。尽管听起来不可思议，但这种办法非常奏效。黑社会势力大行其道的腐败国家的经济发展更强劲，胜过团伙势力松散的国家。在那些有组织的犯罪中，他们真正做到了"有组织"。

大家不要误会。他们都是犯罪分子，做的都是违法乱纪的事情。但是任何犯罪团伙的成功都需要其内部的信任与团结，即便他们在外横行霸道。聪明的犯罪分子都知道对自己人自私不会有好下场。因此他们对别人——至少是对同伙——非常好。（上一次你的老板给你送礼物篮是什么时候？）

这并不是什么新鲜事——数百年以前的犯罪团伙通过壮大队伍得以兴盛。历史上最成功、最团结的犯罪组织是什么呢？是公海上猖獗的海盗。海盗之所以成功是因为他们对自己人很好，而且很民主。他们之间相互信任，并建立了完善的经济体系。所有这些因素确保了海盗的兴起。

042

有　效　努　力

BARKING
UP THE
WRONG
TREE

　　大洋上那些成功的商人不全是戴着眼罩的疯子。研究"黑胡子"的专家安格斯·康斯塔姆（Angus Konstam）认为那些声名显赫的海盗实际上在其职业生涯中未曾杀过一人，也从没有虐待俘虏、逼其走跳板的记录。一次也没有。

　　为什么我们印象中的海盗都是嗜血如命的野蛮人呢？这就叫作营销。因为假如人们怕你，他们就会很快投降。这远比打斗容易、省事和安全。所以，海盗给自己树立残暴的形象是明智之举。

　　当然，不是所有海盗都那么善良，黑胡子也不是罗宾汉。他们团结合作并不是为他人考虑，而是因为这样会带来更多商业收益。他们知道成功需要秩序和信任，并最终建立了更加公平、更吸引人的制度，优于专制的英国皇家海军的船队或者商船。皇家海军和商人资本家是靠着压榨劳动者来获取最大利益的。彼得·利森（Peter Leeson）在《海盗经济学》（*The Invisible Hook：The Hidden Economics of Pirates*）一书中写道："与我们想象中不同的是，海盗的生活更加井井有条，他们更加真诚。"

海盗船队是家"好公司"吗

　　或许你心中就住着一个海盗。你是否也曾因为受够了老板盛气凌人的作风而想罢工？也曾想过让每个人都参与到公司的管理当中？认为公司有义务照顾好自己的员工？认为商业往来中不能带有种族偏见？恭喜你！你就是海盗！

　　和监狱团伙一样，海盗们起初团结到一起并不是为了为非作歹。事实上，我们不难发现，海盗团伙的出现是为了对抗邪恶势力。那个时代的商船船长非常残暴，船长们一贯滥用职权。他们可以任意地把船员的薪水没收而中饱私囊，甚至任意处决船员。为了对抗这种肆意掠夺，也为了不必担心受到"条条框框"的制约，海盗便孕育而生了。

海盗船队非常民主。所有的制度需征得一致同意才能通过。船员可以任何理由罢免船长，所以船长不再是暴君，船长和船员的关系也变得亲密起来。只有在战时，需要快速做出攸关生死的决定时，船长才具有绝对领导权。

海盗成立的"公司"或许会让你开心地为之卖命。既然大家可以随时炒老板鱿鱼，老板肯定会一门心思地优待员工。船长的工资并没有比其他人高出很多。利森说："海盗团队中，最高工资和最低工资只相差一点点。"他说的都是真的。海盗船长的床并不比别人大，享用的食物也并不比别人多。

海盗公司还有很多福利。英勇作战者或者第一个发现目标的人会得到重金奖励。受伤了怎么办？提出索赔即可。海盗的残疾保险计划非常全面，其中包括打斗中受的伤。这些绝佳的人力资源举措非常奏效。历史记录表明，海盗招兵买马轻而易举，而皇家海军只能强征入伍。

海盗公司在名声大噪或被绳之以法之前的几百年里，就形成了种族多样性。为什么？并不是因为他们思想开明而是因为种族主义不利于商业的良性发展，只有与人为善才能成功。因此他们在扩大队伍和留住人才方面具有明显优势。据估计，平均每艘海盗船上有约25%的黑人。无论是什么种族，每个船员都有投票权，并且其收入公平合理。那可是在18世纪早期啊。美国在这之后150多年才取消奴隶制。

这么做有用吗？经济学家称赞海盗精明的商业头脑。利森的论文《海

044

有　效　努　力

BARKING
UP THE
WRONG
TREE

盗组织的法律和经济》（*An-arrgh-chy*：*The Law and Economics of Pirate Organization*）中写道："海盗的管理模式创造了秩序与合作。这是海盗成为有史以来最成功、最精明的犯罪组织之一的原因。"

因此，以友善而非自私的态度对待周围的人会让你取得更大的成功——即使你的目的只是制造混乱。

有人或许认为我这么说很牵强。谈论这些监狱团伙或者消失已久的海盗或许是一记妙招，但这和我们的现代生活有什么联系呢？

我们谈完了那些自私的坏人，以及那些聪明到不选择自私的坏人，那么真正的好人在哪里呢？还有那些我们当中想要积极从善的人呢？我们会成功吗？好人能出头吗？我们做好事（见义勇为，舍生取义）就会有好报吗？

好人真的难出头？

站在你身边的年轻人失足掉到地铁站台下的轨道上了。他动弹不得，非常无助。而这时，你能听到列车即将进站的轰隆声。你会爬下去救他吗？

有人可能会说，这与其说是见义勇为，不如说是自杀。站在你旁边的还有你的两个女儿。如果她们的母亲或父亲去世了，她们怎么活？眼睁睁看着一个人死去是一种悲剧，可是牺牲两个人的性命、使两个孩子成为孤儿不是更可悲吗？这个问题很难回答。

幸运的是，2007年1月2日，韦斯利·奥特里（Wesley Autrey）并没有想这么多。

一号列车的前灯在隧道中闪烁时，他纵身跳下了月台，去帮助无助地躺在轨道上的卡梅伦·霍洛彼得。

然而奥特里对列车的速度判断错误。列车的行进速度超出了他的想象。他根本没有时间把霍洛彼得挪到安全的地方。然而他不能看着对方在他眼前死去。列车刹车的声音刺穿了空气，但司机还是不能及时将列车停下。

列车行进的声音越来越大，奥特里把霍洛彼得推到了一条狭窄的排水沟，并用身体压住了他，在列车驶过时保护他不受伤。

最后他们两个都安然无恙，尽管列车差一点就轧到了他们。由于与列车距离过近，奥特里的帽子甚至沾满了油。事后，他说："我并不觉得这有什么大不了的；我只是看到有人需要帮助而已。我做了自己应该做的。"

韦斯利·奥特里的表现大义凛然。他可能会因此失去一切，并且没有任何回报。他就是那种只存在在电影中的英雄。

所以这个好人得到好报了吗？

并没有。奥特里荣获"见义勇为"铜牌奖章，这是纽约市颁发给市民的最高荣誉。（此前的获奖者包括道格拉斯·麦克阿瑟将军，穆罕默德·阿里和马丁·路德·金。）他女儿因此获得了奖学金和电脑。他还得到了与碧昂丝（Beyoncé）在后台见面的机会，以及一辆新吉普车；他被邀请参加《艾伦秀》。他还拿到了新泽西球队的季票。1月23日，总统乔治·W. 布什（George W. Bush）邀请他和他的两个女儿到场聆听国情咨文讲话，并在国家电视台上称赞了奥特里舍己为人的行为。

这个故事很棒。但是愤世嫉俗者肯定会说：我们能记住这种事迹就是

046

有　　效　　努　　力

BARKING
UP THE
WRONG
TREE

因为它太罕见了。

让我们暂且把轰轰烈烈的事迹和愤世嫉俗者的偏见放到一边，用实际数据说话好了。好人真的难出头？

是的。但他们也会勇拔头筹。

搞不懂了吧？事实上很好理解，让我来解释一下。

沃顿商学院的亚当·格兰特（Adam Grant）教授对"成功量表"进行了研究，他发现绝大多数好人——"奉献者"——分布于量表的下方。对工程师、医学院学生和销售人员的研究表明，那些最愿意付出的人的表现总是让人失望。他们总是不能在规定时间内完成任务、得分低或销量差。

亚当在探索商业伦理和利他行为对成功的影响方面做了大量研究。比起你我，这一结果显然更令他苦恼。如果他就此停下探索的脚步，这将是个令人寒心的故事。然而亚当没有停下脚步。我采访他时，他说："我重新审视了成功量表的另一端，既然奉献者总是垫底，那么谁会名列前茅呢？事实上，结果令我十分惊讶，排在前面的仍然是那些乐于助人的人。那些想方设法帮助他人的人不仅分布在量表的下方，也同样高居榜首。"

平衡者（指那些试图使付出与回报保持平衡的人）和索取者（指自私自利，过多索取却很少付出的人）均位于量表中部。量表的两端全都是奉献者。同理，大多数成功的工程师、成绩最好的学生以及销量最高的销售员也都是乐于助人的奉献者。

仔细想想，道理一目了然。我们都听说过那种殉道者：他为别人挺身而出，自己却捉襟见肘，最终贫困潦倒或被"索取者"剥削殆尽。我们还听说，有的人人见人爱，因为他乐于助人。他获得成功，是因为每个人都欣赏他而且对他心存感激。

奉献者不仅仅容易成为最富裕或者学习最好的人，而且他们因为付出而富裕。阿瑟·布鲁克斯（Arthur Brooks）对慈善捐款和个人收入之间的关系进行了研究。他发现每捐出1美元，个人收入就会增加3.75美元。因此他能从每年捐赠的金额清楚地推算出某人当年的收入状况。

读到这里，有的人或许感到疑惑。这似乎和本章开头讲述的情况相互矛盾。虽然在本章开头我们说过那些坏蛋表现得更好（没错，总体上看的确如此），但表现最好的还是那些乐于奉献者。

对别人越信任，收入就越高。在一份名为"信任的恰当量"的研究中，受试者需要从1到10对自己信任他人的程度打分。其中评分为8的受试者收入最高，这也符合亚当·格兰特的理论——成功量表的顶端属于奉献者。

同时我们注意到，那些评分高于8分的受试者的收入却比上述受试者的收入低7%。正如成功量表下端的奉献者们，他们更可能被人利用。

收入最低的是哪些人呢？信任感最低的受试者的收入比信任感为8的受试者低14.5%。这种落差等同于上过大学与没上过大学之间的差距。

这些与人为善的人一定当不成领导，是吗？因为领导者应该是严厉的。前文中我们提到过，某些负面特质会帮助我们成为领导。然而我们发现，军队中的高层人物却没有一丝严苛气息，相反，最优秀的领导都非常善解人意，而不是严厉。

信任与合作带来双赢

一些研究曾指出，做一个毫无权力的好人会承受很多社会压力，最终

048

有　效　努　力

BARKING
UP THE
WRONG
TREE

导致心脏病突发。而宏观研究表明"好人不长命"这句古训是错的。特曼研究[①]对许多受试者的一生进行了跟踪调查，研究发现善良的人寿命更长而不是更短。或许你本能地认为获得别人的帮助会延长自己的寿命，但研究表明情况恰好相反：付出越多，寿命越长。

最后是关于幸福感的问题。尽管很多数据表明坏人更容易得到晋升或者更加富有，可是他们对自己的生活并不满意。而那些德行好的人更加幸福。那些对不道德行为容忍度低的人比那些放纵欺骗行为的人更加幸福。这种幸福感不亚于加薪、结婚或定期去教堂做礼拜给人带来的快乐。

人与人之间的不信任、不友善会让他们错失很多幸福的瞬间。有研究指出，给别人花钱比给自己花钱更能让人感到幸福。每周两小时的志愿活动会提升我们对生活的满意度。更令人惊讶的是，那些花时间去帮助别人的人会感到自己没有那么忙碌，而是有了更多自由时间。

欺骗和压迫在短期内是能够得到回报的。但从长远来看，这么做只会带坏社会风气，大家很快会相互猜疑，没有人愿意舍小家为大家。索取者会获得短期利益，但好景不长。最终，没人愿意帮你，因为大家看清了你的本质。索取者最大的敌人是谁呢？亚当·格兰特的研究告诉我们，是其他索取者。奉献者同样会得到其他奉献者的帮助，并且他们的善举也会得到平衡者的保护——因为平衡者相信善举应当有所回报——因此奉献者唯一需要担心的是那些索取者。同时，索取者最终会沦为人人厌恶的对象，甚至其他索取者也会讨厌他们。

---

① 这里指特曼资优研究（Terman Study of the Gifted），即天才的遗传研究（Genetic Studies of Genius）。它是一项自1921年开始至今还在进行的追踪研究，其主题为探究资优儿童长大成人的过程和特征。

除非索取者学会信任与合作，否则他们永远不会像奉献者那样付出并得到回报。即便是那些从信任和互惠行为中获益的平衡者也存在其自身的局限性，因为他们总是等待别人先行一步，从而错过相互帮助带来的双赢结果。

或许你认为我在掩盖奉献者难以成功的事实。奉献者成功与否并不是毫无规律可循。亚当·格兰特发现，过分无私的奉献者们为了帮助他人而穷尽自己一生的力量，还被索取者们利用，因此他们自己的事情很少做得出色。其实，奉献者们有很多方法能为自己设定做好事的限度，以确保自己不会太过火。比如一周两小时的志愿者活动。不能再多了。索尼娅·柳博米尔斯基（Sonja Lyubomirsky）发现，当人们将自己帮助他人的力量"整合"起来而不是不间断地"分散"开时，会感到更多的幸福、更少的压力。所以一周拿出一天的时间做好事就不会阻碍奉献者自身的成功之路。每年做100个小时的好事似乎是最佳状态。

格兰特同样指出，平衡者们就是奉献者们的秘密王牌。平衡者希望惩恶扬善，因此会乐此不疲地惩治索取者，同时保护奉献者不受伤害。当奉献者遇上一群平衡者，前者就再也不必担心被他人利用了。

这么说似乎还是有些云山雾罩。短期内，心术不正的人的确能占到便宜，但他终将自食恶果，因为其他人在此环境下也变坏了。长远来看，还是好人得到的回报多，尽管你可能一不小心就为他人奉献了一生。好人与坏人之间会有明显的胜负吗？有没有确切的办法既能让我们脱颖而出，也能让我们睡得安稳？

事实上，的确有。

050

有　效　努　力

BARKING
UP THE
WRONG
TREE

唐·约翰逊（Don Johnson）一夜之间赚了600万美元。别误会，这里说的不是《迈阿密风云》里的那个唐·约翰逊。我说的是一位赌徒。他一夜之间从好世界赌场赢走了600万美元。然而这并不是唐·约翰逊连环胜利的终点。他在大西洋城的赌场中卷走了更多的钱。

博彩界有一句老话：庄家永远是赢家。然而在2011年的几个月内，唐·约翰逊成了大西洋城的庄家。

唐·约翰逊成了赌博界最轰动的成功人物之一。他赢牌不靠出老千，然而没有人能仅凭运气赢这么多钱。约翰逊是扑克牌高手，但更重要的是，他数学好。他的日常工作是为赛马公司做操盘手。

要知道，那些二十一点顶级玩家不会仅凭运气赌博。他们知道每种规则都对庄家有利，因此他们不急于开赌。事实上他们会和赌场谈条件：如果我输了X美元，那么你得给我一定比例的回扣，或者庄家必须叫X牌而不是Y。2008年经济萧条，赌场发展不景气，大部分收入都来自大户玩家，因此赌场给这部分玩家20%的回扣。一旦赌场同意了这样的条件，那么赌场不再拥有绝对优势，约翰逊这样的玩家的损失风险会降至8%。只要他没有策略失误，他就永远不会输。因此他成了庄家。赌博是个未知数，然而一旦胜利的天平向你倾斜，那么从概率上看，你玩得越久，则赢得越多。

唐·约翰逊深谙此道。他平均每分钟玩一盘二十一点，每盘下注金额为10万美元，这震惊了整个好世界赌场。他曾单局赢下80万美元。他在其他赌场也是这样，最终从波哥大赌场赢走50万美元，从恺撒宫赢走40万美元。仅用了6个月的时间，他就从大西洋城的赌场中卷走了1500万美元。

这可不是变魔术，也不是靠运气，更不是耍花招。约翰逊并不是每盘都赢。他只是提升了自己获胜的概率，谨慎行事，长期下来他便成了大赢家。

在对待道德问题时我们也应该拿出唐·约翰逊玩二十一点牌时的风范。我们应当取得庄家优势。别担心，你不需要做任何繁复的数学计算。你的优势便是你身上与生俱来且习以为常的特点。它会让你游刃有余。

一报还一报是最佳策略

现在你该知道团结的重要性了吧。但是你会被骗吗？你应该相信别人吗？如果你对别人失去信任，你便有变得自私自利的危险。但如果你一味相信别人，你最终会吃亏。所以我们到底要不要相信别人呢？

科学家们用"囚徒困境"来分析信任度问题。所谓"囚徒困境"如下：假设你和你的朋友一起抢劫银行，由于业务不熟你们最终被捕入狱。警察逮捕你们后，将你们关进不同的房间单独审讯。这时，你和你的同伙失去了联系。警察给你提供以下选择：如果你指证你的朋友是主谋，而他没有指控你，那么你将被无罪释放，但你的朋友将被判入狱五年。反之亦然。如果你们互相指证，那么你们都要坐三年牢。但如果你们都拒绝指证对方，那么你们都将只坐一年牢。如果你们非常了解并信任彼此，答案就很简单了：你们不会指证彼此，因而最终只坐一年牢。你信任自己的朋友吗？他会不会受到警察的恐吓？在你保持沉默的时候，他会不会指控你？如果会的话，那么他将被无罪释放，而你要在监狱待五年。如果这是一次性博弈，那么很显然指控对方才是明智之举。但是如果重复20次呢？这种假设才更贴近我们的生活，不是吗？毕竟我们的命运从不会一锤定音。

052
有　效　努　力

BARKING
UP THE
WRONG
TREE

　　罗伯特·阿克塞尔罗德就此展开了研究。美国与苏联冷战期间，他想研究人与人之间信任与合作的条件是什么，有没有更高效的策略。因此他决定举行一场计算机比赛。不同的计算机程序运用不同的策略来进行囚徒困境游戏，最终选出得分最高的计算机程序。

　　心理学、经济学、数学、社会学以及其他学科领域的专家提供了14种算法以及一个随机运行的程序。其中一个程序表现非常突出：它总是信任对方，即便是被骗。与之相反的是背叛者（ALL D）程序：它总是背叛对手，无一例外。其他的程序介于这两者之间。还有一些更复杂的程序在绝大多数回合中表现出色，但偶尔也会背叛对方以便自己在比赛中胜出。一个名为测试者（Tester）的程序会实时监测对手的行动以伺机脱身。但如果背叛行为被对方发现，它会立刻变卦。

　　最终哪一项程序得分最高？令人大吃一惊的是，提交上来最简单的那个程序赢得了比赛。这个程序只有两条代码，并且我们对该程序的原理非常熟悉：一报还一报。

　　在囚徒困境的比赛中，一报还一报程序（TFT）首先在第一轮与对手合作，然后模仿对方上一步的选择——仅此而已。如果上一步对手选择合作，那么它在下一步中也会选择合作；如果对手选择背叛，那么下一轮它也会选择背叛。

　　最终该程序杀出重围，比赛也进入尾声。之后，阿克塞尔罗德又举行了一场比赛。这次他联系了更多专家，并且这次共有62项程序参赛。有一些算法更加复杂，还有一些算法是一报还一报的变体。

　　冠军花落谁家？没错，一报还一报再次夺冠。

　　这项不起眼的小程序的策略到底有什么神奇的力量呢？阿克塞尔罗德总结了一报还一报胜出的几项关键因素。他得到的结果与我们研究利他行为，如做一名奉献者，所得出的结论一致——起初，好人没好报。这有点符合"坏人比好人更强大"的研究结论，坏人在初次接触时总能迅速地占据有利地位。即便最终获胜的一报还一报程序在第一轮比赛中也会吃亏，因为它最开始选择合作。但随着时间推进，坏人的收获远远落后于合作者。如果一报还一报在每一步中都能遇到合作者，那么它的回报是巨大的。就连测试者这样的程序也明白了合作的重要性，与其背叛，不如合作，因为合作带来的好处更多。

　　一报还一报的成功有一系列原因。它总是第一轮就合作，首先表示善意。当遇到"善意"的程序时，它会迅速建立合作，从而提高分数。遇到惩罚性的程序时，它们变得非常友好。遇到测试者这样的程序，一报还一报会明显表示如果它背叛就揍扁它。一报还一报绝不手软，所以那些程序总是乖乖就范。

　　一报还一报还有一个至关重要的特点：宽恕。由于自身程序简单，它只能记住对手上一步的选择，因此只要对方程序不是非常恶劣或完全随机，一报还一报都能取得最好的成绩。一报还一报不仅仅是合作者、惩罚者，它还是老师。它教会其他选手如何提高表现。阿克塞尔罗德说，背叛者程序得分不高的原因之一就是它们不懂得原谅，因此陷入了互相报复的死循环。

　　但阿克塞尔罗德并没有停止研究的脚步。他和其他研究者继续研究如何建立一个更加完善的程序。一报还一报已经两次获得比赛冠军了，可是要打败顶级掠夺者，是否需要添加更多恶元素来打造出一个无敌程序呢？

054

有　效　努　力

BARKING
UP THE
WRONG
TREE

恰好相反，他们需要的是更多善意——尤其是，更多的宽恕。

阿克塞尔罗德以及其他研究人员发现，从一报还一报进化到"慷慨的一报还一报"让这个程序变得更加成功。与其总是重复对手的上一步操作，新的程序偶尔还会原谅对方。即使对方出现了背叛，它在下一步也会有一定的概率选择合作。尽管当它遇上背叛者这种邪恶程序时会落后一些分数，但将那些潜在的友善对手从无穷背叛的死循环中挽救出来所获得的回报却远远超过背叛者所带来的损失。

一报还一报成功的主要原因有：善良，宽恕，适应性，以及必要时的反击。

我相信说到这里，我们之前提到的那些类似的事情变得清晰易懂了。那就让我们看看，这个简单的博弈中体现的原理怎样能让我们在人生中获得巨大收益。

自私自利者就像背叛者程序一样。如果好人们能聚在一起，通力合作，那么用不了多久他们就能找到自己的立足点，可惜好人从未相聚。如果仅凭一己之力去寻找其他好人，这无异于一只雏鸟在巢中唧唧叫：除了会引来喂食的鸟妈妈，还会招来虎视眈眈的饿猫。要知道寡不敌众，可怜的鸡妈妈是斗不过众多捕食者的。

海盗却容不得任何背叛者。民主的制度、明确的规章能够确保大家共享战利品，坏人无法在船上安身立命。即便是背叛者当了船长，他也不会干得长远，因为天子犯法与庶民同罪，而且任何制度都需要得到大家一致同意才能生效。因此彻头彻尾的浑蛋无法在船上生存。

如果我们让海盗多一些亚当·格兰特式的奉献精神会怎样呢？如果海

盗不再抢劫，开始与别人合作（尽管最初合作限度很低），劝说那些不是海盗的人与自己合作会发生什么呢？如果海盗们织了一张更大的合作网络，而不再是单独的一艘船或一小队船只，会有什么后果呢？后果就是皇家海军将无容身之处。

比赛中那些充满恶意的程序内在的策略存在着两种误区。第一，误以为后面的回合与前几回合情况类似。然而许多程序，包括一报还一报，都把注意力放在了前几回合的选择上，并相应地给出对策，最终惩罚坏的行为。现实生活也是如此，我们会因为之前做过的事情获得相应的名声。绝大多数的交往都不是匿名的，我们也总是和相同的人来往。一旦我们背叛他们，他们就会铭记在心。因此通过背叛他人占得的小便宜并不划算，这只会毁掉一段潜在的、互惠互利的长期关系。

第二，误以为这是一场零和博弈。现实生活中，合作的利益空间巨大且成本极低。为什么？好吧，我们从橘子皮实验中一探究竟。

商学院经常会进行谈判实验。实验中，学生被分为两组，他们都需要一定数量的橙子，两组学生被告知需要以一定方式分配这堆橙子。两组都会读到各自具体的游戏规则，但看不到对方的。与囚徒困境类似的是，那些自私的学生表现得不够理想。因为他们认为这场比赛是零和博弈：他们每得到一个橙子，就意味着对方少得到一个。而那些能迅速交流分享的合作者发现所有人得到的游戏规则显示出一个细节：其中一组只需要果肉；另一组只需要果皮。如果两组成员能事先沟通，那么大家很容易满足彼此的要求，各取所需。可如果他们选择竞争，最终只会两败俱伤。

长期和短期是问题的关键。二手车销售人员认为他们和顾客只会有一面之缘，因此他们有了销售员的名声。同时，你妈妈（很可能）将陪你度

056

有　效　努　力

BARKING
UP THE
WRONG
TREE

过漫长一生，因此妈妈们便有了妈妈们的名声。预计与别人交往的时间越长，我们就可能看到越好的行为表现。

亚当·格兰特的研究也证实了这种区别。短期内奉献者们经常会失败，但随着时间推进——他们会遇到其他奉献者并获得平衡者的保护——他们的名声就会被认可，因而名声大噪。这时他们就会从低谷中走出来，爬向成功的顶峰。

但是你不觉得一报还一报有点像亚当·格兰特所说的平衡者吗？事实上他们之间有两个主要的区别。首先，一报还一报最开始选择合作，而平衡者们最初不一定会选择合作，他们只会等到对方先表露善意，然后才会以善相待。这种被动的态度大大降低了二者的互动次数。再者，奉献者会四处行善，被索取者占点便宜，与平衡者均摊成果，然而一旦遇到其他奉献者，他们就会收获巨大回报。奉献者们只需要通过自己的善行就能织成一张巨大的关系网络，而犹犹豫豫的平衡者却是千呼万唤始出来。

信任与合作的四条成功经验

阿克塞尔罗德给出了一报还一报成功的四条经验，值得我们学习：

* 嫉妒之心不可有

再次声明，大多数人的生活并不是零和博弈。他人的胜利并不意味着你会惨遭淘汰。有时候别人需要的是果实，而你需要的是果皮。有的时候，这次吃小亏能让你在下次收获巨大回报。还有一件不可思议的事情：在单轮比赛中，一报还一报的分数均低于对手。它从来没有赢过。但它的总分却比在许多环节都略胜一筹的"赢家"高。阿克塞尔罗德解释道："一报还一报的成功并不是靠打倒对手，而是引导对手使彼此的表现更上一个台阶。"不要担心别人比自己优秀，而应该想一想如何让自己更好。

* 不要主动去欺骗别人

影响力研究大师罗伯特·西奥迪尼[①]认为互惠主义不仅仅是获得影响力、赢得他人帮助的关键因素，并且先人一步行善对互惠互利不可或缺。平衡们选择等待，最终错失很多机会。索取们目光短浅，只考虑眼前的微薄之利。要记住，凡是大赢家都心地善良，而所有的一败涂地都是从背叛开始的。

* 人善吾善，人欺吾欺

永远不要先背叛别人。为什么要让别人质疑你的动机呢？如果你被人欺骗，那就以牙还牙。在计算机比赛中，主动挑事者得到的分数较低，但是回敬对方的欺骗却可以加分。

* 算盘不要打得太精

测试者的策略似乎很精明：能占便宜就占，见好就收。但是这类策略缺乏一报还一报的透明度，尽管测试者四处小胜，但最终损失的是自己的好名声。那些复杂的程序进展得也并不顺利。一报还一报是最简单的程

---

① 罗伯特·西奥迪尼（Robert Cialdini），全球知名说服术与影响力研究权威，著有《影响力》（*Influence：The Psychology of Persuasion*）一书。

BARKING
UP THE
WRONG
TREE

058

有　效　努　力

序，唯一能改进的地方就是偶尔添加宽恕元素。如果你希望关系能长远发展的话，你就需要教育那些和你打交道的人：你跟我合作，我也跟你合作；一旦你背叛我，我也会反戈一击。就这么简单。人至察则无徒，过分精明会遭怀疑。一旦大家明白了其中的因果，他们很可能会加入你的阵营，并发现人人皆能得利。在象棋这种零和游戏中，你不能让对手摸透你的心思，可是在反复进行的囚徒困境实验中，情况却恰好相反。你要让大家看清楚你的所作所为，只有这样他们才愿意加入你的行列。后者才更像现实生活中的情形。

如何做一个成功的好人

我们讲过了浑蛋、好人、监狱帮派、海盗和计算机模拟大赛。你一定获益匪浅，这很好。但是我们能从中总结出什么规律好加以运用呢？我们先来整理一下学到的知识，这样我们就知道如何才能成为一个有道德且成功的人，而不是一个任人宰割的笨蛋。

第一条：选择适合自己的环境

我曾问过斯坦福商学院的鲍勃·萨顿（Bob Sutton）教授，他会给学生传授什么锦囊妙计。他的回答是：

"选择工作的时候，眼光应该长远：先看看即将与你共事的是一群什么样的人——因为你很可能变成他们，而他们却不能变成你。你没办法改变任何人。如果他们跟你不是一类人，你就不要选择这份工作。"

正如上文所说，恶劣的工作环境会使你成为一个糟糕的人，并且让你心情不快。根据丹·阿里尔利的研究"不道德行为的传染与变异：桶中一颗坏苹果的影响"，欺骗是会传染的。当你看到身边的人撒谎，你就很可能会撒谎。如果周围的人发现所有人都不诚实，那么每个人都有可能不遵守规则。

幸运的是，环境的影响是一把双刃剑。特曼研究跟踪调查了1000名受试者从出生到死亡的一生，最终得出的结论是：生活在我们周围的人决定了我们会成为什么样的人。当我们看到周围人无私奉献的时候，我们也会效仿。

这也能让我们大胆地去当奉献者——收获一流奉献者所得到的那种胜利的果实，而不必担心沦为殉道者。阿克塞尔罗德的计算机比赛中"好"程序脱颖而出的原因就是，一报还一报能找到其他奉献者，并与之合作。如果目前你处于淤泥之中，那你就去寻找好人并与他们抱成一团，严阵以待。"好"程序之间只需花费5%的时间互动就能使善战胜恶。虽然在现实生活中很难量化，但这的确就是量变到质变的分界点。

选对了环境甚至能让你享受浑蛋们曾得到过的福利。如果你的老板的确是你非常尊重的人，那么拍马屁就不会不道德或者令人不快了。在面试一份新工作时，你可以看看今后的上司是什么样的人。找机会和这个人说几句话，并花点心思去了解他。研究表明，你的幸福和成功主要取决于你的领导，而不是你的公司。

060

有　效　努　力

BARKING
UP THE
WRONG
TREE

第二条：合作为先

阿克塞尔罗德的计算机比赛中所有成功的策略都是首先选择合作的。奉献者比平衡者表现出色，是因为奉献者总是主动帮助别人且不计回报。许多其他实验也得出了相同结果。罗伯特·西奥迪尼说，主动为他人提供帮助会营造一种互利的氛围，这也是说服和迎合别人的基石。

哈佛商学院迪帕克·马尔霍特拉（Deepak Malhotra）教授在讲授谈判艺术时说的第一句话不是"要强硬"，或者"让对方看到你说一不二的魄力"，而是"让他们喜欢你"。

当然，这并不是说你得逢人就送20美元。给予别人的恩惠不需要非常巨大。我们都忘了，即便是举手之劳（例如在邮件里花32秒写一段推荐）也能给别人带来巨大回报（一份新工作）。快速地对新认识的人施以恩惠就是在告诉其他奉献者你是他们中的一员，还能赢得平衡者的保护。主动给新狱友送去礼物篮，那么监狱里下次出现危险的时候，就有更多人保护你。

第三条：人不为己，天诛地灭

总体来说，我们应该信任别人。但即便唐·约翰逊在二十一点赌局中成了庄家，也不意味着他每一手牌都能赢。你并不能预测某种特定情况下与别人合作是否会成功，但合作终究让你胜多输少。记住，在信任评级的研究中，最成功的那些人往往将自己对他人的信任度评为8分（但不是10分）。

事实上，一报还一报出现了新的变体。研究人员称，新的变体的表现超过了常规的一报还一报以及慷慨的一报还一报。新变体有什么妙计呢？如果对手一直选择合作，它就会毫不留情地利用对手。虽然这种方式有点残酷，但是我们能够理解。因为这就是人性的缩影，如果有人付出太多且从不拒绝，那么他们的付出就被视为理所应当。假如你不是个百分百的圣人，那就好办了；当圣人是走向成功的下下策。（现在好受些了吗？）

阿克塞尔罗德认为必要的反击手段有助于程序在比赛中获胜。那么现实生活中的我们应该怎么办呢？工作中对付索取者的最好办法也是最老土的办法，就是"说他们的闲话"，让大家当心这些索取者。这样你心里也会好受一些，还能帮助纠正不良之风。

同时，亚当·格兰特曾指出，过多的奉献会让自己筋疲力尽。一周中有两小时对他人伸出援手就足以达到最理想的效果。因此你不必内疚，不必让自己成为无私奉献的殉道者，也不必找借口称自己没时间去帮助别人。

第四条：努力工作，但你的努力要让别人看见

尽管你自己不是个浑蛋，但从他们身上你学到了什么？研究发现了一个普遍趋势：浑蛋们不害怕出风头。他们自我提升、善于沟通并且让自己的努力显露出来。即使你和他们不一样，你也可以做到这一点。或许你不会得到他们得到的东西，但你勇敢地站了出来，你便能从中受益——而且不必违背自己的良心。

你的努力需要被别人看见。你需要被老板赏识。这个世界并不残酷；这只是人的本性。如果你的老板都不认识你，你工作再努力也得不到老板的认可。好的产品没有市场能卖出去吗？很可能不会。

062

有 效 努 力

BARKING
UP THE
WRONG
TREE

　　所以，该如何寻求良好的平衡？每周五给老板发一封邮件总结你这一周的表现——没有什么花哨的东西，却能使你这一周的工作一目了然。或许你认为老板对员工的表现了如指掌，可是别忘了，你的上司很忙，他们也有棘手的问题要处理。所以你的老板会欣赏你的工作总结，并且把你和他们听到的好消息（当然啦，是从你那里听到的）联系起来。在薪水谈判（或者更新简历）的时候，你就可以回顾一下历来的邮件。它们能证明你是一名优秀的员工。

第五条：目光要长远，并且要让身边的人也从长远考虑问题

　　记住，恶行在短期内有巨大优势，但路遥知马力，日久见人心。因此在你能力范围内你要让事情变得长远。各项步骤越具体越好。并且你要尽最大努力帮助身边的人，让他们也能着眼未来。越是一锤子买卖，人们越是想要花招蒙蔽你。你与别人交往越频繁或者共同好友越多，你就越可能再次接触他们，他们也越有可能对你好。这就是为什么中世纪国王都喜欢让自己的儿子或者女儿与其他皇室子嗣结成连理：现在我们是一家人了，我们将有共同的孙子或孙女，所以我们以后要友好往来。

　　阿克塞尔罗德称之为"为将来做好铺垫"。东北大学社会情绪研究小组的负责人戴维·德斯特诺（David DeSteno）说："（人们）总是试图搞清楚两件事：潜在的合伙人值得信赖吗，以及后续还会彼此遇到吗。这两个问题的答案是我们当前行为动机的决定因素，无一例外。"

第六条：原谅

　　还记得一报还一报改良版的新特性吗？时不时地原谅。原谅避免了冤

冤相报的死循环。

尽管阿克塞尔罗德的计算机比赛非常抽象，而且与现实生活相比过于简单化，但原谅在日常交往中的重要性远远超过了比赛。生活是嘈杂的，也是复杂的。我们并不能得到足够信息全面了解他人及其动机。怀疑别人仅仅是因为缺乏透明度。面对现实吧：你连自己也不能完全信任。你总说你要减肥，可是如果某人拿着甜甜圈到办公室，你还是会吃。难道这就意味着你是个糟糕的人，而且你不应该再相信自己了吗？并不是这样。一报还一报从没有单局战胜过对手，可是它的宏观策略却让它脱颖而出。原因之一是它会调教对手。这意味着它会给对手第二次机会。你并不完美，其他人也不完美，有时候人们会犯糊涂。

我还要说最后一点。还记得迈克尔·斯旺戈吗？就是那个杀人不眨眼的医生。好吧，他还是难逃法网。

终会有人行使正义。乔丹·科恩（Jordan Cohen）给美国所有医学院发了一份关于斯旺戈的传真，这引起了美国联邦调查局的注意。斯旺戈逃出了美国，但在他于1997年返回美国的过程中，他终于在芝加哥的奥黑尔国际机场被警方逮捕。

2000年9月6日，为了躲过死刑，斯旺戈承认自己犯下了谋杀与欺诈罪。最终斯旺戈被判处三个终身监禁，连续执行。目前他被关押在科罗拉多州弗洛伦斯保密性最高的监狱中。

斯旺戈肆意挥霍别人的生命，他身边的人也都非常自私。短期内，他们不会遭到什么报应。时间久了，当他锒铛入狱，许多人也声名狼藉。虽然周围的人可能会为了一己之利睁一只眼闭一只眼，但是成为连环杀手显然不是成功的持久良策。

064

有　效　努　力

BARKING
UP THE
WRONG
TREE

　　因此只有心地善良才是取得成功的妙方。那么问题又来了：你怎么知道还要坚持多久才能成功？古谚云："放弃者永不成功，成功者永不放弃。"这是真的吗？

　　我们都知道，有的人在某件事上坚持了很长时间却终究徒劳无果。（她真的认为辞职去做瑜伽老师能成功吗？）我们都曾半途而废，却又后悔自己当初没有在艰难关头坚持下去。（当时为什么没念完大学？如果坚持读完，事情肯定会好得多。）

　　所以到底应该怎么选：咬牙坚持还是干脆放弃？你怎么知道什么时候该放弃，什么时候该坚持呢？请继续读下一章。

3

真的是放弃者永不成功，
成功者永不放弃吗

海豹突击队、电子游戏、包办婚姻、蝙蝠侠教我们的事。

当成功看起来遥遥无期时，是撑下去还是放弃？

BARKING

UP THE

WRONG

TREE

故事要从一本漫画书说起。

墨西哥一个叫帕拉卡的贫困小村落有这样一个小男孩，他叫阿尔弗雷多·基尼奥内斯-伊诺霍萨（Alfredo Quiñones-Hinojosa），他被卡里曼（Kalimán）[1]的英雄事迹吸引并深受鼓舞。卡里曼一生都在为正义奔波，尽管他有超能力，可是他仍然非常努力且自律。阿尔弗雷多每天下午会模仿英雄卡里曼那些不可思议且神秘的武术动作，幻想某一天会成为卡里曼这样的英雄。

在经济衰退的墨西哥，卡里曼正是这个男孩的精神支柱。阿尔弗雷多的家人关闭了赖以生存的加油站。他妈妈也被迫在当地的妓院给妓女们缝制衣服以贴补家用。他的小妹妹也患病去世，然而如果他们住在美国而不是连去乡村诊所都要花上一小时的墨西哥，他妹妹的病可能很快就能治好。因此阿尔弗雷多想要更好的生活。这一天，机会降临了。

15岁时，他得知叔叔在加利福尼亚的农场做领班，薪水很可观。他觉得这就是自己的机会。于是夏天他去了美国，和叔叔一起工作。工作拼命的他一下瘦到了92磅。两个月以后，他带着薪水回到墨西哥。此时，他的薪水足够支撑家庭年内剩下的几个月的支出了。

---

[1] 墨西哥漫画和电影中的冒险英雄。

显然，长远来看，去美国才是脱贫之选。如果他想过上更好的生活，扶持自己的家庭，他必须再次穿过墨西哥与美国的边境。他周密计划，等待时机，全速奔跑……但很快就被边境巡逻人员逮住了。他们把阿尔弗雷多遣送回国。可他不甘心，因为他必须救助自己的家人。卡里曼会让边境巡逻队阻止他吗？不会。那么巡逻队也阻止不了阿尔弗雷多！

经过一番周详的筹备，他执行了一项几乎不可能完成的任务。他偷渡到了美国，最终在斯托克顿市找到了工作，并且从那儿把薪水寄回家。

他不会说英语。他知道语言会成为他在美国生存的障碍，因此尽管一天要工作12个小时，每周工作7天，最初几个月只能在车里过夜，他还是坚持去社区大学上夜校。由于他的工作是给火车铲硫矿物，每次上课的时候他身上都是一股臭鸡蛋味，但他的成绩总是名列前茅。没过多久，他就拿到了专科学位。

成绩优异的他在老师的鼓励下考入了加州大学伯克利分校——美国顶尖学府之一。在这里他受到了歧视。现在他上晚课的时候，身上散发的再也不是臭鸡蛋的味道了，而是他每天在港口刮鱼油留下的腥味。最终他获得了心理学学士学位，并且成为优秀毕业生。

剑桥的冬天对习惯了墨西哥和加州生活的阿尔弗雷多来说冷得令人震惊。但在哈佛医学院读书的时候，他渐渐适应了那里的寒冬。比起几年前学英语的日子，这点苦不算什么。后来他和心仪的美国姑娘结了婚，成了美国公民。从哈佛大学医学院毕业的时候，他的女儿嘉比已经六个月大了。

如今大家都叫他Q博士。他成了美国，甚至很可能是全世界最有名的神经科医生。他在美国首屈一指的约翰·霍普金斯医院工作，每年负责数

068

有　效　努　力

BARKING
UP THE
WRONG
TREE

百台手术。同时他还有自己的实验室，在医学院教授肿瘤学和神经外科学。或许他没有用自己的拳脚功夫拯救别人的生命，但卡里曼一定会为阿尔弗雷多感到自豪。

他的故事让我们想到一个重要的问题：一个非法入境的农场工人到底是如何从身无分文的无名小卒变成世界顶尖的外科医生的呢？不会说英语的他经历了一次又一次的痛苦、歧视和挫折，他是怎么撑下来的呢？普通人连节食超过四天或每年持续去健身房锻炼都坚持不了，他又是怎么坚持下来的？

坚毅的品质从何而来

我们所接受的教育告诉我们坚毅——坚持、努力、永不言弃——是成功的秘诀。一般来说，这种观点没错。同等智力和天赋水平的人所获成就会不同，主要原因在于他们坚毅的程度不同。还记得第一章里提到过的GPA 2.9的百万富翁吗？尽管他们成绩平平，但在接受采访的时候他们不约而同地提到老师总是表扬他们"很可靠"。他们的性格都很坚毅。

但那群名声不好、行为古怪的艺术家会不会坚持不懈呢？霍华德·加德纳（Howard Gardner）研究了那些成功的艺术家，并在他的书《创造心智》（*Creating Minds*）中写道：

"富于创造力的人善于总结经验。这类人胸怀大志，虽然他们的道路不总是一帆风顺，但失败的时候他们从不浪费时间去抱怨、指责，或者冲动地选择放弃。相反，他们会把失败当成学习的机会，尝试吸取教训，避免重蹈覆辙。"

这听上去又很像坚毅的品质了。

并且这不总是与金钱有关。安杰拉·达克沃思（Angela Duckworth）在宾夕法尼亚大学的研究表明，具有坚毅品质的孩子更幸福，身体更健康，更受同龄人喜欢。"坚持不懈指的是，就算接连受挫，仍会不断尝试的能力。具备这种能力的受试者中有31%的人对生活持有更加乐观的态度，而42%的人对生活的满意度更高。"

道理似乎很明显：意志坚定才能成功。那么问题就来了：既然这么简单，为什么我们做不到呢？

原因之一是，我们自认为了解坚毅的品质从何而来——事实上，读完本章你就会发现自己的想法是错误的。第二个原因是，虽然坚毅会让我们取得成功，但从来没有家长或者老师告诉孩子们：有时放弃才是最明智的选择。在恰当的时候选择放弃也会带来巨大的成功。

我们先来说第一个原因：坚毅的品质从何而来？答案是：从故事中来。尽管你不是生活在贫困落后的墨西哥乡村，但你需要一本卡里曼式的漫画书。不可思议吗？想要彻底搞清楚答案，我们需要先看看那些最了解坚强和永不言弃的海豹突击队军人吧。

詹姆斯·沃特斯（James Waters）一直幻想着成为全美最佳游泳选手，尽管他一直认为自己只不过是一名普通的游泳运动员。他坚持不懈，刻苦训练并且乐观地认为自己会不断进步。终于有一天他的才能眼看就要跟上梦想的脚步。

070

有　效　努　力

BARKING
UP THE
WRONG
TREE

作为一名学校游泳队的大四队员，在与布朗大学的一场对决中他的表现惊艳全场。第一次，他感到自己的全美之梦触手可及。然而在最后一圈比赛途中，他碰到了泳池边缘，随之而来的是手上传来的剧痛。几个小时之后，X光检测结果显示他的手部断裂，并且两周内都不能游泳。之后回归训练的时候，他不得不带着医用敷料，这对他的游泳造成了阻碍，因此他的训练效果不是很理想。无论如何，进入美国国家大学体育协会的梦想就这样悄然而逝了。

这还不是最惨的。虽然他错过了这次机会，但他的梦想还没有破灭。詹姆斯告诉我："接下来两年中我一直做噩梦。梦中的我一碰到其他物体，相应的身体部位就会骨折。我永远摆脱不了这场噩梦。"

詹姆斯的梦想没有实现。他的乐观想法与现实并不匹配，但他仍需要乐观。或许他不会成为最佳游泳运动员，但这个恶性循环必须结束了。

时隔六年，在3000英里外的某个地方，詹姆斯再次跃入水中，但这次训练的场景今非昔比：海豹突击队残酷的基础水下爆破魔鬼训练周。

连续训练110个小时不睡觉，头顶圆木数小时，没完没了的奔跑和游泳等等。身高6.2英尺，体重220磅，肩膀宽阔的詹姆斯看上去就像好莱坞电影里的海豹突击队军人。事实上大多数真正的海豹并不是这个样子。这样的体形让训练更加艰难，例如训练队伍要头顶小船向前奔跑的时候，他的身高意味着他要承担更多的重量。接下来就是惨绝人寰的"泳池综合能力测试"……

你头戴潜水呼吸装置潜到水下。教官会猛拉你嘴中的呼吸调节器，给你的呼吸软管打结。每当你挣扎着呼吸的时候，教官就会无情地阻断。你的大脑在轰鸣：我要完蛋了，我要完蛋了。教官不断阻挠你的同时，你必须按照正确的步骤来调整自己的呼吸装置，这是对飓风情形的模拟，海豹突击队学员在面对海底强洋流时很可能会这么做。整个过程会令你痛苦不堪。进行基础水下爆破训练的学员均有四次挑战"泳池综合能力测试"的机会——因为他们的确需要四次。第一次就通过的人数不到20%。

明天还有更长时间的沙滩长跑，更多休息时间被剥夺。对了，或许还要高空跳伞。许多人——数据显示大多数学员——都选择了放弃。

詹姆斯已经被逼到了极限。每当想放弃的时候，他都会想起做过的噩梦，他的梦想，以及他可以不断进步的乐观信念。于是他再次跳入水中训练。

海豹突击队264期的退学率达到94%。256个学员中只有16个顺利毕业，他们获得了海豹突击队三叉戟奖章。

詹姆斯·沃特斯就是其中一员。他的噩梦彻底结束了。

是什么让一些学员顺利通过基础水下爆破训练，并让其他人半途而废的呢？出乎意料的是，海军军队一度也不清楚个中原因，而这是一个大问题。"9·11"事件之后，军队对海豹突击队队员的需求大增，但降低选拔标准起不了什么作用。他们需要知道这个问题的答案。到底应该招募什么样的士兵呢？他们要教会士兵什么才能让他们通过痛苦的挑战呢？

最终答案出乎意料。海军需要的不是更加强壮或者更有男子气概的士兵。招募更多的保险销售员才是明智之举。是的，保险销售员。你再仔细想想这个答案。

一份海军研究表明，当面对困难时，人们会做有毅力的人会做的那些事情——通常不为人知——来激励自己前行。其中一件已被心理学研究反

072

有　效　努　力

BARKING
UP THE
WRONG
TREE

复证实：积极的自我暗示。是的，海豹突击队必须非常厉害。而要变得厉害，就要像《小火车做到了》（*The Little Engine That Could*）那样思考。

我们在大脑内与自身的对话能达到每分钟300到1000个词。这些话可以是积极的（我能行），也可以是消极的（天呐，我实在是忍不了了）。研究表明，积极的心理暗示会对意志力产生巨大影响，让你坚定前行的决心。后来对部队士兵的研究证实了这一论断。

海豹突击队对参加基础水下爆破训练的学员们进行了积极的心理暗示训练，再结合其他心理学工具的应用，此项训练的通过率提高了近10%。

在基础水下爆破训练的过程中你会受很多皮肉之苦，而放弃带来的是精神上的折磨。但是你肯定会问，这到底和保险销售员有什么关系呢？当被问及对保险销售员的看法时，大家通常会说"呃"。海豹突击队员虽然承受一连串的打击，但不会像保险销售员那样总是被人拒绝。

你或许认为，一名好的销售员必须有人际交往能力或者外向的性格，而研究表明，销售员优秀与否可以仅从乐观与否的角度判断。研究人员发现，乐观度排名前10%的销售员比悲观度排名前10%的销售员的业绩高88%。

我们虽然能理解乐观让我们不断进步，但还是难以相信它会有如此大的效力。为何如此？我们需要看看人类最好的朋友。

乐观一点，好事真的会发生

这些狗一动不动。如果它们一直这么安静地坐着，研究就失败了。

马丁·塞利格曼（Martin Seligman）与宾夕法尼亚大学的其他研究者做

了一项巴甫洛夫条件反射实验。实验中，狗被放在一只大箱子的一端，中间有一道矮墙将狗与箱子另一端隔开。蜂鸣声响起狗会感到轻微的电击。狗如果跳过矮墙到了箱子的另一端，就会躲过电击之苦。研究人员想让狗意识到蜂鸣信号意味着电击的开始。如果它们在听到蜂鸣声后就跳过矮墙，便会躲过皮肉之苦。这原本很简单，狗狗们通常一学就会。

可是它们却一动不动，坐在地上发出呜咽声。蜂鸣声响后，电击如约而至，它们却对此毫无反应。（这时候，研究人员会拍拍自己的脑门，重新思考自己的职业选择。）

塞利格曼突然眼前一亮。他终于明白为什么狗狗会一动不动。一定是研究人员在前期的训练中没有建立好蜂鸣和电击之间的联系。狗狗们感觉电击是随机发生的，与蜂鸣信号无关，因此它们不会把蜂鸣当成一种信号预警，反而会认为自己对此无能为力。或许狗狗的大脑不会像人类一样每分钟进行300到1000个词的对话，但它们也不傻：反正都会遭到电击，那么我为什么还要努力呢？

狗狗们明白了什么叫徒劳无功，因此变得消极起来，于是选择放弃。虽然巴甫洛夫条件反射实验没有在狗狗身上取得任何进展，但是我们再次深刻地理解了坚毅的力量。同样的实验也曾发生在人类身上，他们的反应和狗狗一样。

这种情况非常合理。如果你走到草坪上，并试着像超人一样飞起来，那么你最终会一头栽进花盆里，用不了多久你就学乖了。你会明白自己和钢铁侠之间还是存在差距的。你不会尝试纵身一跃飞上天空，而是选择开车去百货商店："我飞不起来的。"

这种现象一直潜伏在我们生活中不被人察觉。我们放弃，劝服自己，

074

有　效　努　力

BARKING
UP THE
WRONG
TREE

接受命运的安排……但时常也会问自己为什么没有做得更好或更多。不是每一次放弃都意味着我们做不到，而是我们偶尔可以寻到出路却因放弃而失去机会。

有趣的是，在对人类进行上述实验的过程中，有三分之一的人并没有感到无助。他们不断地尝试弄清为什么会出现电击以及出现电击时该怎么办。他们将每一次的失败视作反常，因此不断尝试。他们最终的结局无外乎两种：异想天开，或者比你我都成功。

能否成功取决于你给自己的心理暗示。有人说，"我不是这块料"，或者"我从来不擅长这种事情"。也有人会说，"我需要继续努力下去"，或者"我需要更好的策略来应对困难"。在几乎所有情形中（除了像超人一样飞行），你都可能对自己说出以上四句。区别只不过是你最想说哪一句，哪一句是你的默认选择，多久说一次，或者什么时候你才会改变自己的首选而已。

塞利格曼认为，问题的本质是乐观与悲观的区别：认为自己可以改变现状与认为自己无法改变现状。悲观会滋生无助感。当你感觉事情无法好转的时候，坚持就显得很不理智了。你只会耸耸肩，然后走开。如果实在感觉胜利无望，那么放弃不失为一种正确选择。但倘若只要持之以恒事情就有回旋的余地，那么悲观态度只会扼杀你的斗志。你的大脑只会告诉你"放弃吧，回家去"，而不是"让我再试一下，我可以的"。

塞利格曼发现自己并不是在研究无助感，而是在研究悲观。他还发现："抑郁是极度的悲观。"当你一次又一次感到无助时，你最终会患临床意义上的抑郁症。你感到生活无望，于是弃绝一切，听之任之。

令人惊讶的是，当受试者被要求做预测的时候，悲观者比乐观者态度更加准确。这就是所谓的"抑郁现实主义"。世界是残酷的,而乐观者却选择欺骗自己。然而一旦我们不再相信事情会出现转机,那么转机也就永远不会出现了。我们需要一些幻想让生活继续下去。

研究人员发现,乐观的态度会有如下好处:

• 乐观的人更健康、长寿。乐观程度可以预测哪些患过心血管疾病的人可能再次突发心脏病。

• 对谈判结果乐观的人有可能以双方满意的方式达成交易。

• 乐观者更幸运。研究表明,积极的人更容易坚持,给自己创造更多的机会。

对乐观者来说,这些好处令人欣慰。但如果你是悲观主义者怎么办?如果你一直都很悲观,因此觉得自己很奇怪,该怎么办?听好了,屹耳①,塞利格曼的研究已经证实了悲观主义并非天生,它完全取决于你给自己的心理暗示。而这种暗示是你自己可以决定的。

乐观主义者与悲观主义者的世界观完全不同。塞利格曼称之为"归因方式",归结起来是三个"P":永久性(permanence)、广泛性(pervasiveness)和个性化(personalization)。

悲观主义者告诉自己,那些糟糕的事情:

• 会持续很久或者永远存在("我永远都解决不了");

---

① 《小熊维尼》中的角色,是一头悲观、忧郁、消沉的灰色小毛驴。

076

有　效　努　力

BARKING
UP THE
WRONG
TREE

- 无处不在（"这些人，我一个也不能信"）；
- 都是自己的错（"是我做得不好"）。

乐观的人认为糟糕的事情：

- 只是暂时的（"只是偶尔会发生，没什么大不了"）；
- 事出有因，并非普遍存在（"雨过天晴后就没什么事了"）；
- 不是自己的错（"我很擅长这件事，只是今天不太走运而已"）。

　　塞利格曼发现，如果你将消极归因变成乐观归因，那么你的心情会舒畅很多，意志也会更加坚定。

　　对个人来说如此，对团队来说更是如此。塞利格曼对有关美国职业棒球大联盟的新闻报道中球队选手的语录进行了分析。上一年的参赛态度能预示下一年的比赛成绩吗？

　　根据报纸上的报道，我们总结了1985年12支职棒联盟队的归因方式。数据显示，1986年，乐观队伍的表现优于其1985年的输赢记录，而消极队伍的表现却不如上一年。与平时水平相比，1985年对赛况乐观的队伍能在压力下很好地应对1986年的赛事，而同年对赛况消极的队伍第二年在面临压力时却分崩离析。

　　这么好的事情能是真的吗？塞利格曼再次对1986年的棒球队队员在报道中说过的话进行分析，并且成功预测了棒球队员1987年的比赛成绩。后来他用同样的方法猜中了篮球比赛的结果。这一结果并非偶然。乐观的归因方式预示着成功。（拉斯维加斯的赌徒们可要记住了哦。）

詹姆斯·沃特斯永远乐观。他的乐观远远强于他的体能，由此使他通过了基础水下爆破训练。也正是凭借这股坚毅的力量，他才能成为海豹突击队排长，获得哈佛大学工商管理硕士学位，最终成为白宫调度室副主任。

所以说，坚毅就是大脑中描述的关于未来的那些乐观的故事吗？远非如此，它们还有更深层的意义。这些故事不仅会帮助你获得成功，还会让你在身处人间炼狱的时候勇敢地活下去。

怀抱更高的价值和使命

我们还是从一个噩梦开始说起。

有一个人在睡梦中辗转反侧。维克多·弗兰克尔（Viktor Frankl）正想走过去把他叫醒，但又改了主意。无论那个人梦见了什么，都远不及他醒来以后所要面对的现实残酷。因为那是1944年的奥斯威辛集中营。

一栋本来只能容纳200人的建筑里却关押了1500名犹太人。纳粹分子用窗户、带刺铁丝网，以及警戒塔监管犹太人。每个人每周只能靠两片面包过活，所以就算锅内出现一块人肉也不足为奇。那些饥饿到绝望的人选择啮噬同类。

还有更恐怖的事情。

一些人会奔向铁丝网——通电的栅栏——自杀，并且很容易就能知道谁是下一个奔向铁丝网的人：抽烟的人。在集中营内，香烟就是钱，它可

078

有　效　努　力

BARKING
UP THE
WRONG
TREE

以用来交换食物和寻求帮助。总之，香烟在这里就是万能的。因此，如果有人抽烟，那就说明他想自杀。这些人希望通过抽烟来找寻一丝慰藉，忘却这地狱般的痛苦，因为他们很快就撑不去了。

　　和基础水下爆破训练不同，这并不是在进行生存演练。这里的人非生即死。谁能幸存呢？身强力壮的人并没有存活很久。那些年轻人、勇士和逆来顺受者也都没有坚持到最后。后来弗兰克尔发现，能无惧奥斯威辛集中营的恐怖而幸存下来的是那些认为生命有意义的人。

　　当一个人意识到需要对某个殷切地等候自己的人，或者某份未竟的事业负起责任时，他就永远不会放弃自己的生命。因为他知道自己存在的意义，所以无论遭遇什么他都会坚持到最后。

　　那些明白活着不仅仅是为了自己，而是为了更高价值的人都活了下来。而那些吸烟的人，最终都扑向了铁丝网，结束自己的生命。

　　弗兰克尔一直挂念着自己的妻子。虽然她生死未卜，但这并不重要。他在铺铁轨的时候一直想着妻子，并自言自语地和妻子讲话。他对妻子的思念让他忘却了眼前的痛苦，所以他坚持了下来。

　　有时候我们为他人的付出大于为自己的付出。比如，妈妈为孩子做的一切是孩子无以回报的，士兵能为自己的祖国献出生命。

　　如果生活总是充满欢声笑语，那么一旦痛苦降临、欢乐结束，我们就会选择放弃。如果我们不再贪图安逸，如果我们能更有价值地活着，我们就不必对抗痛苦了；我们接受痛苦，并视痛苦为一种牺牲。弗兰克尔说："要开启光明就必须忍受灼烧的痛苦。"

所以我们不会轻言放弃。

正是这些故事激励着我们继续前进。有时候它们是更高一层的真理，有时候它们压根不必是真人真事。

给自己讲一个乐观的人生故事

科塔尔综合征（Cotard's syndrome）患者总是幻想自己已经死去。他们会坐在你面前，看着你的眼睛对你说他们已经死了。这是一种非常罕见的心理疾病。与他们交谈时可要当心。他们总有理由证明别人是错的、自己是对的。即便他们胳膊上的肉并没有腐烂，也没有像《行尸走肉》（*The Walking Dead*）里的人一样在大街上游荡，他们还是会告诉你他们已经翘辫子了。

心理学家称他们的这种反应为"虚构症①"。他们并不是要你，他们自己甚至都没有意识到自己的错误。有时候他们的反应非常荒谬，就像阿尔茨海默病②患者想不起刚刚发生了什么的时候就会在记忆中插入虚构情节一样，他们都用重构的现实来弥补遗忘的空缺。他们的大脑通过编造故事来逆向地生成逻辑。

---

① 虚构症（confabulation syndrome），又名妄谈症，起源于19世纪80年代末，是指患者在回忆中将过去事实上从未发生的事或体验说成确有其事。患者就以这样一段虚构的事实来填补他所遗忘的那一片段。

② 阿尔茨海默病（Alzheimer Disease，简称AD），又名老年性痴呆，是一种中枢神经系统疾病，病程呈惯性进行性，是老年期痴呆最常见的一种类型。主要表现为渐进性记忆障碍、认知功能障碍、人格改变及语言障碍等神经系统症状，严重影响社交、职业与生活功能。

080

有　效　努　力

BARKING
UP THE
WRONG
TREE

　　他们很少会说"这主意不错，不知道我自己为何会如此相信"。我敢跟你打赌，很多心理正常的人并不喜欢说"我不知道"。

　　丹尼尔·卡内曼（Daniel Kahneman）因其认知偏差的研究而赢得了诺贝尔奖。认知偏差就像我们大脑中帮助我们加快决策的快捷键按钮。虽然这种判断有时很有好处，有时却和真实情况不符。损失厌恶（loss aversion）就是个例子。正常情况下，得到一美元的快乐程度应该和丢失一美元的痛苦程度相当，但是我们的大脑却不认同这种观点。面对同等数量的收益和损失，人们更难接受的是损失。这很好理解：失去太多可能意味着死亡，但是收益太多……好吧，虽然很棒，但它会导致收益很快就减少。随着人类的不断进化，我们虽然喜欢收益，但是更害怕损失。

　　有趣的是，杜克大学教授丹·阿里尔利在讲授偏见的时候，经常会听到同样的回答："是的，我知道很多人都心存偏见，但是我是个例外。"好吧，反语。正是因为有认知偏差的存在，我们才难以理解认知上的偏差。受到卡内曼研究的启发后，他对自己的课堂进行了调整。此后每次在讲授人类固有偏见之前，他都会向大家演示视错觉现象。就是大家耳熟能详的：两条线看上去长度不相等，但实际测量过后学生们却发现它们长度相等。因此，他告诉学生不要相信一面之词，要亲自实践之后再做决定，毕竟我们的大脑不一定可靠。阿里尔利的实验告诉学生每个人都会犯错之后，学生们便接受了别人也会对自己持有偏见的现实。

　　我们的大脑天生会试图理解事物，因此找寻意义是大脑运行机制的一部分。我们必须假设世界的存在是有意义的，并且处于我们的掌控之中。大脑不喜欢随机性。

那么，何为意义？对人类思想来说，意义就是我们告诉自己的关于这个世界的样子。这就是为什么许多人会信命，或者会说"一切天注定"之类的话。拥有一个关于自己生命意义的故事会帮助我们渡过难关。自然而然地，我们会对世界产生这样那样的看法，但事实上我们总会情不自禁地讲着各种故事。如果我问你"今天过得怎么样"或者"你是怎么认识你的配偶的"，你会跟我说什么呢？一个故事。我再问："你的简历如何？"你还是会给我讲一个故事。即便是睡觉的时候，你也在讲故事——做梦。研究发现，人类每天做2000次白日梦，在脑中对自己讲着这样或者那样的短故事。

几乎在你一生中的任何领域，例如工作或人际关系，你都可以讲出一个与之相关且自己深信不疑的故事。这些故事很少是蓄意编造出来的。

这有点像嬉皮士的谈话方式，看似非常抽象，实则清晰明确。故事是看不见的暗流，它们会帮助你在生命中的大多数重要的领域里取得成功。

什么最能判断情感关系能否成功？不是性，也不是金钱，更不是目标一致。研究人员约翰·戈特曼（John Gottman）发现，从一对夫妻对二人情感故事的讲述中就可以判断他们是否会离婚，准确率高达94%。

什么最能判断你孩子的情绪是否健康？既不是名校、拥抱，也不是皮克斯动画。埃默里大学的研究人员发现，首要标志是看孩子知不知道自己的家庭历史。

哪些人认为自己的职业有意义且拥有满足感？那些认为工作"只是一份工作而已"的医院清洁工并不会从中获得深刻的满足感。但那些告诉自己这份工作是自己的"使命"——能让病人身体康复——的清洁工却能找到工作的意义。

082

有　效　努　力

BARKING
UP THE
WRONG
TREE

犹太人和基督徒都会讲述寓言故事。印度人和佛教徒讲述的是佛经。几乎所有宗教领袖都会向世人布道。这些都和故事有关。这些故事告诉我们如何做人，并让我们学会坚持。即便我们没有宗教信仰，目前的现代文明仍可以弥补这一空缺。加州大学洛杉矶分校电影学院的霍华德·苏贝尔（Howard Suber）教授认为，电影是"世俗社会的神圣戏剧"。正如宗教寓言那样，我们的一言一行会模仿那些故事中的英雄。研究发现，当我们把自己与虚构的角色联系在一起的时候，我们很可能会克服重重困难，最终实现目标。

接下来就是幸福感的问题了。研究表明，很多人感到自己的生活不幸福，是因为他们认为现实生活中的幸福时刻与自己想象中的不一致。他们希望把生活过成故事中的样子。每当有不幸的事发生时，他们就会认为自己一直过得不顺利，却忽略了那些幸福的时刻。

甚至那些陷入极度悲伤和绝望的人选择自杀也是因为这个原因。佛罗里达州立大学教授罗伊·鲍迈斯特（Roy Baumeister）发现，那些人选择自杀并不是因为其生活环境糟糕，而是因为现实生活与他们想象中的差距太大。他们的生活与他们脑海中的故事不匹配。正如弗兰克尔在奥斯威辛集中营里看到的那样，人们内心的故事或信仰才是决定生死的主要因素。

关于内心的故事能够左右人们思想的证据俯拾皆是，它们预示着我们在各种领域中能否取得成功。但是这些故事是怎么起作用的呢？

研究表明，虚构的故事能让我们变得更加"亲社会"——也就是更加善良且更愿意付出。它们通过这样的方式来虚化我们对社会的看法。与宗教故事和个人价值观故事一样，电影、电视以及其他故事也能帮助我们渡过难关。这些故事不仅能让我们陷入思考，还能悄悄地在我们脑袋上戴上一副玫瑰金的眼镜。

身为乔治梅森大学教授和畅销书作者的泰勒·考恩（Tyler Cowen）赞同上述观点。考恩发现，当被研究人员要求描述一下自己的生活时，受试者通常会用"旅程"或者"战场"两个词，而很少有人会说自己的生活"一团乱麻"。事实上，生活可能是一团乱麻。他说故事就像一台过滤器，让这个杂乱无章的世界变得井井有条；故事省去了一些细节，降低了我们记忆的准确度；故事是人为编造的，但生活不是。

考恩是对的。每一秒钟都会发生千千万万件事。我们也只是摘选出某些记忆（"那时我给了一个流浪汉一美元"），同时忽略另外一些内容（"那天我把堂姐从楼梯上推下去了"），才编织出自己的人生故事（"我是个好人"）。

在经济学领域中，有限理性指的是人类并非全然理性的动物，因为人自身永远存在局限性。例如，人所获得的信息或用于思考的时间都是有限的。世界上正发生着成千上万件事情，而大脑能处理的却非常有限，因此我们不得不提炼信息。

有一项研究表明，当我们认为自己了解自己时，才会觉得生命有意义。这里的关键词是"认为"。真正地了解自己并不会产生意义，但"认为"自己了解自己却能有此效果，就像有些故事并不一定是完完全全真实的。这听起来让人有点不安，甚至感到沮丧，对不对？

虚构的故事能让我们在艰难的时刻咬紧牙关。如果我们只是根据自己的优势来做决定，那么我们永远不会选择冒险，甚至不会去尝试。但面对奥斯威辛集中营的恐惧，要像弗兰克尔那样在恐惧中活下来，就必须依靠

084

有　效　努　力

BARKING
UP THE
WRONG
TREE

那些虚构的故事。正是因为它们的不准确，我们才挺了过来。

这与乐观研究结果相符。乐观派给自己讲述的故事并不一定是真的，但他们的故事却一直鼓舞着他们排除万难。心理学家谢利·泰勒（Shelley Taylor）曾说："健全的心智能对自己讲出谄媚的谎言。"而悲观派看待世界更加准确，也更加现实。他们最终郁郁寡欢。真相有时很伤人。

因此，与从事其他职业的人相比，律师患抑郁症的概率是普通职业人群的3.6倍。为了维护客户的利益，律师们必须仔细斟酌每一处可能出现破绽的地方。处理各类案件时，他们并不能给自己讲一些乐观的虚构故事。法学院中悲观派的比例超过了乐观派，因此法学院的学生幸福感很低。在美国，律师是收入最高的职业，然而调查结果却显示52%的律师表明他们对自己的工作很不满意。你可以自此看出这种态度对坚毅品质的影响：律师转行的比例很高。利兹·布朗（Liz Brown）说："据我了解，法律是唯一一个具有附属职业的专业。这种职业旨在帮助人们摆脱法律的困扰。"

故事中的世界并不完美，但也正因如此我们才可能成功。我们的故事一直激励我们，让我们变成预言家。我们没有神奇的天赋能力，但如果你告诉自己"我天生就是做某事的料"，那么你会表现得很出色并且坚持下来，你会相信这一切都是命运的安排。

这就是故事与职业之间的关系。哈佛大学教授特蕾莎·阿马比尔在她的书《进步定律》（*The Progress Principle*）中提到，"意义是人们对工作的最大期许"。没错，工作的意义甚至远比薪水和晋升重要。史蒂夫·乔布斯是怎么劝说约翰·斯卡利（John Sculley）放弃百事公司的首席执行官一职而加入苹果公司的呢？乔布斯问斯卡利："你是想一辈子在百事卖糖水还是想拥有改变世界的机会？"有意义的故事并不一定是拯救孤儿或者救死扶伤。只要你的故事对你有意义，它就有力量。

那么，我们怎样挖掘自己的故事呢？

有一个很简单的办法：想想你的死亡就行了。

以死亡为起点，重新想象自己的人生

在现代美国，似乎没人愿意花时间思考死亡这回事。毕竟死亡不是儿戏，谁都希望自己长生不老。但是在许多国家的文化中，死亡也是人生中的一部分，值得敬畏，甚至还有专门的庆祝节日，例如墨西哥的亡灵节、基督教的万圣节、日本的祖灵祭、印度的祖先祭等。

思考死亡会让我们注意到生命中最重要的事情。戴维·布鲁克斯（David Brooks）对"履历价值"和"悼词价值"进行了区分。履历价值能带来外部的成功，例如金钱和晋升。而悼词价值与内在性格有关，比如"我善良吗""我可靠吗"或"我够勇敢吗"，等等。我们通常都把时间花在了履历价值上。我们用了四年的大学时间去争取好的工作，学习使用电子表格或者幻灯片，读一些成功学书籍。而我们只会在回顾过往经历的时候想到悼词价值，事情发生后才知道：是的，我这个人还不错。如果你心怀志向（既然你读过成功学书籍，你肯定很上进），那你就不必过于在意履历价值。可是你总是对那些外在的价值恋恋不舍。出于职业和生活的长远打算，你还需要事先考虑一下悼词价值。因此我们有必要思考一下死亡。

想象一下你的葬礼。葬礼上集聚了爱着你的人，他们前来悼念你。他们会称赞你独特的品质，这也是他们最怀念的。你想让他们说点什么呢？

BARKING
UP THE
WRONG
TREE

086
有　效　努　力

用心思考一下这个问题有助于你发现自身的悼词价值，这会给你指明方向。2005年，乔布斯在斯坦福大学的毕业典礼上进行了精彩的演讲，他说："时刻提醒自己生命即将终结，这是帮助我做出人生重大决定的最重要的方法。"

此领域的研究有一个令人毛骨悚然的学术称号——"恐惧管理理论"。这一研究还有一个更可爱的绰号——"吝啬鬼效应"，该研究表明，当你花时间思考死亡之后，你会变得更加善良和慷慨，你会暂且抛开眼前的短期目标，并且认真思考自己到底想成为什么样的人。这听上去有些病态，但是那些考虑过后事的人的行为更加积极，身体更加健康——因而寿命更长。研究还发现，思考死亡会提升自尊心。你希望探讨"大局"思维吗？恐怕没有什么话题比我们探讨的"宿命"与"命运"更大了。

我们经常难以分辨这两个词。但是加州大学洛杉矶分校的霍华德·苏贝尔教授却将这两个概念区分了开来。一方面，宿命是我们不可避免的，无论我们如何挣脱都难逃宿命的魔掌；另一方面，命运是我们必须追寻的，是我们必须取得成果的事情，也是我们努力奋斗所要实现的梦想。因此，生活不如意的时候，想想死亡即将来临就会好受一些。然而用心思索悼词价值会帮助我们更好地理解命运。面对困难，耸耸肩，然后走开，认为一切"早已注定"，这种态度是不可能成功的。成功是追寻好的东西、描绘自己未来蓝图所带来的结果。因此，想成功就要少一些悲观，多一些努力。

如果你的故事没有发挥任何作用怎么办？你认为你很了解自己，知道什么是重要的，却郁郁寡欢或者没有实现自己的目标。这时候你需要扮演编剧的角色，把自己的人生剧本重写一遍。临床医学家会帮助病人重新书写自己的人生，这个过程被巧妙地称为"故事新编"。弗吉尼亚大学教授蒂莫西·威尔逊（Timothy Wilson）做了一项实验，实验中临床医学家帮助那些在校成绩不佳的学生重新定义自己面临的学习挑战——从"我做不到"变成"我只是需要掌握学习窍门而已"。通过这种转变，学生们新学期的成绩得到了提高，而且辍学率也随之降低。研究发现，这种疗法和抗抑郁药的效果差不多，有时候甚至更好。

如果要你重新编辑自己的故事，你会做什么呢？扮演角色。很多心理学研究表明，与其说意志决定行为，不如说意志来源于行为。有句古话说得好："说得好不如做得好。"威尔逊称之为"做得好，心才善"。人们在参加志愿活动的时候，其自我认知也会发生改变。他们开始把自己当作能给别人带来好处的人。

库尔特·冯内古特（Kurt Vonnegut）的经典小说《茫茫黑夜》（*Mother Night*）中有一个人物叫小霍华德·W.坎贝尔，他是一名美国间谍，二战时将自己伪装成纳粹宣传员潜入德国。他是纳粹德国无线电广播的"代言人"，表面上宣扬德意志精神，背地里却将信息加密传送至美国。尽管他的意图是好的，但他渐渐明白，他那些言不由衷的纳粹宣传口号对敌人的鼓舞远远超过秘密情报对盟军的帮助。冯古内特认为："我们将自己伪装成什么，我们就会变成什么样子，所以伪装需谨慎。"

因此，不要只盯着意图不放，要确保你的日常表现是把自己当作故事中的主角。这样你才会避免落入冯古内特笔下坎贝尔的境地，而是像另一部小说中的人物——堂·吉诃德一样英勇地活下去。塞万提斯这本小说的中心思想是"如果你想成为一名骑士，那就拿出骑士的样子来"。

088

有　效　努　力

BARKING
UP THE
WRONG
TREE

　　当残酷的现实对你说"放弃"的时候，意义会鼓励你继续前行。通常我们讲述的故事比我们自身还要强大。如果我们的故事有意义，那么它们就会带我们度过那些艰难困苦。

　　弗兰克尔是奥斯威辛集中营的幸存者。他既没有吸烟，也没有奔向铁丝电网。他最终活到了92岁，还建立了一套风靡全球的心理学体系。他把自己求生的故事分享出来，而其他人也从他的故事中看到了生存的希望。

　　我们总是情不自禁地讲故事。但是你会跟自己讲什么样的故事呢？你的故事会帮助你实现梦想吗？

　　坚毅不必总是严肃、冷酷。事实上，就算在最严酷的情境下，坚毅有时也只是一场比赛而已。

把困难的事当作一场比赛

　　穿着登山装的乔·辛普森（Joe Simpson）正坐在100英尺深的裂谷底部瑟瑟发抖。周围一片漆黑，仿佛整个世界被墨色浸染了一样。他冷极了，可是他感到更多的是恐惧，他的手开始颤抖。

　　"西蒙！"他绝望地喊了起来。

　　没有任何回音。

　　他的身体感受到一阵闪电般的剧痛，他一动也不能动了。他的一条腿比另一条短，而且短腿的角度令人触目惊心：由于腿摔断了，他的小腿笔直向上地穿过膝关节，插入了股骨。

　　随着他再次发出呼喊，他越来越明白没有人可以帮助他。

　　两天前，乔和西蒙开始攀登秘鲁安第斯山脉的修拉格兰德山。此山海拔近21000英尺，是南半球最高的山峰。位于其西侧海拔4500英尺的山峰当时尚未有人攀登过，而他们俩是登峰的第一人。

虽然他们精神高涨，但身体极度疲惫，希望能尽快回到山下。攀爬的过程中，有80%的概率会发生跌倒的意外。1985年6月8日上午，乔不慎跌下陡坡，摔断了一条腿。可是他们还有很远的路要走，此刻在山顶受伤且没有救援队伍的救助，意味着死亡只是早晚的事。是的，乔很可能会死去。但是他们表现得像还有一丝求生的希望那样：西蒙用绳子拖着乔，将自己固定住，像锚一样将乔往下降。绳子下方无法行动的乔只能随着西蒙一起挪动。他们的速度很慢，备受风雪夹击的西蒙根本看不见乔在哪里。

数小时后，乔突然从山边滑落。在绳索的拉扯下，西蒙也差点被拖下去，但他把脚插进了山隙，防止自己继续跌落。

就这样，乔被悬在了半空，身系绳索。他根本碰不到山体。他想抬头看看西蒙，可是风雪十分猛烈，他根本看不到对方。身下是几百英尺的冰隙深渊。悬在半空的乔十分无助，与之伴随的还有身体的剧痛。每隔几秒钟，绳子就会剧烈晃动。西蒙在不断挣扎，避免让自己和队友一起跌入死亡之谷。

乔摔了下去。想象一下，这是一栋15层的高楼。乔并没有落到山底，而是不断地向黑暗的山谷坠去。

庆幸的是，乔还活着。他最终落到冰隙中的雪堆上。他用手电筒向下照了照，发现自己正躺在一块坚冰上，距离冰隙上方还有500英尺的距离，而坚冰的下方却是无尽的黑暗。如果他的着落点再靠右两英尺，那么他现在就不会躺在坚冰上了，而是继续坠落，跌入万丈深渊——谁也不知道它究竟有多深。

090
有　效　努　力

BARKING
UP THE
WRONG
TREE

他身上仍然系着绳子。他拽了拽绳子，绳子的另一端还在西蒙身上，或者西蒙的尸体上。乔使劲地晃了晃绳子，发现绳子松动了。他很容易就把绳子的另一端拽了过来，这时他清楚地明白了：绳子已经被割断。西蒙认为自己的登山伙伴已经丧生，因此没有前去救援。

乔并没有责怪西蒙，反倒惊讶自己还能活着。他不断地尝试攀爬，但他的每次尝试都会带来腿部的剧痛，这让他寸步难行。看来向上爬是没有希望了，只能向下爬了。

他的手指已被冻伤，因此几乎无法给绳子打结，好让自己顺着绳子向下。他看不到下面，也不知道冰隙有多深，他只知道身上的绳子很长。

登山运动员通常会在把绳子的一段固定住，因此如果自己顺着绳子爬到底端，绳子会像制动器一样固定住他，这样登山者就不会跌落了。乔没有这样做，否则如果他爬到了绳子末端，他的生命也就走到了尽头。他慢慢地向下爬，时间一分一秒地过去了，突然他眼前一亮：有阳光！

右侧有一个斜坡，顺着斜坡爬就能离开冰隙。看来他没有坠入深渊。这是他的第一道希望之光。如果他能爬到坡顶，他就能离开这里。斜坡长130英尺，呈45°角倾斜。他迎着风雪，忍受着断裂的小腿带来的剧痛，在山坡上爬行就像在沙地上匍匐前行一样艰难。可是一想到能离开冰隙，他就充满了希望。

他就像一个学爬行的孩子那样在斜坡上爬了好几小时，终于他爬了出去。沐浴着阳光的他欣喜若狂，然而快乐只是短暂的。环顾四周，他发现自己距离营地还有6英里。四处都没有西蒙的身影。他的腿发出阵阵疼痛，令人难忍。然而，刚刚的这些努力只能算是热身活动。

和塞利格曼的狗一样，乔·辛普森完全有理由选择放弃。可是他却坚持了下来。他是怎么做到的呢？我们可以想象他的处境有多危险，可是他却做了一件最疯狂的事情：把自己的处境当成一场比赛。他开始给自己设定目标：我能在20分钟内爬到那块冰川吗？如果成功了，他就非常开心。失败了，他虽然会气馁，但会更加执着。"我的脊柱发出阵阵刺痛。可是我也向自己承诺过，既然开始了比赛，我就不会轻易放弃。"

拖着受伤的身体，他艰难地用一条腿向前爬。每次跌倒都会让他久久无法动弹，疼痛难忍……但他只剩下10分钟就到达雪堤了，他必须拿下这轮比赛。

他不断变换姿势，以找到最佳的爬行方式。他和西蒙登山时在雪地里留下的脚印还清晰可见。他就像追踪面包屑一样微笑着跟随这些脚印。可是疾风不断地横扫冰雪，覆盖住了这些痕迹，他拖着伤痕累累的身体向前挪动，仍赶不上脚印被覆盖的速度。他再次感到绝望。但他又回到了比赛中：定目标，查时间，继续比赛，按时抵达下一个目的地。直到身下的雪被冻硬，他才意识到自己爬得很慢。他离目标越来越近了。山上的雪并没有特别硬，而那些沟渠和岩石就没那么仁慈了。他的腿不可避免地会碰到它们，碰撞的疼痛无休无止。

比赛继续！下一个目标——湖，就在眼前。他们的营地就在湖边。他的脑海里充满了希望：我可以的！可是营地里还会有人吗？已经四天了，西蒙割断了绳子，他们肯定认为乔已经死了。西蒙是不是已经离开了？天马上就要黑了，可是乔却难以入睡。他继续比赛，这是他唯一能做的了。这时，他唯一的目标就是不要孤死山中。"20分钟后抵达湖边，继续比赛。"

黑夜降临，他倒在一堆雪上，神志完全模糊。他或许睡了过去。这时

092

有　效　努　力

BARKING
UP THE
WRONG
TREE

候已经很难判断他到底是醒着还是睡着了。接着，他闻到了一股刺鼻的气味，醒了过来。这是……粪便的气味。他环顾四周，发现这是营地的厕所。他立刻醒了过来，并大喊："西蒙！"

仍然没有回应。

过了一会儿，远处亮起了灯光，有亮光朝着自己的方向走来。还有说话的声音。乔继续呼喊着。灯光离自己越来越近，晃得他看不清前方。西蒙抓着乔的肩膀，紧紧地抱住了他。

乔·辛普森赢得了这场比赛。

小改变，大乐趣

乔·辛普森把困境当成比赛并最终绝处逢生的故事听起来可能很傻，但在后续的研究和访谈过程中，我无数次听到类似的故事。还记得海豹突击队的詹姆斯·沃特斯吗？我问他如何才能通过基础水下爆破训练的时候，他说："很多人都没有意识到基础水下爆破训练只是为了测试学员应对困难的能力而已。你只需要一直向前即可。这就是场比赛。你要享受比赛并且眼界要高远。"

如果学校的课程和评分能按照游戏的方式来进行，学生们的表现会更出色。伦斯勒理工学院的一位教授按照魔兽世界游戏的方式重新设计了自己的课堂，结果学生们更加努力、参与度更高，就连作弊的人也少了。

我们不禁会问：伤脑筋，让人挫败，甚至和工作一样令人痛苦的比赛为什么就能这么有意思，而我们的工作却这么糟糕呢？为什么孩子们讨厌写不断重复且难度很大的作业，却愿意跑去玩不断重复且很有难度的游戏呢？为什么字谜游戏那么迷人而处理公务却那么枯燥呢？游戏比赛和那些让我们痛苦的事情之间到底有什么区别？

我们都会经历不如意的事情，它们让我们感到沮丧和愤怒。但我们偶尔会对问题产生好奇心，并愿意一头钻进去，想办法解决。这种"大费周折"让我们感到快乐，就像侦探解谜一样令人着迷。

如泰勒·考恩所说，每个人的故事会将生活中的烦乱过滤出去，而游戏比赛只是给一系列活动框定秩序而已，在这种框架之下，原本枯燥的事情也会变得非常有趣和富有成效——甚至令人着迷。

仅需要些许改变就能让枯燥乏味的事情变得有趣。其中一个做法是"认知重评"，这个新鲜术语指的是"重新定义你的处境"。你知道吗，把勺子换成小飞机就能立刻让不想吃饭的孩子张开嘴。是的，我们成人其实和孩子没有太大区别。

或许我们都听说过沃尔特·米舍尔（Walter Mischel）的棉花糖实验。简单地概括一下就是，如果孩子们能忍住不吃一颗棉花糖，他们就能被奖励两颗棉花糖。那些能抗拒诱惑的孩子表现出强大的意志力，他们在今后的人生中会取得更大成就。然而实验还研究了另一个有趣的问题：这些意志坚定的孩子是如何抗拒诱惑的？大多数抗拒者并不是一味隐忍，咬紧牙关才展现出超人般的意志的。事实上，他们都参与了认知重评的过程。他们从另一个角度来审视自身处境，或者把现状当成一场比赛。米舍尔解释道："当孩子们把棉花糖看成天空中蓬松的云朵而不是待嚼的美味糖果时，他们就能稳如泰山地坐在椅子上等待奖赏，直到我和我的研究生们看不下去了。"

在认知重评的作用下，我们的大脑会用不同的方式对现状进行描述，

094

有　效　努　力

BARKING
UP THE
WRONG
TREE

我们的意志力范式也会被彻底颠覆。某种研究表明，我们的意志力就像肌肉一样，过度使用时会疲乏，挣扎的处境又会耗尽我们的意志。然而比赛能改变这种挣扎的状态，让整个过程变得有趣。就像米舍尔的棉花糖实验，我们能够坚持得更久，同时不必咬紧牙关耗尽所有的意志。

举个例子：如果我在你面前放一堆可卡因，你会怎么办？（不妨假设你不是个瘾君子。）我们都知道可卡因会让我们感觉愉快，因此很多人迷上了毒品，对吗？但是你的回复很可能是"不，谢谢"。为什么呢？因为吸毒并不符合你的故事。你不认为自己是吸食可卡因的人。事实上，你能想出各种理由。（原因究竟是什么？一个故事。）你会闭上双眼，紧握双拳求我把可卡因拿走吗？或许不会。拒绝可卡因的诱惑不需要耗费任何意志。

这个道理是否同样适用于多汁的牛排？尤其是在你饥肠辘辘的时候？假如你非常爱吃牛排，你会怎么办？挣扎。意志消耗殆尽。如果你是素食主义者，那么故事结局就变了。你会轻易地对牛排说"不"，不费吹灰之力就能忽略牛排的存在。在不同的故事里，你会有不同的行为表现。比赛是另外一种故事——有趣的故事。

虽然各派理论都很伟大，但我们现在探讨的是生活。为什么你的工作那么乏味？事实上答案很简单：我们都认为工作就是一场糟糕的比赛。

戴维·福斯特·华莱士（David Foster Wallace）曾说："如果你对任何事情都不会感到厌倦，那你就能做好所有的事情。"这句话适用于绝大多数情况。如果你从不感到厌倦，那你就朝着变成计算机跨出一大步。电脑可以为人类做所有无聊的事情，而且它们做得既快又好。电脑不需要游戏机制，也从不感到懈怠。我们在分配工作的时候往往把自己当成了机器——然而我们并不是机器。研究员及游戏设计师简·麦戈尼格尔（Jane McGonigal）认为，从劳动的本质上讲，效率剥夺了工作的游戏机制。换句话说，我们剔除了工作的乐趣。

卡尔·马克思（Karl Marx）关于经济学的许多观点曾被认为是错误的，但我们渐渐发现他对某些事情的看法是正确的。把情感因素从劳动中去除，且视人们为干活的机器，无异于扼杀灵魂。

我们还能把情感因素融入工作中吗？当然可以。事实上这一点也不难。耶鲁大学精准创新小组（大学生创业社团的一部分）想提高在食堂用餐后使用洗手机的学生的人数。他们是对学生进行了密集的宣传，还是说服学校出台制度强制大家饭后洗手？都不是。他们决定让洗手变成一种乐趣。

他们在洗手机上安装了扬声器和一台苹果音乐播放器。学生洗手时，洗手机会发出一种声响，像电子游戏中玩家得分时出现的声音一样有趣。改装之前，只有13名学生使用洗手机。安装之后，91名学生使用了洗手机。一项看似很傻的调整竟能让大家爱上洗手，眨眼间使用洗手机的人数增加了6倍。

我们完全可以在日常生活中引入游戏机制，让那些枯燥的活动变得有趣。这能让我们更加坚定工作的意志，走向成功吗？当然啦。工作不总是让人头痛。我们先来了解一下我们为什么讨厌工作，游戏为什么那么有趣，以及怎样才能让工作变得像游戏一样有趣。来吧，让我们"给工作加点料"！

在脑海中想一下"Whiny neutered goats fly（哭啼的阉羊在飞）"这句话

096

有 效 努 力

BARKING
UP THE
WRONG
TREE

的首字母缩写是什么。这就是所有成功的游戏所具备的共同点——WNGF，分别是在游戏中我们可以取胜（Winnable），游戏有新的挑战（Novel challenges）和目标（Goals），并且还能得到及时的反馈（Feedback）。

那些让你感到沮丧的事情，一定缺乏上述四种特点之一。我们来分别看一下这四点：

* 可以获胜

好的游戏设计出来是可以让玩家取胜的。游戏设计者不会设计难到让你无法取胜的游戏。每种游戏都有清晰的规则。直觉告诉我们，我们最终可以取胜，只要坚持下去就有胜利的机会。我们完全有理由保持乐观。游戏让我们变成了像詹姆斯·沃特斯这样通过了基础水下爆破训练的硬汉。

这种"合理的乐观"让困难变得欢乐。通常电子游戏比现实生活复杂得多，但游戏越难，玩家越开心。相反，游戏越简单，玩家越会感到无聊。妮科尔·拉扎罗（Nicole Lazarro）的研究表明，80%的游戏时间我们都在经历失败。简·麦戈尼格尔对此的解释如下：

"80%的情况下，玩家无法完成游戏任务，他们用光了游戏时间也没能解出谜题。他们在游戏中战败，丢分，被撞毁，被烧伤或者丢掉性命。大家不禁会问：'游戏玩家难道以失败为乐？'事实上，的确如此。我们在玩精心设计过的游戏时遇到的挫败并不会让我们灰心。相反，我们会感到开心、兴奋、着迷，并且大多数情况下仍然能保持乐观。"

从这个角度来看，用游戏的思维对待基础水下爆破训练是非常合理的，因为这一测试是可通过的。总会有人通过测试。那个不断拉扯你嘴上呼吸调节器的教官是为了帮你，一旦看到你有溺水的危险，他们会第一时间解救你。既然这样，为什么还有人失败呢？恐慌。受试者忘了这是一场游戏，总觉得自己会死去。乔·辛普森并不知道自己能否在险峰中存活下来，但他知道自己能在20分钟内到达下一个目的地，这场比赛是可取胜的，因此他从未停止努力。

在游戏中你是有控制权的。你所做的事情很重要。你的行为会带来重大影响，因此你明白自己不是在浪费时间。研究表明，控制感能消除压力。即便你只是感觉自己能够掌控一切，压力也会大大降低。

从另一个角度来看，职场好似一场永远无法取胜的游戏。你感到所有的事情都失控了，你不认为自己的工作有价值。因此，谁还想玩这种游戏呢？杜克大学教授丹·阿里尔利研究发现，当我们认为自己的工作徒劳无功或者毫无意义的时候，动力和幸福感就会大幅跌落。我们就会像塞利格曼实验中的狗一样毫无反应。

然而这一切都是可以补救的。你或许没有能力改变整个公司的风气，但就像乔·辛普森那样，你可以为自己设定一场可取胜的游戏。你要做的不就是努力学习，为下一次晋升做好准备吗？你是想让自己的演讲技能更进一步，还是想获得另外一项技能？所有这些"游戏"都是可取胜的。

好吧，如果你的老板讨厌你怎么办？或者你在职场上受到了歧视该怎么办？这些"游戏"的确不是可取胜的那类。因此跳过它，去找到自己能取胜的游戏吧。

098

有　效　努　力

BARKING
UP THE
WRONG
TREE

* 新的挑战

好的游戏会不断出现新的关卡、新的敌人、新的任务等。我们的大脑喜欢新鲜事物，而好的游戏能以细微的变化确保总是会有新事物来刺激我们的大脑，回报我们的注意力。

我们在游戏中会遇到一连串的挑战。米哈伊·奇克森特米哈伊（Mihály Csikszentmihályi）称这种连续的挑战为"心流"，它能让我们完全沉浸在游戏中而忘却时间的流逝。我们从不会感到无聊或厌倦，因为好的游戏对难易程度的拿捏非常到位，既不会太难，也不会特别简单。随着我们不断地升级，游戏的难度也在不断加大。而我们总是能施展自己的技能，让自己沉浸其中，欲罢不能。麦戈尼格尔说：

"奇克森特米哈伊的研究表明，自行设定的任务、根据个人情况优化过的挑战以及持续的反馈这三种要素以特定方式结合时产生的心流最稳定且最高效，上述的三种要素也是游戏的关键组成部分。'游戏显然是一种持续的心流，'他写道，'而玩游戏最能体验这一过程。'"

乔·辛普森的处境带来了诸多挑战：断裂的腿、没有食物、少得可怜的水等。山峰上的挑战也层出不穷：冰隙、大雪、岩石等。辛普森不断面临着新的"难度等级"，为自己的比赛添加"佐料"。

现在，让我们回想一下自己入职的第一天。那天的你肯定很兴奋，因为有许多要学习的地方，有许多新奇的事情待你领会。或许会让你稍有压力，但总的来说不乏新奇和挑战。我想这种感觉六个月以后就荡然无存了。这就像你每天花十小时，每周五天，无止境地玩着同一个游戏关卡。

久而久之，这个游戏肯定不好玩。

老板希望你做好本职工作，这没什么问题。但它就像你总在玩自己非常擅长的游戏，非常无聊。好的游戏会有80%的失败率可以激发你的斗志，而我们的职场却不喜欢失败。没有失败意味着没有乐趣。因此，忙碌的工作里没有任何挑战。那么，应该怎样在工作中寻求刺激呢？

令人欣慰的是，这完全取决于我们自己。研究表明，我们通常不会去做那些最能让自己开心的事情；我们所做的都非常简单。例如，不喜欢和朋友玩，我们就会放松自己，不让自己感到拘束，这样我们就会很开心。我们以为自己需要休息，可事实上，我们需要的是一种全然不同的挑战。

我们渴望安逸，但只有新的刺激才能让我们真正开心起来。我们总想减少工作量，少干一点活，然后打卡下班。这些都是职业倦怠的迹象。我们不需要减少工作量，我们需要的是增添新的挑战以提高工作参与度。

丹·阿里尔利曾发现一个有趣的现象：品食乐公司于20世纪40年代开始生产速烹蛋糕粉，但销量一直不佳，这种现象令人费解。这种粉末能让做蛋糕变得简单，为什么卖不出去呢？后来该公司意识到做蛋糕不纯粹是一份苦差，做蛋糕也是有意义的，是爱意的体现。所以品食乐公司给做蛋糕一事增加了一点难度——消费者需要自行添加鸡蛋，如此改进后，顿时销量激增。

因此，要从工作中找到乐趣就要给自己增添挑战。对于那些有意义的事情，你最终必须留下自己的印记，充分参与其中。如果你的游戏是可取胜的，如果你有掌控权，如果你感受到了挑战——而且不至于被压垮——你就会更享受游戏过程。

100

有　效　努　力

BARKING
UP THE
WRONG
TREE

*目标

无论是马里奥救了公主还是最新一期的《使命召唤》（Call of Duty）中特种兵消灭了敌军，我们都可以看出，好的游戏对于如何通关有着非常清晰的指示。这些游戏会让你全神贯注，并且引导你做出决策。

乔·辛普森给自己设定了20分钟的期限，在这20分钟内他需要到达下一个目的地。这种设定虽然很武断，却给了他评判成功与失败的标准。还记得泰勒·考恩怎么说的吗？如此设定能让生活中的"无序事件"变成一个连贯的故事。

工作中，我们的目标非常明确——但这些目标是由你设定的吗？公司的目标实现了，意味着你也实现了自己的目标吗？恐怕并不是这样。只有轮到你做决定的时候，你才能得到自己想要的结果。有的目标令人望而却步。我们不想失败，因此也不会设定这种目标。但是如果你的游戏是可取胜的，那么设定目标就不会显得那么可怕了。游戏中难免会有失败，正如妮科尔·拉扎罗所说，游戏中的失败只会让它更好玩。

*反馈

如果你在游戏中表现出色，那么你就会得到加分或者技能奖励。相反，你会受到惩罚。无论是奖励还是惩罚，都是即刻反馈给玩家的。作家阿伦·迪格南（Aaron Dignan）写道："你永远会知道你在游戏中的位置、你的表现如何，以及你需要怎样努力才能玩得更好。"

研究证实最能鼓舞人心的事莫过于在有意义的事情中取得进步。

在客服中心工作可能是份苦差。即便人们粗鲁地挂断你的电话，你还是得硬着头皮重复同样的话。但亚当·格兰特（我们在第二章里介绍过）

却发现了一个简单而有力的方法来激励那些在大学的客服中心工作的员工。有一天，他把一个学生带到了客服中心，正是由于客服中心员工的努力，这位学生才获得了奖学金。他告诉这些员工他们的工作多么重要，并向他们表达了感激之情。员工们的努力得到了回报，他们感到自己的工作很有意义。结果如何？学生到访之后，他们带来的收益是之前的五倍。

你看到的进步不一定得是巨大的。正如哈佛大学教授特雷莎·阿马比尔所说，他们公司内部的研究表明，激励员工的最佳方法就是，日复一日地促进员工进步——即便是小小的进步。事实上，与偶尔取得的巨大成功相比，一连串的小胜利更能增强员工的幸福感，"那些稳定地实现一连串小目标的员工对生活的满意度比那些只对完成大型任务感兴趣的人高出了22%。"

拿破仑曾说："战士会为了一枚小小的勋章奋战到底。"而游戏给我们的奖励通常只是一枚可爱的奖章或者一段简单的动画，但这些小的奖励却能给我们带来玩游戏的动力。

所有坚韧不拔的幸存者都有一个共同点，那就是他们都会庆祝自己的"小胜利"。这也是匿名戒酒会成功的原因之一。保持一天清醒就算一次小胜利。《美国心理学家》（*American Psychologist*）中的一篇论文曾写道："取得了一次小胜利，我们就会有动力去寻找下一个小胜利。"

好的游戏会频繁且及时地给予玩家游戏反馈，好让他们继续玩。然而我们的工作反馈如何？我们只有在年度总结大会上才会得到工作反馈。正如简·麦戈尼格尔在书中所写的那样，许多公司高管在上班的时候都玩电脑游戏。为什么？为了更有成就感。哦，真是讽刺。

因此，你需要用更好的方法给自己的工作评分。阿马比尔建议，每天

102
有　效　努　力

BARKING
UP THE
WRONG
TREE

工作结束的时候我们可以花点时间思考"做一件什么事让明天的重要工作取得进展",这样你就有了奋斗目标。你自己还应清楚地知道如何实现目标,例如乔·辛普森给自己设定的20分钟,这样你就会找到自己的激励机制。

如果你的目标是晋升,那么你需要获得工作反馈。经常和老板交流、沟通,让老板评价你的工作表现。正如第二章杰弗里·普费弗的研究得出的结论,拍马屁有助于实现自己的目标。但你的真诚也会获得老板的青睐,你可以经常问领导自己的表现如何以及自己怎样才能做得更好。假设你就是老板,你的员工总问你:"我怎样做能给您带来更多的便利?"听到这样的话,你会有什么反应?答案很明显!

把工作当成游戏并不难,你不需要改变自己的行为方式,只需要改变你的观点。很多人之所以做不到,是因为他们觉得这么做看上去有点傻。

游戏似乎有点幼稚且微不足道,但你仔细想想就会发现,那些让我们激情四射的事情都隐含着各种游戏,游戏的力量并不幼稚。难道你没有因为佩戴了运动手环就愿意多走几步吗?难道梦幻橄榄球没有成为你喜爱的"兼职"吗?我有一个朋友,他本来要从日本飞回加利福尼亚,却故意颠倒了航班方向,因为只有这样他才能获得飞行常客白金卡,只有乘坐这班飞机才能最快得到它。

游戏让我们上瘾。如果你把工作变成游戏,那么在做好工作的同时你会收获成功和幸福。麦戈尼格尔说:"很明显,无论结果如何,在这场比赛中你永远都是赢家。"你也可以把游戏的"升级"观点运用到生活中的其他领域。无论你是妻子、丈夫、父母、朋友还是邻居,你都可以从游戏中获益——去做那些可取胜的事情,迎接新的挑战,设定新的目标并且能够从中得到反馈。另外，与人一同玩耍会让游戏更加有趣。

乔·辛普森的故事让人叹为观止。在山峰上艰难求生时，他面临着难以想象的困难。再次见到西蒙的时候，他已经瘦到了100磅。他的腿要经过6次手术才能痊愈，但他还是回到了攀登之旅。这就是坚毅。

无论是乐观主义、意义还是一个简单的游戏，我们的坚持都来源于脑海中的故事。在结束"坚毅"这一话题之前，我们还需要再审视一下硬币的另一面。

W. C. 菲尔茨（W. C. Fields）曾说："如果一开始你没有成功，那就尝试，再试一次……然后放弃吧。没有必要像个傻瓜一样执迷不悟。"

我们已经知道坚毅的好处了。下面我们再来看一下放弃的好处。

选择做一件事，意味着放弃做其他事

斯潘塞·格伦登（Spencer Glendon）是个非同寻常的人。他是富布赖特学者、哈佛大学经济学博士、芝加哥南部地区的慈善人士，目前是马萨诸塞州最大的货币管理基金会之一的合伙人，但这些都不是他最引人注目的地方。

最让我们感到不可思议的是，在他取得如此多成就的同时，他的身体状况就没怎么好过。高中时，斯潘塞患有慢性溃疡性结肠炎，由此引发了严重的进行性肝脏问题。最终他不得不进行器官移植。幸运的是，他从一位好朋友那里得到了可移植的器官，但器官移植意味着要进行免疫抑制治疗。他基本上没有了免疫系统。感冒只会让我们鼻塞，却会让他卧床

104

有　效　努　力

BARKING
UP THE
WRONG
TREE

一周。

　　不舒服的时候，大部分人靠咖啡和毅力就能撑过去。可是斯潘塞的身体却经不起这种折腾。他肯定会病倒，然后再次卧床不起。是不是很恐怖？可也正是因为如此，斯潘塞才了不起。

　　他常说："我已有了最大的好运，那便是连累了我一生的这副身体。"

　　或许你的反应跟我一样：啊？

　　斯潘塞上高中的时候病得非常严重，于是他去看了医生。其他年轻人想做的事情当时的他都想做：参加派对、约会、运动等。医生通常会对他说，这些事情对他来说都不现实。这很令人伤心。

　　可是医生不能骗他。斯潘塞不能像同龄人那样生活，但这并不意味着他一定会很痛苦。医生说他每天只用做好一件事。如果他做好了这件事，他就会很开心。他的精力有限，可是就算每天只能做好一件事，他也可以做很多自己想做的事情。他就这么去做了。

　　有时候仅仅是做一顿晚饭。如果哪天晚上他真的做了晚饭，他就完成了当天的任务。他必须放弃很多活动，但他也能达成某一件事。

　　他只能今天做一件，明天再做另外一件，后天再做新的。如今，在他的身体已经无比虚弱时，他还是坚持做晚餐。（毫不意外，他已经变成了超级大厨。）

　　斯潘塞意识到病情教会了他一个重要的道理，而这个道理往往被我们忽略了：我们一生中所做的事情都是在权衡取舍。选择做一件事就意味着放弃另外一件事。每当斯潘塞说"我想做这件事"的时候，他就必然会说"为此我愿意放弃另一件事"。

　　一位经济学博士能从"机会成本"中得出这样深刻的结论并没有什么

奇怪的。亨利·戴维·梭罗（Henry David Thoreau）就曾经说过："任何东西的代价都是你为之所付出的时间。"

我们不愿意思考自己的局限性，但是每个人都能力有限。如果说坚毅与自己讲述的故事有关，那么放弃通常关乎一个人自身的局限——超越极限、优化极限，最重要的是了解自身的局限。斯潘塞没办法否认或者忽略自己的身体状况。他被迫去权衡取舍，把不多的精力放在重要的事情上——同时放弃做其他事情。

很多成功人士都赞同这种观点。在一项针对奥林匹克运动员的研究中，其中一名运动员说："任何事情都是机会或代价的辩证。如果业余时间里，我选择和朋友去看电影而不是去徒步会有什么代价呢？选择看电影而不是徒步对我的划桨事业是利还是弊？我得权衡一下。"

"放弃"并不一定是"坚毅"的反义词。这就是为什么会有"策略性放弃"这一说法。一旦你发现了自己非常喜欢的事情，那么放弃次好选项就不失为一种明智的选择，因为你会有更多时间去做最重要的事。凡是你希望自己拥有更多时间、更多财富等情况，你都可以从策略性放弃中找到答案。如果你非常忙，那么策略性放弃就是你的唯一答案了。

我们都会放弃，但我们在放弃时却往往没有做出清晰、理智的判断。我们只会乖乖地等着毕业，等着妈妈告诉我们停下来，等着我们失去兴趣。我们害怕失去机会，但如果我们不能尽快地放弃那些没有意义的事情，我们就会和真正重要或可能因此变得重要的事情失之交臂。

我们都曾说过"应该早点辞职"或者"早点分手"之类的话。如果你早点放弃那些徒劳的事情，你就会有更多时间去做有意义的事。一直有人

106

有 效 努 力

BARKING
UP THE
WRONG
TREE

告诉我们坚持不懈就能走向成功，这类故事比比皆是。然而我们从来没听过放弃也会带来诸多好处，毕竟没有人想在高空跳伞的时候晚拉开伞索。

人们都说时间等于金钱，然而他们错了。盖尔·曹贝尔曼（Gal Zauberman）和约翰·林奇（John Lynch）在研究中要求受试者估计他们未来会有多少时间和金钱，结果这些受试者对于时间和金钱的预估各不相同。我们总是会保守估计钱包里的现金数量，却总认为明天、下周或者明年会有更多的时间。

因此我们总是行色匆匆、疲惫不堪，总感觉自己没有做完更多的事情或者取得更大的进步。每个人每天只有24小时，如果花一小时去做这件事情，就不能再用它做其他事，但我们总以为自己还有很多时间。加班一小时意味着和孩子相处的时间就少一小时，而且之后也不会有更多时间来做这件事。我们不能既做完所有事，又做好每一件事。时间并不等同于金钱，因为我们能赚更多钱却不能拥有更多时间。

精力是你最宝贵的资源

我们都听过无数个伟人或者强者坚持不懈终获成功的故事。历史上几乎没有留下伟大的放弃者们的故事。如果坚持对成功如此有用，是不是意味着现实世界中的成功人士从来不放弃呢？

米哈伊·奇克森特米哈伊对世界上那些最富创造力的成功人士进行了研究，他们是275位诺贝尔奖获得者、国家图书奖获得者，还有一些其他领域的顶尖人物。这项由著名学者主导的研究必然不同凡响，哪怕被邀请加入研究都是一种无上荣耀。然而，结果如何呢？

超过三分之一的人拒绝加入，还有一部分人没有给出任何回复。因为他们有自己的事情要做。奇克森特米哈伊邀请了彼得·德鲁克，而后者的回复是这样的：

"如果我告诉你一个关于成功的秘方的话（但愿你不会认为我是个自以为是或者粗鲁的人），那就是备一个特别大的废纸篓来'照料'所有的邀请函，例如说你的邀请函。"

奇克森特米哈伊或许已经预料到了这种结果。邀请德鲁克的原因是，他是闻名世界的管理学专家。德鲁克认为时间是最宝贵的资源。他给人们的首条宝贵建议并不是制定出更好的时间表，而是去掉所有阻碍你达到目的的不相关事物。

德鲁克在《卓有成效的管理者》（*The Effective Executive*）中写道："那些讲求效率并希望提高整个组织的效率的领导一定会监督所有项目、活动以及任务。他会经常问自己：'这件事仍然值得做吗？'如果不值得，他会拿掉它并把精力集中到其他少量任务上。这些任务一旦出色地完成了，无论对他自己还是对团队都会带来重大成果。"

《从优秀到卓越》（*Good to Great*）的作者吉姆·柯林斯（Jim Collins）对那些东山再起、从低谷走向巅峰的公司进行了全面研究。他发现，这些公司做出的最大改变并不是寻找新的机会，而是砍掉一些不必要的事情。

我们都听说过一万小时专家理论，即用一万个小时用心做一件事情就

108

有 效 努 力

BARKING
UP THE
WRONG
TREE

能变成这方面的专家。一万个小时似乎有点漫长。一旦你意识到许多成功人士也会放弃一些活动以便有更多时间自我提升之后，你的一万小时时钟就开启了。时间很重要，这并不奇怪。

只需知道一个大学生在学习上所花的时间就能预测出他将来会赚多少钱。这一点也不奇怪，他们本可以选择参加聚会或者课外活动。无论他们有没有意识到，他们都做出了选择。

职场也不例外。你一定怀疑那些成功人士是工作狂吧。哈佛大学的约翰·科特（John Kotter）教授对商业领袖进行研究后发现，他们平均每周工作60到67个小时。

如果每天花一小时来做某件事情，那么要27.4年才能达到一万小时定律中的专家水平。如果你放弃一些不太重要的事情，花四个小时来做这件事情呢？那么你只需要6.8年就能达到专家水平。这就是从20岁开始努力到47岁变成专家与从20岁努力到27岁成为专家的区别。著名研究者沃尔特·米舍尔把自己的成功归结于他祖母教给他的一个意第绪语单词——Sitzfleisch，意思是"屁股"，即"专心地坐在椅子上做那些重要的事情"。

因此，第一步该怎么做呢？首先明确你的首要任务，其次舍弃那些不怎么重要的事，最后静观其变。你会很快判断出某件事情是否真的像你想象的那么重要。

更少分心，更多成就

斯潘塞的身体现在有了好转。虽然他的健康有了很大改观，但他对时间的态度并没有变化：考虑机会成本、权衡取舍和只做重要的事。（坦白讲，我的采访非常荣幸地在他的"权衡"中胜出了，不然的话我们就不会在这一章读到他的故事了。）

为什么我们总是轻易放弃呢？我们总是找借口说自己很懒或者能力不足，这或许就是事实，但通常来说它们只是借口。的确不是每个人都能成为超模或者NBA篮球明星，我们渴望的事情很多是遥不可及的。研究发现，当我们放弃追求不切实际的目标时，我们会更开心、压力更小，且更不容易生病。哪些人压力最大？那些不懂得放弃的人。

没有放弃，何来坚毅？斯潘塞认为坚毅的缺点是："对于很多人来说坚持不懈是一种负担，因为他们会一直做让自己不开心或者让他人痛苦的事，长此以往并不会有好结果。然而你很可能做出相反的选择，放弃不仅会让自己开心，也会让别人开心或者使工作更有效率。"

我们总认为自己需要更多东西，比如更多帮助、更多动力、更多精力等。但在现实生活中却恰恰相反，我们并不需要更多东西，我们要的是更少，比如更少的让人分心的事、更少的目标、更少的责任等。这也就是说，我们能多看一会儿电视？并不是。我们减少不必要的事情是为了更好地、全力以赴地完成首要任务。问题是，我们到底该舍弃哪些事？放弃或者拒绝什么才能有更多时间去做重要的事？

假设你就是那个虚弱的斯潘塞。在你生着病，每天只能做一件事情的时候，你会做什么？恭喜你！你已经知道了什么事情对你来说才是最重要的。你知道什么时候应该咬牙坚持，以此推论出什么时候应该放弃。正如那句谚语所说："只要你不是胡子眉毛一把抓，你就能做好任何事。"

你或许会问："如果我一直选择放弃，我会不会变得微不足道？"事实上，星星之火可以燎原。

110

有　效　努　力

BARKING
UP THE
WRONG
TREE

坚持你真正的梦想

马修·波利（Matthew Polly）在堪萨斯州托皮卡市长大，他只有98磅，看上去弱不禁风。和所有学校操场上的受气包一样，他一直梦想着成为世界一霸、一位超级英雄或强者。对大多数孩子来说，梦想就仅仅是一个梦。而马修却没有任凭自己的梦想逐渐消失。

19岁的他做了一个惊人的决定：从普林斯顿大学辍学，去中国的少林寺学习功夫。

他的父母非常生气。马修本应该进入医学院，而不是成为查克·诺里斯（Chuck Norris）这样的空手道高手。这太疯狂了！但他知道，他还会回到学校，父母会原谅自己的。他既没有结婚生子，也没有按揭买房，虽然未来不可知，但他可以放手一搏。

那是1992年，那时甚至没有因特网、谷歌地图以及商户点评网为我们提供功夫寺院的简介词条。他只是在学校里学过普通话，但他对亚洲文化的了解大部分来自武当派乐队。他当时甚至不知道少林寺在哪里。

为什么不去试试呢？他总能找到的，对吧？因此，这位身高6.3英尺的十九岁美国少年来到了北京。他在寒冷的天安门广场上游荡，四处问人"少林寺怎么走"，连地图都拿倒了。

终于，他找到了。少林寺的管理者更像是二手车销售人员，而不是禅宗大师。马修每月要向寺院上交1300美元，他们才同意这位来自堪萨斯州的美国疯子和少林弟子们一起训练。

中美文化差异是巨大的。一位养尊处优的美国中上层阶级的孩子现在只能住在农村，村里只有一部电话，这里的人通常都是饿着肚子睡觉的，而他是个娇生惯养的外来者——一个老外。马修知道，如果他真的想学功夫，并称霸世界的话，他就不得不使自己成为他们中的一员。但怎么做才能被接纳呢？

他必须"经历磨难"，用中国话来说就是"吃苦"。僧人每天习武五小时，马修则训练七小时。他总是筋疲力尽地爬到床上，在早上浑身疼痛地醒来。别人身上没有的伤痕，他都有。毕竟他不是来度假的。和尚们都认为马修很努力，他的功夫进步飞快。

离开美国的时候，他向父母承诺自己只会在中国待一年。一年的期限到了，他却没有变成超级英雄，因此他要继续留在中国。尽管他的父母非常生气，但他还是坚持留下来训练。

在经历受伤、痢疾、训练中一次又一次被痛击之后，他的师父把他叫了出来。师父告诉他郑州国际少林武术节即将到来，到时候全世界的武术大师都会参赛，师父希望马修能代表少林寺参赛。是的，就是马修，学校里的受气包，那个离了可乐就活不下去的外国人，他要代表少林寺去参赛了！马修认为自己完全没有胜算，毕竟与他对决的都是身经百战的实力派选手。可是马修的师父对他有信心，于是马修坦然接受了这次比赛机会。

接下来的八个月一眨眼就过去了。马修忐忑地走进了万人体育场，最终顺利地赢得了第一场比赛。这位149磅的西方人打败了朝鲜选手，赢得了观众的阵阵掌声和欢呼。

因为这是第一场比赛，而且是锦标赛，一天内他还要进行多场比赛，下一回合要对战的是武术比赛的上届冠军。于是马修和他的朋友都跑去观看上届冠军的首赛。

看到冠军用自己的膝盖猛攻对手的鼻子时，他们惊得下巴都要掉下来

112

有　效　努　力

BARKING
UP THE
WRONG
TREE

了，比赛十分精彩。后来俄罗斯选手被人用担架抬了出去。

　　马修的朋友对他说："别担心。他们不会用担架抬你的。"

　　"为什么不会？"

　　"你长得太高了，中国的担架不适合你。他们肯定会让你留在场上。"

　　马修的脸色非常苍白，这种恐惧如同当初在学校受欺负的时候。他瑟瑟发抖地跑去了厕所。他到底在想什么呢？他根本无法战胜这位可怕的对手，或许他成不了世界一霸了。

　　但是可能这也没关系。比赛只是一次疯狂的实验。如果他能和上届冠军决战到底，也就不虚此行了。他只希望自己不会被打死。

　　然而就连这都很难办到。当马修走向比赛场地时，观众一直大呼："打死那个老外！"

　　几秒钟后，马修陷入了被暴打过后的疼痛之中。然而，他并没有放弃。他参赛的目的是让自己勇敢起来，坚如磐石。他现在要做的是赛足全局，而且不需要躺在加长的担架上。

　　马修每轮比赛都输，最终自然是败给了上届冠军，但是他仍然坚持到了最后。当他站在亚军领奖台上时，他的微笑比冠军的都灿烂。

　　就像放弃普林斯顿那样，马修离开了少林寺。

　　虽然马修没有在锦标赛中获得冠军，他却战胜了自己。他明白了自己永远不会成为世界一霸，总有人比他强壮。但是他却做了一件很酷的事——让自己更勇敢，并努力实现自己的目标。是时候回家了。如他所料，他的父母原谅了他。不久以后，马修就拿到了普林斯顿大学的文凭，继而成为可前往牛津大学学习的罗德学者。

　　所以，去少林寺的这段小插曲仅仅是马修年少轻狂的选择吗？并不是。这段经历改变了马修的一生。几年以后，马修写了一本书，叫《少林很忙》（*American Shaolin*），该书一经面世便好评如潮。他还上过美国国家公共广播电台。据说一家电影公司决定将他的故事拍成电影，中国功夫明星成龙对此非常感兴趣。马修的少林之行最终让他成为一名作家。

普林斯顿和牛津等神圣学府并没有塑造他的未来，19岁时那个疯狂的决定却改变了他的命运。这么看来，19岁的马修并不算太疯狂。

幸运的人会更幸运

可能有人会说马修·波利之所以能成为一名出色的作家只不过是傻人有傻福。事实上，好运气不会凭空降临。

赫特福德郡大学的教授理查德·怀斯曼（Richard Wiseman）对幸运的人与不幸运的人进行了研究，旨在研究幸运是否一种随机因素，或者说可有某种特定因素决定着人们幸运与否。结果显示，运气并不是机缘巧合或者某种超自然力量，它在很大程度上取决于人们做出的选择。

怀斯曼对1000多名受试者进行研究后发现，幸运的人总是能充分利用机会。研究证实，幸运的人更愿意尝试新鲜事物，更外向，并且更少情绪化。他们会倾听自己内心的声音。怀斯曼说，最重要的是他们会不断尝试。这也不难理解：如果你把自己关在家里，会有多少件有趣的、新鲜的好事发生在你身上呢？不会有很多。

这是某种天分吗？几乎不是。在证实了运气很大程度上是取决于自己的选择之后，怀斯曼又进行了另一个实验——幸运学校。如果他让那些不幸的人表现出幸运的样子，这么做会改变他们的命运吗？事实证明，他们

114

有　　效　　努　　力

BARKING
UP THE
WRONG
TREE

可以变得幸运。之后，幸运学校里80%的毕业生都认为自己的运气提升了很多。其实他们并没有更幸运，只是变得更幸福了而已。

尝试各种事是否也意味着幸运的人会经历更多倒霉事呢？的确是的。但那句老话是有道理的："大多数让你后悔的事是那些你没有做过的事。"康奈尔大学的托马斯·吉洛维奇（Thomas Gilovich）教授发现人们更有可能对自己没有做过的事感到后悔。为什么呢？我们能够对失败进行合理解释，但是我们不能对自己没做过的事进行合理化解释。随着年纪增长，我们总是倾向于记住一些美好的事情，忘记痛苦的事。因此，尝试得越多意味着日后越幸福（有越多英勇事迹可以讲给子孙听）。

幸运的人不会因为失败而郁郁寡欢，他们总是能看到挫折的另一面并从中吸取教训。像那些心态积极的棒球运动员一样，他们的归因方式也属于乐观式归因。很多研究证实了这一说法。一份名为"十指交叉"的研究表明，"一句话或者一个动作（例如，'祝你好运'或保持十指交叉以求好运）或者一个幸运符能激发提升运势的迷信思想，让我们在高尔夫比赛中获得好成绩，提升运动灵活性，增强记忆力，出色地完成字谜比赛等。"但这并不是某种魔法给我们带来了好运。上述行为只是增强了人们的自信心，让人们的表现变得更好而已。（因此为自己的朋友祈祷好运吧，真的很管用。）这种乐观的态度也让幸运的人们更加坚定，更愿意尝试新鲜事物，久而久之，自然会有更多好运降临在他们身上。只要他们不去做过于危险的事情，并且能合理解释偶尔出现的不如意，他们就能越来越好，最终实现目标。

所以，我们要不断尝试新的事物，这样你才会越来越幸运。如果你重复做着同一件事，你只会原地踏步。如果成功的道路一片荒芜，而且你追求的东西无任何参考模板，那么试着去做一些疯狂的事情吧，也许那就是你成功的唯一出路。

举个例子：意大利面难题。这个挑战非常简单，即尽你所能用意大利面搭建一个最高结构，且它必须撑得起一块棉花糖。你搭建的结构必须是没有外力支撑的，而且你和你的团队只有18分钟来完成这项任务。工具如下：

- 20包干意大利面
- 1米长的胶带
- 1根绳子
- 1块棉花糖

彼得·斯基尔曼（Peter Skillman）（拥有"微软智能产品总经理"的响亮头衔）将这个挑战设计成一种创造力活动。这项挑战进行了五年之久，700多人参加了比赛，其中包括工程师、主管和工商管理专业的学生。你知道最终谁的表现最好吗？幼儿园的孩子们！是的，那群只有6岁的孩子赢了所有人。（事实上，工商管理专业的学生表现最差。）是因为孩子们的策略更多吗？不是的。还是他们更了解意大利面或者棉花糖的硬度？也不是。那么他们成功的秘诀到底是什么？他们只是全神贯注地参与到比赛当中而已。就像怀斯曼研究中的那群幸运儿一样，孩子们进行了更多尝试。虽然很快失败，但是相应地，收获也很多。

他们的策略是原型-测试，原型-测试，原型-测试——直到用完比赛时间。在没有既定的赢得比赛的途径的情况下，这种策略最终取胜。硅谷有一句老话：失败越快，成本越低（Fail fast and fail cheap）。研究证明，这种不断尝试以寻找最佳办法的策略同样适用于你我这样的成年人。

116

有 效 努 力

BARKING
UP THE
WRONG
TREE

　　然而我们为什么做不到呢？事实上答案很简单，我们常常害怕失败。然而，害怕失败真的就是我们不敢尝试的原因吗？

失败是你学习的唯一途径

　　要回答这个问题，我们需要思考幼儿园孩子脑海中不断闪现的念头：变成蝙蝠侠。好吧，成为蝙蝠侠肯定没那么容易，但你却知道变成蝙蝠侠意味着什么——像马修一样坚持不懈地练习武术。还有个关于成功的更有趣的问题：怎么变成蝙蝠侠？这个问题会让我们明白我们为什么如此害怕失败。

　　斗篷骑士蝙蝠侠是最亲民的超级英雄之一。他并没有任何超能力。他可能只是一位亿万富翁，或者拥有很多厉害的机械装置，但这些都改变不了他的本质——永远不能败下阵来。虽然对一名专业拳击手来说，保持32胜1负的纪录已经非常出色了，但这对黑暗骑士来说却意味着死亡。哥谭市中的反派人物可不会允许裁判叫停比赛。因此成为蝙蝠侠就意味着永不失败，一次也不行。你承受不了失败的后果。如果你承受住了代价并最终成了黑暗骑士，你能将这种胜利纪录保持多久呢？幸运的是，我们可以参考一下研究数据。是的，有人已经进行过相关的研究了。（天哪，我爱科学！）

　　维多利亚大学的教授E.保罗·塞尔（E. Paul Zehr）对同等水平的运动员进行了研究，并得出了一个大致相同的结论。他研究了顶级拳击手、综合格斗选手、美国橄榄球联盟跑卫的比赛记录。他们能保持多久的不败纪录，并且不会遭受致残性的身体损伤？成为"蝙蝠侠"之后，你能坚持多久？

三年。是的，仅此而已。

让我们祈祷哥谭市的犯罪分子中乱穿马路的人多一些，而恶势力少一些吧，因为十多年的除恶扬善会让你无暇为这个世界善后。

幸运的是，你并不想成为蝙蝠侠。但你我却通常表现出蝙蝠侠的样子。我们希望自己一直优秀。一旦失败，满盘皆输。可是你并不是蝙蝠侠。你可以失败、放弃，还可以吸取教训。事实上，失败是你学习的唯一途径。

喜剧演员深谙这个道理。因此，喜剧演员成功的最大障碍就在你的口袋里——你的智能手机。事实上，达夫·沙佩尔（Dave Chappelle）禁止他的观众使用手机。我来解释一下。

克里斯·罗克（Chris Rock）的那些段子不是匆忙之中的灵光乍现。他在HBO的特别节目并不是一个小时的即兴演出，而更像为时一整年的实验活动。《小赌注》（*Little Bets*）的作者彼得·西姆斯（Peter Sims）曾是一位风险投资人，他对喜剧演员的搞笑流程做了解释。罗克经常会不动声色地去当地的喜剧俱乐部。他会随身携带一个黄色的笔记本，尝试记下一些新思路。他会记录下观众的反应。大多数段子都没有逗笑观众，他们除了抱怨就是沉默。这时他会记下来，然后调整思路。总有那么几个笑料会成功地让观众哄堂大笑，他会记录下这一时刻，并且按照这个思路写下去。

观众认为他在炒作，事实上他只是在做实验，不断尝试新的思路：保留好的笑料，放弃那些无效的喜剧包袱。在半年至一年的时间内，他每周

118

有　效　努　力

BARKING
UP THE
WRONG
TREE

都花五天时间做相同的事情，这样我们在观看罗克长达一小时的脱口秀节目时才会笑个不停。在一次采访中，罗克说："只有少数优秀的戏剧家能够写出优秀的剧本并将它们搬上舞台，可是如果其他人都来一遍一遍地研究这些作品的话，后果就不堪设想了。如果你认为自己已经非常完美了，那你的脱口秀节目就会更安全、更成功。"

因此，当观众掏出手机并记录下这些实验作品的时候，喜剧演员们就会被蒙在鼓里。那些在YouTube[①]上看节目的观众也被蒙在鼓里，因为他们看到的并不是戏剧表演，只是实验品而已。喜剧演员需要知道作品的失败之处，然后砍去败笔。他们需要知道自己该"放弃"什么。如果喜剧演员从不失败，那他们就不会成功。克里斯·罗克还说："成功的喜剧演员都会经历这样一个过程，从来没有一个喜剧演员能讲出永不过时的笑话。脱口秀历史上从来没有这样的人。"

有时候克里斯·罗克的判断也会有错，不过是好的错。那些他觉得不好笑的段子却意外地引得观众捧腹大笑。少数服从多数，他最终会以观众的判断为主。这种现象也不乏先例。例如，伟哥最初被发明出来是为了治疗心绞痛，药品研发者后来才发现伟哥的另一个有趣的作用——治疗男性勃起功能障碍。彼得·西姆斯说："大多数成功的企业家在创业时都没有一个出色的方案——他们是在实践中摸索出一条适合自己的道路的。他们不断尝试，最后才知道应该做什么。"

如果失败了怎么办？你并不会像蝙蝠侠那样死去，所以不必表现得像蝙蝠侠一样。多向喜剧演员或者幼儿园的孩子们学习，多尝试。放弃那些

---

① 源自美国的视频分享网站。用户可上传、观看、分享及评论视频。

行不通的想法，然后坚持下去。

研究的结果与喜剧家和幼儿园孩子的情况一致。史蒂文·约翰逊（Steven Johnson）对专利证书历史的研究表明，一定数量的量变会引起质变。不断尝试。正如那句老话所说，"越努力，越幸运"。

这会有什么结果呢？你需要在你个人的"研发处"融入策略性的放弃。

好吧，说到这里有些人或许对我很不满。你会说："最开始的时候是你告诉我们机会成本原理的，总要舍弃一些事情才能有更多时间去做最重要的事情。现在你又告诉我们要尝试不同的事情。到底什么意思？"

答案很简单：如果你不知道什么事情应该坚持，你就需要多多尝试——弄明白你将放弃大多数事情——才能得出答案。一旦你找到了自己的兴趣点，将5%至10%的时间投入到那些小实验中，以确保自己不断学习和成长。

这会让你左右逢源。有策略性的尝试和放弃会让你知道自己应该坚持什么。这样你就不是一个总是半途而废的胆小鬼了，而是一个足智多谋的试水者。

那些根据机会成本原理应该放弃的事情，就像斯潘塞那样，是你每天或者每周都在做却徒劳无功的事。我们现在要探讨的是耐性限度实验。尝试某件事，例如去上瑜伽课，但是不要急着办理瑜伽课年卡。这样便会带来新的机会，并且创造好的运气。正如拉尔夫·沃尔多·爱默生（Ralph Waldo Emerson）所说："我们的人生就是一场实验。你做的实验次数越多越好。"失败越快，成本越低。

120

有　效　努　力

BARKING
UP THE
WRONG
TREE

花5%的时间来尝试新事物

就连坚毅领域内最著名的研究者安杰拉·达克沃思也非常赞同这种观点。她在《坚毅：实现长远目标所需要的恒心和激情》（*Grit：Perseverance and Passion for Long-Term Goals*）这篇论文中写道："对新鲜事物的强烈欲望以及不太大的挫折在人生的早期阶段具有可适应性，早日走出死胡同才能发现更加光明的道路。"

拿出5%至10%的时间，并像风险投资公司那样进行各种尝试。投资公司通常会把钱投到成功概率相对小的项目中，但这些项目一旦成功，回报将是巨大的。他们同时把钱投到10家公司里，其中有7家公司股票下跌，2家公司不赔不赚，只有一家会成为下一个谷歌或脸书。

这种做法也适用于我们的日常生活吗？当然适用。例如跳槽，尤其是职业生涯初期的跳槽可能会利于你挣更多钱、找到理想工作，甚至坐上你梦寐以求的CEO宝座。经济学家亨利·西乌（Henry Siu）曾说："那些刚踏入职场就经常跳槽的人在职业成熟阶段会收获更高的薪水。事实上，跳槽和薪水成正比，因为人们通过跳槽找到了更合适的工作——弄清了他们内心真正的诉求。"

并且不断切换身份很可能会让你走上领导者的位置：

拉齐尔于1997年对12500名芝加哥大学商学院的校友进行了调查，他收到了5000份回复，以此分析他们先前跳槽的次数。在那些至少工作了15年的毕业生中，跳槽次数小于等于两次的人最终成为高管的比例仅为2%。而那些至少跳过五次槽的毕业生有18%的概率走上领导岗位。

如果像马修的中国之行那样，做更多在人生轨迹之外的事情会怎么样？事实证明，尝试本专业以外的事情更容易取得巨大成就。和大多数人一样，几乎每位科学家都有一项业余爱好。然而杰出的科学家（英国皇家学会或美国国家科学院的科学家们）很可能有两种业余爱好。那些诺贝尔奖获得者呢？几乎都有三种业余爱好。史蒂文·约翰逊发现历史上的那些天才，例如本杰明·富兰克林、查尔斯·达尔文等也有很多业余爱好。面对不同情况下的挑战，他们常能以不同的角度看待，挑战假设，最终实现突破。不同观点的碰撞是最终产生创造力的要素之一。

那些成功的企业也同样如此。这些企业并不是一味尝试新鲜事物，而是每当那些小赌注开花结果时它们就进行自我革新。YouTube创立伊始只是一个约会交友网站。易趣网最开始主要售卖倍滋糖果售货机。谷歌在创立之初是一个管理图书馆藏书的检索软件。

所以，不要害怕做实验，勇敢地放弃那些冗余部分吧。慢慢地，你就会有所收获。只有放弃了一些事情，你才会知道自己最应该坚持什么。在尝试的过程中，你要有所舍弃，这样才能拥抱成功所需要的好运气和机会。

马修仍然在进行疯狂的尝试，这话毫不夸张。几年前，马修当时的女朋友的家人曾问他，作为一名少林弟子的他在终极格斗锦标赛（UFC）中将如何表现。现在他已经三十五六岁了，比在中国的时候胖了将近100磅，因此他认为自己不会表现得那么好。

但是他需要为下一本书寻找灵感。所以他总是对尝试新鲜事物跃跃欲试。男人总是经过漫漫长路才能赢得女孩子的芳心。所以这位老枪手带着新的动力重出江湖。马修将接下来的两年时间用来与纽约和拉斯维加斯的

122

有　效　努　力

BARKING
UP THE
WRONG
TREE

终极格斗锦标赛冠军一起训练。当然，这都是硬战——遭受更多的拳击，吃更多的苦。把那些功夫拾起来需要时间。（在训练过程中，他每次将手放下，露出脸来时，教练就罚他20美元。六个月以后，马修总共欠教练580美元。）

2011年，马修到了38岁的黄金年龄，他当着300人的面完成了第一场综合格斗赛（MMA）。对手比马修小16岁。在第二回合的比赛中，马修一只眼睛里的隐形眼镜被打了出来。半盲半清状态下的他并没有放弃比赛——这时候就要咬紧牙关坚持下去了。马修的身体一直在摇晃。

到第三轮的时候，裁判摇了摇头。技术性击倒。马修的对手已经无法继续比赛。马修赢了。

为此他写了一本书，并和女友结了婚。（他将婚期推迟了一年，因为他需要的训练时间远远超过了他的预估。就像马修的父母那样，女友最终原谅了他。）我们都很好奇马修的下一场实验会是什么。60岁的时候和北极熊摔跤吗？谁知道呢？

花5%的时间来尝试新事物，同时明白其中大部分事物你需要舍弃，这样才能抓住重要的机遇。（并不是所有的尝试都需要轰轰烈烈。）

现在你知道坚持和放弃都需要恰当的时机了吧？无论哪一种都能助我们成功。关键在于如何分辨这种时机。怎么才能知道何时该放弃呢？正如那首老歌唱的那样，"我应该坚持还是放弃？"下面我们就来解决这个问题。首先，我们要回答一个人们普遍面临的问题：什么时候才是结束恋爱进而迈入婚姻殿堂的最佳时机呢？好吧，让科学来提供答案。

让科学来告诉你何时停止相亲

再一次，我们面临有关边界的话题。恋爱时，你知道自己总有一天会停止约会。到底是什么时候呢？有人会说："当我遇到对的人的时候。"但你又怎么知道下一个不会更好？你是不是会说，你会遇到一个非常好的人，并且不想再跟我废话了？

有趣的是，数学家们已经解决了这个问题。一个简单的公式就可以得出你需要进行约会的次数，并告诉你如何找到对的人。这就是数学家们所说的"最优停止问题"。

你要谈多少次恋爱才能找到那个对的人？马特·帕克（Matt Parker）在他的著作《在第四维要做的事》（*Things to Make and Do in the Fourth Dimension*）中对此做了解释。首先，请估算一下可能与你约会的人数。粗略估计即可。当然了，你需要休息，所以你并不会每晚都出去约会。而且你肯定希望自己在112岁之前解决终身大事，因此这个数字不会很庞大。简单说吧，我们假设这样的人有100个。

现在我们取数字100的平方根。（是的，你可以利用手机上的计算器来找到真爱。）它的平方根是10。

现在，你要和10个人出去约会，并礼貌地告诉对方"不好意思，谢谢"，但你一定要知道这10个人里头谁是最好的。然后，继续约会。一旦有人比这个人更让你神魂颠倒，从数学的角度来说，这就是你那个对的人。（好吧，你没必要邀请我去参加你的婚礼，但还是感谢你的邀请。）这种方法准吗？相当准确！帕克说在这100个潜在的结婚对象中，这种方法帮你找到最佳伴侣的准确率约为90%。

124

有　效　努　力

BARKING
UP THE
WRONG
TREE

　　不可思议吧？但还是面对现实吧：你才不会真的这么做呢。这一点也不浪漫。你还是会根据自己的感觉来选择。这就是人类的本性。

　　很多人都希望找到"灵魂伴侣"——那个你天造地设的伴侣，他或她善良美好，聪明又宽容，让你沐浴在善意和天赋之中，并且从来不忘记把垃圾带出去。如果灵魂伴侣真的存在，那么你遇到他或她的概率是多少？兰德尔·芒罗（Randall Munroe）是网络漫画《XKCD》的创始人及前NASA机器人专家。他对这一概率进行了计算。结果不是很理想：一个人遇到灵魂伴侣的概率是"一万分之一"。

　　我知道这个结果很伤人。事实上，这个结果非常有用，因为安德烈亚·洛克哈特（Andrea Lockhart）的一项研究表明那些向往童话式爱情的人会比其他人经历更多感情上的不如意。

　　为什么会有这样的问题呢？因为我们一直在憧憬爱情，却没有考虑现实情况。我们不考虑生活中出现的阻碍，因此才可能制订一份可靠的计划来寻找和陪伴那个特别的人。当你觉得你和你的伴侣"天生一对"时，我们猜测你十有八九不会为二人的情感付出太多努力。当今社会中，离婚不是件难事，并且每个人似乎都有很多选择，因此离婚（或是放弃一段感情）是非常普遍的。你不会说："我找到了理想的工作。哇，现在我可以不用工作了。"但人们却经常忽略对情感的经营，因为在很多人眼中他们的感情是命中注定的，直到分开才发现并非如此。

　　那应该怎么办呢？或许我们可以从另一个角度来思考：包办婚姻。等等，我可没有让你和陌生人结婚。先听我说，最开始的时候"恋爱婚姻"的幸福度高于包办婚姻，二者在"爱情评级"中的得分分别是70/91和58/91。不足为奇，对吗？后来发生了反转。十年后，包办婚姻的得分为

68，而恋爱婚姻的得分低至40。

这到底是怎么回事？事实上，原因很多。其中一个关键因素：没有感情基础的包办婚姻从第一天起就会面临比恋爱婚姻更多的现实问题。你不会告诉自己"我们可是灵魂伴侣"，因此当世界没有赠予你代表婚姻美满的银盘时，你也不会感到失望了。你只会告诉自己："我和一个陌生人绑到一起了，我得把日子过下去。"日子一天一天地过去，你们的婚姻也走到了最后。正如所有结过婚的人都会告诉你的那样，婚姻需要经营。

梦想本身没有错。可是成功的道路上只有梦想是不够的，无论是情感关系还是事业发展。我们必须直面生活中的挑战，而不能做缩头乌龟逃避现实。研究结果充分证实了这一点：童话爱情故事不是一帆风顺的，但是把爱情看成一段"旅程"的观点是可取的。恋人们认为对方与自己是天作之合的想法很浪漫，但是当两人出现情感摩擦或者当现实戳破这对佳人脑海中的泡沫时，这种想法会适得其反。相反，如果我们把爱情看作一段有起有落却始终在朝着目标前进的旅程，这种感情摩擦的不良后果就可以避免。

把梦想变成现实只需要4步

如果我们想把梦想变为现实的话，我们应该怎么办？你怎么知道该放弃什么，或者该坚持什么？一位研究人员发现了一个非常简单的方法，这种方法叫作WOOP[①]。

---

① 即wish（愿望）、outcome（结果）、obstacle（困难）和plan（计划）的首字母缩写。

126

有　效　努　力

BARKING
UP THE
WRONG
TREE

加布里埃莱·厄廷根（Gabriele Oettingen）对此表示怀疑。身为纽约大学心理学教授，她并不认同这种仅靠梦想幸福就能盛在联邦快递盒子里从天而降的说法。

因此她做了很多研究，并且事实证明她是对的。她的质疑非常有道理。空想不仅不会帮你实现愿望，还会降低你成功的概率。醒醒吧朋友们，《秘密》（The Secret）并不管用。

事实证明，我们的大脑不善于分辨幻想与现实。（这就是为什么电影那么好看。）幻想的时候，大脑中的灰质会让你感觉自己已经实现了目标，因此大脑不会去集成你需要的资源来鼓励你实现目标。相反，大脑处于放松状态。你做得越少，得到的就越少，梦想还是梦想。仅凭积极的心态，我们是无法成功的。

你是不是憧憬过减肥计划成功之后自己穿着那套泳衣时苗条的样子？有这种想法的女性比没有这种想法的少减24磅。幻想着找到理想工作？充满幻想的人发出的简历更少，得到的工作机会也更少。那些梦想着学期末成绩得A的学生往往会花更少的时间学习，最终分数更低。

如果做梦有这么多坏处，那为什么我们还要做梦呢？因为大脑的这种状态等同于醉酒状态——感觉良好，却对导向好的结果毫无帮助。这正是厄廷根的研究所说的："做梦会让人感觉良好。"但梦醒时分只会徒增沮丧之感。想象让我们提前感受到了胜利的喜悦，却削弱了实现梦想所需付出的努力。现在幻想得越多意味着日后取得的成就越少。

虽然积极的自我对话和乐观态度能让我们不轻易放弃，可是仅凭这些还不足以保证我们实现目标。梦想本身并不是坏事——但它只是成功所需要迈出的第一步。接下来，你要面对的是令人扫兴的"现实"以及经常出现的困难。

心怀梦想时，你需要考虑：阻碍我实现梦想的是什么？我怎么做才能克服困难？有一个唬人的心理学术语叫"执行意图"，我们就称之为"计划"好了。

彼得·戈尔维策（Peter Gollwitzer）和薇罗妮卡·布兰德施泰特（Veronika Brandstätter）的一项研究发现，一些基本的计划，例如什么时候做什么事情、在哪里做、怎么做等，能将学生实现目标的概率提升40%。

有两个充满魔力的词分别是"如果"和"那么"。面对任何困难，只要想着"如果X发生，那么我就做Y"就能让事情发生改观。这两个词到底有多大威力呢？它们对那些有严重行为问题的人——那些正在戒毒的瘾君子——很有帮助。没有"如果–那么"执行意图，坚持整理简历的人就会为零。但如果提前运用这两个充满魔力的词，就会有80%的人做好申请工作的准备。

这两个词为什么会有如此大的威力呢？其实这是一种无意识心理。与其等问题出现后再想办法解决，不如让你的大脑进入一种自行应对问题的习惯性反应。

这种方法源远流长，从古代哲学到现代精编部队随处可见。斯多亚学派运用一种"对邪恶的事先冥思"（premeditation of evils）的概念来对坏事做好准备。也就是问自己："可能出现的最坏的情况是什么？"通过考虑所有可能发生的可怕结果，你便可以确保自己做好准备来迎接这些后果。美国特种兵部队在每次任务执行之前，都会考虑各种"如果"和"那么"。作者丹·科伊尔解释道："他们会用整个上午的时间来检查任务执

128

有　效　努　力

BARKING
UP THE
WRONG
TREE

行过程中每一处可能的失误，考虑可能会发生的灾难性后果。每一种可能出现失误的因素都会被严格地考察，并配以恰当的解决方案：如果直升机被迫降，那么执行X方案；如果我们的降落地点出现失误，则执行Y方案；如果数量上被敌军压倒，我们就执行Z计划。"

厄廷根用了几个词的首字母来总结你该如何去做：WOOP。是的，其专业名称应该是"心理比对"，可是大家还是更喜欢说"WOOP"。WOOP的应用很广，从职场到情感，从运动到减肥均适用。

首先，你要有梦。你的愿望是什么？最令你着迷的是什么？（"我想找一份好工作。"）其次，在脑海中明确你的目标，并设想你的目标达成后是什么样子。（"我希望成为谷歌的副总裁。"）再次，面对现实。会出现什么样的困难？（"我不知道怎样获得谷歌的面试机会。"）最后，解决困难。你的计划是什么？（"我会上领英看看是否有熟人在谷歌工作，并帮我引见人力资源主管。"）

是不是一目了然呢？与一味地幻想不同，这个方法的好处是，它不会削弱你的动力。然而它还有一个最大的好处：让你知道什么时候该坚持，什么时候该放弃。有意思的是，它的附加优势是，WOOP并不适用于所有人，而且WOOP的生效也不是随机的。厄廷根在研究中发现，当一个人的目标合理并且可以实现时，心理比对就会起到提升动力的效果。但是，如果一个人的目标不切实际，心理比对就不会起作用。它有点像个人目标可行性的石蕊试纸。如果你的目标很合理（"我符合谷歌公司的招聘要求，可是我不知道下一步该怎么办"），WOOP会给你一份计划和动力帮助你实现目标。如果你的目标不切实际（"我想在周四之前成为澳大利亚国王"），你会发现自己干劲不足。

因此，与其说"我们是灵魂伴侣"，不如退一步考虑清楚。你的愿望是什么？"完美的婚姻生活。"你的愿望会有什么结果？"幸福的、没有争吵的家庭生活。"可能会有什么阻碍？"关于在宜家买什么产品，我们可能会有不同意见。"那么你会有什么样的计划？"关于该买哪种颜色的宜家靠垫，我会倾听对方的想法，认真考虑对方的意见。"如果这样做会让你和你爱的人享受购物狂欢的乐趣，那么你的愿望就实现了。如果你觉得自己做不到，好吧，那么科学会帮你尽早看清这不是一桩完美的婚姻。心理比对不仅会让你知道，当你的目标不切实际的时候你应该选择放弃而不是坚持，花时间进行思维锻炼会让你脱离不现实的愿望，并且让你放弃它也不会感到后悔。

WOOP可以告诉你什么事情应该坚持，并且帮你鼓足勇气实现目标。它还能告诉你什么事情应该放弃，并减少这一转变时的痛苦。我也不确定那些熟稔最优停止问题的数学家是否都拥有更幸福的婚姻生活，但是在坚持与放弃方面你的确可以通过WOOP得到答案。

好吧，我们讲了很多内容：少林寺、脱口秀喜剧演员、肝病，以及包办婚姻。我们把这些内容串起来，就知道该从哪里开始、什么时候放弃、什么时候坚持，以及如何实现自己的目标。

像浣熊一样乐于克服困难

我们都需要榜样。要我说的话，不如当一只多伦多的浣熊。

浣熊钻垃圾桶的本事表现出了无与伦比的坚毅和智谋。这些小无赖几

130

有　效　努　力

BARKING
UP THE
WRONG
TREE

乎把多伦多的居民得罪了个遍。

约克大学浣熊行为研究者苏珊娜·麦克唐纳（Suzanne MacDonald）说："这座城市里的浣熊非常了得，不仅仅是它们靠近目标物的能力十分出色，而且它们无所畏惧，不达目的决不罢休，它们会花上数小时从垃圾桶里找吃的。"

任何试图阻止浣熊的举措都以失败告终。它们从不放弃，而且能克服一切阻拦。多伦多的市民从用绳子绑住垃圾桶盖到密封整个桶，招数用尽，却屡战屡败。"我们想出了各种保护垃圾桶的办法，但都失败了。"当地的心理学教授迈克尔·佩蒂特（Michael Pettit）说。

这可不是个小问题。多伦多市政府处理浣熊祸患已有十年之久。据《华尔街日报》（The Wall Street Journal）报道，2002年多伦多政府甚至拨款制造能够"防浣熊"的垃圾桶。效果如何？好吧，2015年，多伦多市政府又追加了3100万美元以发明全新设计的"防浣熊"垃圾桶。伙计们，这可不是个好兆头。

这帮爱恶作剧的"土匪"又是怎么应对的呢？它们的脑子尽管不大，却显示出了本章探讨过的诸多品质。它们的乐观精神不容置疑。或许这对它们来说也是一场好玩的游戏。甚至斯潘塞·格伦登和彼得·德鲁克都会为它们极致的专注力竖起大拇指。这些无赖总会尝试新办法来应对人类给它们设下的障碍。很明显，它们的"小赌注"成功了。

多伦多市民的做法是否对大自然的捣蛋鬼产生了负面影响？几乎没有。美国心理学会网站上的一篇文章写道："浣熊对此乐此不疲，因为面对人类的扩张，它们的数量反而增加了，而不是下降。"这种"小偷"不仅数量增多了，而且所有这些挑战也让它们变得越来越聪明了。苏珊娜·麦克唐纳对多伦多市区内的浣熊以及野外浣熊的问题解决能力进行了对比分析。她发现："无论是智力上还是能力上，城市浣熊都完胜它们的乡下同胞。"麦克唐纳不仅是浣熊研究专家，她自身也是一名受害者。一只小浣熊撬开了她的车库并钻进了她家的垃圾桶。

关于坚持与放弃的小测试

与其与浣熊斗智斗勇，或许我们更应该向它们学习。与其把这些事当成难以克服的问题，不如学学多伦多的浣熊，历经挑战之后你也会像它们一样变得更加聪明、更加成功。

据说，多伦多市几十年来从未放弃过对浣熊问题的探索。市长约翰·托里告诉记者："浣熊一族非常聪明，它们饥肠辘辘、意志坚定，击溃它们并不是解决办法。"

我都能想象出多伦多浣熊摩拳擦掌地等待下次挑战来临的样子："你们又打算给我们制造什么困难呢，人类？'防浣熊'垃圾桶？放马过来吧！"

我们将这份调查汇总一下，找点乐子吧——权当在做游戏了。请回答下面的问题，我们从第一题开始。

1. 你知不知道自己应该坚持什么？

A. 是的

B. 不确定。但是有点预感

C. 我应该坚持什么呢？我很迷茫

132

有 效 努 力

BARKING
UP THE
WRONG
TREE

如果你的答案是A，直接跳到下一题。

如果你的答案是B，那就按WOOP来确定最终答案。依次考虑你有预感的那几个选项，每一项都按照愿望—结果—困难—计划的顺序分析。你应该认真考虑那件最能给你带来动力的事情，最不能打动你的事情则直接放弃。

如果你的答案是C，那么你需要下一些"小赌注"了。你需要做更多的尝试，直到找到让你感兴趣的事。任何能引发你共鸣的事情，都可以用WOOP来检验。

2. 你是乐观派吗？

A. 当然

B. 总有一天我们会孤独地死去，而且电视上也没什么好看的节目

如果你选A，那么你的性格绝对乐观，直接看第三题。

如果你选B，你需要考虑一下自己的归因方式。悲观主义的真正困境在于他们看待问题通常更准确。是的，"愤青"的看法通常是对的。正如第一章所说的那样，总是按规矩出牌意味着平庸——尤其是拿自己做赌注的时候。因此马丁·塞利格曼找到了绝佳的平衡，使你不至于完全陷入幻想之中。塞利格曼将其称为"弹性乐观"。有时候稍微悲观一点会让我们更诚实。但当风险很低（事实上，很多事情都是这样）或者当代价很高（例如你为之奉献一生的事业）的时候，我们需要保持乐观。这就是我们要寻求的平衡。在实践过程中，你会找到这种平衡的。

对于一些小事，你要表现出乐观。你有什么可失去的呢？对于那些能改变命运的大事，保持乐观能助你一臂之力。对于那些高风险、低回报的

事情，悲观则是可以让你保持冷静、清醒的工具，使你不至于盲目乐观。

想像保险销售员那样坚定吗？不好意思，这可不是件好事。好吧，我再问你：想像海豹突击队队员那样坚韧不拔吗？那么你要牢记塞利格曼的三个"P"，即不要认为坏事是永恒的、普遍存在的或由个人原因导致的。

3. 你的故事有意义吗？

A. 弗兰克尔会为我骄傲

B. 我从比尔·默里的电影里借鉴了一个故事

你选了A？如果是，进入下一个问题，因为你很棒。

如果你选了B，或许你要思考一下自己的悼词了。你希望给大家留下一个什么样的印象？你最希望朋友们以及那些爱你的人称赞和怀念你的什么品质？困难的时候，这些悼词会让你真正地认识自己。你的故事不必百分百真实。我们的目的是，伴随着时间的流逝和自己的努力，我们能以故事原型为跳板让理想变成现实。

故事是个人的。它可以取材于严肃的话题，例如宗教、爱国主义、父母对孩子的爱或者职业目标，但不一定非得如此。只要你的故事对你有意义，并能促进你超越自己即可。研究表明，心怀超级英雄之梦会让你在健身过程中变得更加强壮，然而仅限于你认为自己能够成为超级英雄。故事能影响你的肌肉强度，同样也可以让你的意志力变强。

如果你的故事告诉你"这件事值得做"，那么在面对最强大的挑战时你也会更加努力、坚持到底，正如弗兰克尔那样。有时候故事是真的，有时候不是，但无论真假，它们都激励着你前进。如果你还想获得额外的动

134

有　效　努　力

BARKING
UP THE
WRONG
TREE

力，那就把自己的故事记录下来。研究发现，记录自己的故事会将人生的幸福度提升11%。

4. 你把工作当成游戏了吗？

A. 请叫我马里奥

B. 我还在等待年度总结

你的答案是A吗？那就别听我啰唆了，保持下去。请看第五题。

如果你的选择更倾向于B，记住WNGF原则。你需要可取胜的游戏、新鲜的挑战、目标和及时的反馈，这样你才会充分参与到所做的事情当中。

你是否好奇为什么帮助别人处理他们的难题比解决自己的问题更容易呢？因为你把朋友的烦心事当成了一项有意思的挑战。他们的困难从"压力炸弹"变成了好玩的"字谜游戏"。把问题看成游戏会增强我们的韧性，并且减轻压力。

"魔鬼经济学"（Freakonomics）播客中提到过一项有趣的实验。他们研究了办公室内《呆伯特》（Dilbert）漫画的数量，并把它与公司的士气水平联系在一起。办公区格子间上挂的漫画数量越多，员工的事务参与度就越低。记住，这是你自己的游戏。不要指望别人来让你的工作或者生活变得丰富多彩。运用WNGF原则，主动出击。很多人听说过乔·辛普森的故事之后都在思考：为什么会有人去做登山这种危险的运动呢？问得不错。但是乔的回答也很简单：登山运动让我感到快乐。

5. 你有没有像病人那样思考问题？

A. 我知道对我来说最重要的事情是什么，而且我正专心地做着这件事

B. 现在还不好说，待办事项上还有300多件事情等着我呢

如果你选了A，说明你心中有数。

如果你选B，请思考一下：有哪些老活动以及日常事务占用了你大部分时间却只提供微乎其微的价值？安迪·鲁尼（Andy Rooney）认为自己有点像林鼠，并决定做些改变。他算了一下每个月的房贷、水电费、税款等各项费用，然后用这些数目之和除以家中用品的数量，得出的数字就是家中所有物品承担的每平方英尺"租金"的数额。冰箱值这么多钱吗？是的，冰箱用处很大。那些地下室里从没用过、早已生锈的健身器材呢？不值得。所以他扔掉了这些器材。你也可以粗略地计算一下你的时间。放弃那些毫无价值、与自己目标不一致的活动，然后把节省下来的时间用在更重要的事情上。

你不能什么都想做，同时什么都做好。舍弃那些毫无价值的事情，在值得花时间的事情上加倍努力。

6. 你是否添加了一些"小赌注"？

A. 我已经收拾好行李准备去少林寺了

B. 我甚至没有尝试调到新的电视频道，因为鬼知道新频道会放些什么

你选了A？为什么你还在读这本书？赶紧去征服全世界吧。

你选择的是B？不要再当蝙蝠侠了。不要事事追求完美。尝试，失败然后吸取教训，就像那些在意大利面难题中获奖的超凡的幼儿园小孩那样。我可不是在开玩笑。研究证明，如果我们像孩子一样思考问题，就会变得更有创造力。

136

有　效　努　力

BARKING
UP THE
WRONG
TREE

虽然我们不愿意承认，可是我们通常真的很迷茫，不知道自己想要什么。研究发现，"只有6%的人从事的职业和小时候的梦想一致"，33%的人从事的职业和大学所学专业无关。所以你需要走出去做更多尝试，就像理查德·怀斯曼实验中那些幸运的人那样。你不必从普林斯顿退学，然后去中国学武术——不过这不代表它是一个坏主意。

故事和极限分别对应坚毅和放弃。专注这两件事情，你将会变成下一个所向披靡的"多伦多浣熊"——当然那时你会非常成功，不必去偷吃垃圾桶里的食物了。

这样你就知道应该坚持什么，或者至少知道如何锁定目标了。但是成功的道路上少不了别人的帮助，对吧？还是你只想让所有人走开，以便自己可以专心工作？到底哪一个是正确的呢？接下来，成功取决于你认识的人还是你懂的知识？让我们接着读下去。

CHAPTER

4

你认识谁比懂得什么更重要
（除非你真的很懂）

向人质谈判专家、一流喜剧演员及史上最聪明的人

学习人脉的力量

BARKING

UP THE

WRONG

TREE

保罗·埃尔德什（Paul Erdös）出生的那一天，他的两个姐姐（分别是3岁和5岁）死于猩红热①。为了避免同样的悲剧发生在保罗身上，惊恐万分的母亲决定不让保罗去学校念书，甚至不让他离开家里半步。于是保罗没有朋友。

埃尔德什说："数字成了我最好的朋友。"

这个孩子有两位数学老师，但大部分时间里他独自在家，与数学书籍为伴。他很快成了数学神童。3岁的时候，他就能做三位数的乘法运算。4岁的他只要听到一个人的年龄，就能马上计算出这个人已经活了多少秒钟。21岁的时候，他取得了数学博士学位。

成年后，在兴奋剂的作用下，他可以一天花19个小时只做一件事情——他钟爱的数学。他的成就非常多。几年内，他发表了五十多篇学术论文——这是大多数数学家用尽一辈子才能达到的成就。

正如蜘蛛侠经常说的，"能力越大，责任越大"。同理，数学天赋越高，好吧，人就越奇葩。毫无疑问，埃尔德什是个怪人。《时代》（Time）杂志曾经刊登过一篇对埃尔德什的报道，题目为《怪咖中的怪咖》。

---

① 猩红热（scarlet fever）为溶血性链球菌感染引起的急性传染病。中医称之为"烂喉痧"。其临床特征为发热、咽峡炎、全身弥漫性鲜红色皮疹和疹退后明显的脱屑。

如果你是埃尔德什的朋友，他可能会半夜出现在你家门口，思考着数学题，并大声宣布："我的思路已经打开了！"接下来几天，你家里会有一位不速之客。他不洗衣服，所以你不得不帮他洗。如果他想在早上5点研究某个数学定理，他一定会敲锅打盆地把你从楼上弄下来。这个人称小孩子为"艾普西隆（epsilon）"，它是希腊字母中的第五个，在数学中指"小的正数"。

他工作时如痴如醉。他的同事保罗·温克勒说："埃尔德什来参加我那对双胞胎的受诫礼时，手上还拿着一个笔记本。我丈母娘甚至想把他赶出去。因为在她看来，这个衣衫褴褛、胳膊下夹着本子的男人是大街上的流浪汉。但他却完全有可能在受诫礼仪式过程中验证一两个数学定理。"事实上，埃尔德什很少做其他事情。自20世纪40年代起，他便没读过小说；从20世纪50年代开始，他再也没有看过一场电影。他的生活全部是数学。仅此而已。

当然他非常成功。埃尔德什生平发表的文章数量超过了有史以来任何一位数学家。有些论文甚至还是在他去世后发表的。严格来说，埃尔德什去世后的七年内他的文章仍然在不断发表。他获得过至少15项荣誉博士称号。

然而他被人铭记并不是因为他的成就，而是他对别人产生的影响。刻板印象中的数学家从不踏出办公室半步，而是全身心地投入论证中。埃尔德什却不一样，他是一个活力十足的人，常常奔走于数学家之间。他喜欢合作。他总是随身带着旅行箱，并且定期拜访25个国家，最终全世界和他合作过的数学家超过了500名。与他合作过的人太多，以至于有时候他自己也记不清了。

140

有　效　努　力

BARKING
UP THE
WRONG
TREE

有一次，埃尔德什遇到了一位数学家。他问对方是哪里人。"温哥华，"那个数学家回答道。"哦，那你一定认识我的好朋友埃利奥特·门德尔松。"埃尔德什说。对方答道："我就是你的好朋友埃利奥特·门德尔松。"

是的，埃尔德什很出色，但这并不是我们包容他怪异性格的主要原因。用亚当·格兰特的术语来说，埃尔德什是一个奉献者。他想要让你变得更好，因此他鼓励你、帮助你。埃尔德什大半夜出现在你家门前就相当于尤达大师现身，并告诉你他想把你培养成数学界的"绝地武士"。

从小没有朋友的男孩创建了数学界最大的关系网

埃尔德什比任何人都明白，数学的世界非常孤独，但他却把它当成一种探索。这种探索可以和朋友们一起进行。就像满世界跑，以及单纯地鼓励其他数学家并与之合作远远不够似的，埃尔德什还会用奖项去激励他们。就像黑帮老大对某人发起悬赏那样，埃尔德什自掏腰包——有时候高达一万美元——来鼓励数学家们解决这个数学难题或者论证那个棘手的定理。他的做法是，鼓励大家参与到数学这场孤独的战役中。

菲尔兹奖（Fields Medal）是数学家的最高荣誉。虽然保罗·埃尔德什从来没有获得过这个奖项，但是许多得到过他帮助的数学家却获得了菲尔兹奖。这里我们要说一下埃尔德什最知名的"埃尔德什数"。别误会，这不是某个定理或数学工具。这只是个单纯的衡量你离埃尔德什的工作有多近的数值。（就像凯文·培根的六度分隔理论——不过这里是书呆子版。）如果你和埃尔德什合著过一篇论文，那么你的埃尔德什数就是1。如果你的合作伙伴曾经与埃尔德什合作过，那么你的埃尔德什数就是2，以此类推。保罗·埃尔德什的影响力很大，他帮助过很多人，以至于数学家们都以自己与埃尔德什工作关系的远近来进行排名。

　　研究证实，和埃尔德什关系的亲密程度决定了一名数学家成就的高低。诺贝尔物理学奖获得者中有两位的埃尔德什数为2，14位获奖者的埃尔德什数为3。因此埃尔德什让大家变得更伟大。

　　1996年9月20日，保罗·埃尔德什去世，享年83岁。（或者用他自己的话来说，他"离开"了。他说当人们停止研究数学的时候他们才会"死去"。）准确来说，埃尔德什的埃尔德什数为0。这个数字似乎很孤独或者让人难过，我却认为他的数字很有意义。"0"象征着埃尔德什把自己的所有奉献给了周围的人。他的数字是几并不重要，重要的是有多少人拥有埃尔德什数字。

　　这个成长过程中没有朋友的男孩创建了数学界最大的一张关系网，甚至或许是有史以来最大的一张。那个带有他名字的埃尔德什数是一份永恒的遗产，所有数学家都以此作为衡量标准。数学界中朋友最多的是他，比这更多的是得到他帮助、想念他、爱他的人。即便是在他去世之后，这个群体还在不断地增加。看看埃尔德什数吧，目前估计，受埃尔德什影响的数学家超过了两万名。

　　成功似乎真的和人际网有关，是吗？重要的是你认识的人，而不是你的学识。如果成功真的只取决于关系网，那么你应该成为保罗·埃尔德什这样的人吗？外向的人会更成功吗？

　　让我们拭目以待。

142

有　效　努　力

BARKING
UP THE
WRONG
TREE

外向的人能赚更多的钱

我妈妈告诉我要做一个善于交际的人。（坦白地说，我并不是。拜托，我都独自坐在这里写这本书了。）

每个人都既喜欢好朋友的陪伴，又需要独处的时间。这并不是非常有见解的一句话。关键在于你如何为自己充电。你觉得聚会更好玩还是读书更有乐趣？你喜欢和好朋友一对一地交流还是"多多益善"？

内向与外向是心理学中最明确的一对分类，但其中的很多细节却存在争议。这里我们只考虑社交方面的内向与外向，这样就可以排除争议了。大家认为，外向的人能在社交活动中获得更多"奖励价值"，成为人群焦点的人也能带来这种效果。

有人因此推理内向的人内心想法很多，而外向的人心思简单（内向的人的某些想法通常是负面的，比如焦虑）。也就是说，嘈杂繁忙的环境很快就能把内向的人逼疯，而离开了活跃的场合，外向的人就会感到无聊。例如，我是个十分内向的人，而我研究生阶段的女朋友非常喜欢去酒吧或者参加派对，而且还是声音越大越好的那种。对她来说，这一切都令人热血沸腾；而我却认为这种嘈杂是一种酷刑，令我如坐针毡。我们驱车远行的时候，我喜欢在车里播放播客作品，边开车边享受，而我女朋友会在30秒内睡着。（我敢肯定你们会对我们的分手感到吃惊。）

现在，妈妈告诉我"做个善于交际的人"有一定道理，并且很多事实可以证明外向是有好处的。与人打交道是大部分人经常做的事，因此如何与他人相处是成功的关键。正如第二章中的亚当·格兰特和杰弗里·普费弗，虽然他们在与人打交道的最佳方式上持不同的立场，但没有人会反驳

"与人相处是成功的重要部分"这一观点。

好吧，既然这是一本关于成功的书，那么让我们把精力放在钱上吧。研究一致表明，外向的人能赚更多的钱。斯坦福大学对其工商管理学院的毕业生进行了一项长达二十年的研究，研究结果证实，大多数毕业生都是典型的外向性格。

这一点可以追溯到童年时期。另一项研究发现，童年期的外向性格预示着外在的成功。高中阶段的受欢迎程度从倒数第五名上升到班级前五名意味着成年后会加薪10%。

然而成功不仅仅和金钱有关。想升职吗？一项研究表明，外向性格与职业满意度、薪资水平，以及职业生涯中被提拔的次数成正相关。

甚至外向者的一些坏习惯也透露出他们在经济上获得成功的奥秘。如果你是那种喜欢喝酒和抽烟的人，那你是否赚了更多的钱呢？饮酒的人会赚更多的钱，抽烟的人却不会。喝酒的人比戒酒的人赚的钱多10%。每月至少去一次酒吧的男性每月还要多赚7%的工资。为什么喝酒的人更富有？与抽烟不同的是，喝酒是一种社交活动。研究人员猜测，饮酒次数越多，"社交资本"就会越高，因为你和别人的关系很可能会因此亲密起来，你会认识更多的人。

大多数人认为领导都是外向性格的人。这种观点最终变成了一个自我实现预言。想成为CEO吗？想成为领头羊吗？一项针对4000名管理者的研究表明，在"外向"上得分高的人超乎寻常地多。而且职位越高，这种现象越普遍。在普通人中，通常只有16%的人在外向上得分非常高，而在高管中，这一比例为60%。

为什么会这样呢？事实上，答案有点让人难以接受。研究表明，当上

144

有　效　努　力

BARKING
UP THE
WRONG
TREE

领导并不意味着需要懂更多。只要你能时常敢为人先地发言——非常外向的行为——别人就会把你当成"老大"。同时还有一些研究表明，那些在团队中最初表现羞涩的人会被认为不够聪明。杰弗里·普费弗指出，要想成功就要自我提升。这对外向的人来说很容易，并且就当领导而言，这比能力更重要。

如果你暂时失业或者想跳槽去更好的职位呢？同样，还是外向的人更有优势。马克·格兰诺维特（Mark Granovetter）对"弱联系"的重要性进行的开拓性研究表明，人们通常不会从亲密的朋友那里得到好工作的消息。从好朋友那里听到的，通常都是他们经常做的一些事情。而那些不怎么联系的熟人越多，你就越可能从他们那里得知好的工作机会。广阔的人脉对你得到那份好工作也是有利的。一项研究表明："多层分析显示，人际关系网与工资有关，并且还与工资随时间增长的速率有关。"

事实上，企业可以把应聘者人际网的规模当作是否聘用他的考量因素，因为这会影响公司的经济发展。麻省理工学院的研究表明："IBM公司员工的社交越活跃，他们的表现就越好。这种差距甚至可以量化：平均来说，每封往来的邮件给公司带来的附加值为948美元。"

我们很难低估大型关系网的价值。例如，我们不妨放松放松先来思考一下世界上最赚钱的行业——贩卖毒品。这一行业的风险很高，利益也很诱人。

是的，大型关系网对从事违法行业的人来说同样至关重要。有趣的是，大多数毒品贩子为了避免被逮捕信奉的是"不要过于声张"的原则。而西蒙弗雷泽大学的研究表明，人脉广的毒品贩子会赚更多钱，且更有可能逃脱牢狱之灾。犯罪组织的规模并不是很重要。你是街头毒贩还是毒品集团的高层都不重要，关键是你在毒品行业中认识多少人。

研究结果非常明确，那些善于建立并经营犯罪关系网的违法分子会比其他人赚更多的钱。毒贩的核心犯罪网络的规模与他们的生存息息相关：他们的关系网规模越大，生存的时间就越长。

深厚的友谊能让毒贩远离牢狱之灾，而他们之间的"弱联系"却能给彼此提供很多商机。

因此，内向和外向之间胜负已分。如果抛开职场，在日常生活中也是外向的人更有优势吗？

还记得我们讨论过的理查德·怀斯曼关于幸运的研究吗？你猜怎么着？怀斯曼的另一个研究发现，外向的人更加幸运。幸运与否在一定程度上取决于能否遇到新的机会。因此，广阔的人际关系会给你带来新的工作机会，让你接触到各种新的可能性。这就是为什么那些腰缠万贯、性格外向的炒股大咖总是处于通话状态。

此刻，"内向"已经退到围绳上，奄奄一息，是时候给它致命一击了。外向的人比内向的人更加幸福。这可不是无关紧要的细节，"外向与主观幸福感（subjective well-being，简称SWB）之间的关系是关于幸福感的文献中最常引用以及最有说服力的研究结果之一"。事实上，即便是独处，外向性格的人也会比内向性格的人更加快乐。一项研究表明，当内向的人假装外向时，他们也会更开心。

天哪！

外向的人更会赚钱，更容易被提拔，更容易成为领导者，能更快地找到新工作，并且既幸运又幸福。这些例子足以证明外向性格的好处。可是，有一个问题浮现在我们面前：既然外向性格有这么多优点，为什么这

146

有　效　努　力

BARKING
UP THE
WRONG
TREE

个世界上还会有人想成为内向的人呢？

你要提防那些沉默的人

好吧，我们再来了解一下内向性格。（没关系，外向的读者或许刚读完第二章就放下书和朋友们出去玩了。）俗话说：你要提防那些沉默的人。

我们都了解过保罗·埃尔德什。他很成功，因为他几乎认识数学界所有的数学家。但是有没有科学家几乎不认识任何一个大人物却也很成功？当然有了。那就是我们非常敬佩的艾萨克·牛顿。他改写了自然界的定律，而且几乎是凭一己之力完成的。

亚里士多德、开普勒、伽利略等人的确也在科学上为人类做出过贡献，可是牛顿却让我们对世界的运作原理有了统一且连贯的认识。他带领我们走出魔法世界，走向科学。在他之前，预测物体的运动方式只能靠猜测，而不是靠数学计算。牛顿出现之后，我们才知道宇宙的运行是有规律的。詹姆斯·格莱克（James Gleick）称牛顿为"现代世界的首席建筑师"。

直到约两百年后爱因斯坦出现，没有人比牛顿更有影响力了。爱因斯坦颠覆了科学家们对宇宙规律的看法，却没有改变普通人对自己赖以生存的世界的看法，而牛顿却为我们所有人改变了游戏规则。

即便是用"范式转移"一词来形容也有点不足为道。爱因斯坦一生致力于统一场论的研究，最终却失败了。统一场论能够把自然界中各种物理现象统一到同一个完整的理论框架之中。牛顿一边说着"这才是世界运行的规律"，一边为众人解开一个几近完整的理论体系。

他二十几岁时就发展出一套微积分、光学和重力的理论。那时还没有先进的技术可以助他一臂之力。为了研究光学，他故意把针插到眼睛中。他又是怎么研究重力的呢？在他之前，我们并不能解释万有引力现象。我们只知道物体会落到地球上。伽利略曾经从比萨斜塔上扔下物体，但落地速度不同，然而这些并没有显示出很清晰的万有引力规律。伽利略虽然知道加速度是如何作用于物体的，但他不知道为什么会有加速度。

并且，牛顿的研究几乎都是独自完成的。的确，他曾说："如果我能看得更远，那是因为我站在了巨人的肩膀上。"但事实上，他这一生中几乎与外界没有任何或大或小的联系。

如果有人对一个心不在焉的教授持有某种刻板印象的话，或许牛顿就符合这一形象。有时候他能一连几天不出卧室，独自一人喃喃自语。散步的时候，他会拿着一根棍子在泥土里写方程式。一个孤独的天才？没有人比牛顿更符合这种称呼了。在没有任何数学工具的帮助下，他甚至自己创了一些理论工具来帮助自己研究自然规律。高中阶段我们都很头疼的微积分是从哪儿来的？牛顿发明的。而且是他独自发明出来的。他几乎没有朋友，并且他与外界的唯一联系方式就是通信。他一生未娶，事实上许多人怀疑他一生都没有碰过女人。

我们都知道苹果砸到牛顿脑袋上的故事，这个故事很可能是假的。如果确有此事，苹果落地时牛顿很可能独自在家，大门紧锁。我们很容易就把牛顿想象成一个凶巴巴的人，例如他会大声喝止邻居家的孩子践踏自家的草坪，事实上牛顿根本就不认识自己的邻居。虽然他在故乡生活了三十五年，但1696年离开家乡对他来说并不是一件难事，因为他没有任何

148

有　效　努　力

BARKING
UP THE
WRONG
TREE

朋友。

詹姆斯·格莱克在《艾萨克·牛顿传》（*Isaac Newton*）中写道："他出生在一个黑暗、蒙昧以及相信巫术的世界；他的一生何其纯粹与执着，没有家人、爱人和朋友；与不期而遇的伟人进行激烈的争吵；至少一次濒临疯狂；暗藏自己的研究成果；却依然开拓了更多人类认知的核心领域，前无古人后无来者。"

强迫任何一个人按照牛顿的方式去工作都是非常不人道的。然而牛顿并不认为这是一种自我管理式的禁闭。帕斯卡曾说："人类所有的不幸都只源于一件事情——无法安静地独处。"艾萨克·牛顿爵士就是一个很好的例子。

如果你是保罗·埃尔德什的老板，你会尽量在他身边安排一些聪明人，并且给他尽可能多的旅游预算。如果你是牛顿的老板，或许给他更多的基金或设备才是明智之举，然而确保你手下的天才做出惊天动地、改变世界的成就的首要原则却是让他一个人待着。

内向型人一样能培养社交能力

毫无疑问，牛顿是全世界最聪明之人的最佳人选。当你聪明绝顶的时候，你还需要帮助吗？我们这群普通人只会拖你后腿。抛开牛顿的聪明不说，我们还能从他的生活中学到什么呢？

还记得一万小时专家理论吗？好吧，如果没有其他人打扰，你就能有很多时间去做好一件事。现代社会充斥着很多不断分散我们注意力的事物，这时我们可以学习牛顿。是的，外向的人可以从丰富的人际关系网中获得优势，但他们很少有时间去做一些重要的事情，比如世界上那些艰难而孤独的工作。你看，内向性格的巨大优势就是内向的人很可能成为各自领域内的专家。

有多大可能呢？我们引用一项研究来阐释："外向与个人业务精通程度成反比。"这句话是什么意思呢？越外向的人，业务越不熟练。你看，朋友多有好处，但同样也会分散你的精力。

提到运动员的时候，你或许会想起高中广受欢迎的橄榄球队队长，或者在商业广告中宣传剃须刀的魅力四射的棒球运动员。我们想当然地认为这些人都是经常出入派对的外向型人物。这就大错特错了。作家（和奥林匹克金牌获得者）戴维·赫梅吕（David Hemery）写道："90%的顶级运动员都是内向性格。一项显著的特征是，大部分（89%）的运动高手都认为自己是内向性格，只有6%的运动员认为自己很外向，剩下的5%则认为他们介于内向和外向之间。"

体育运员们会花很多时间与其他人打交道，但这不是他们成功的原因。训练场上那些独自练习的时光才是他们成功的主要原因。一次又一次地练习投三分球，直到抬不起胳膊。太阳落山后还在跑道上练习冲刺因而错过参加聚会的机会。

那些出色的音乐家呢？同样如此。K. 安德斯·埃里克森采访了一些顶级小提琴手，并询问他们对提高演奏技巧最有帮助的日常活动是什么。90%的人回答道："独自练习。"顶级象棋选手是怎么炼成的？认真地独自钻研。事实上，对于那些锦标赛冠军，这就是他们成功的唯一方法。

想不想知道谁在学校里成绩最好或者谁的知识更丰富？不要相信智商测试。要取得好成绩，内向的性格比智商更重要。在苏珊·凯恩（Susan

150

有　效　努　力

BARKING
UP THE
WRONG
TREE

Cain）的书《安静》（*Quiet*）中，她这样写道：

"大学阶段，好的学习成绩更能体现在内向性格而非认知能力上。一项研究针对141位大学生的20门不同的学科知识——从艺术到天文学再到统计学——进行了测试，结果显示，内向性格的学生对每一门学科的知识储备均高于外向型学生。内向学生所获得的硕士学位数量、入围全国学业奖学金的人数，以及成为美国大学高才生联谊会的人数不成比例的高。"

想知道后来谁会成为有创造力的天才吗？是那些不怎么出名的书呆子：

创造力非常强的人都有一个典型的特点，那就是专心致志地做一件事，并会为此付出一生的热情。心理学家米哈伊·奇克森特米哈伊于1990年到1995年间对艺术界、科学界、商界以及政界最具创造力的91位人士进行了研究。研究发现，许多受试者在青春期都属于社交圈的绝缘体，主要是因为"强烈的好奇心或者专注的爱好对于同龄人来说有点奇怪"。而那些特别爱社交却没有时间独处的青少年往往无法发展自己的天赋，"因为练习音乐或者学习数学都需要忍受孤独，而他们却对此嗤之以鼻"。

最佳投资银行家？清一色都是情绪稳定、性格内向的人。其他行业，如计算机编程和专业网球运动等，彻底不合群的人往往收入最高。

研究表明，在某些领域中不仅外向性格的人会成功，内向性格的人也会占有一席之地。正如专业运动员的情况，我们曾以为领导者是善于沟通的外向型人物。根据上文所述，外向性格的人更容易成为领袖而且更容易被认为做事效率高。当真如此吗？亚当·格兰特对领导者的才干进行过研究，他发现了一个有趣的现象：内向型领导和外向型领导到底孰优孰劣取决于他们所领导的团队。如果员工非常被动，那么爱社交、活力四射的外向型领导更胜一筹。然而，如果员工工作的积极性高，那么内向型的领导更合适，因为他们更懂得倾听、帮助以及为大家创造更多的机会。

虽然最开始的时候外向性格的人更容易脱颖而出成为领袖，但研究表明他们健谈的性格和社交优势并不会持续很长时间。外向的人不善于倾听，在成为领导后这种弱势就会逐渐显露出来，慢慢地，他们在团队中就会失去下属的支持。

所以在某些领域中，我们过于看好外向型人物。事实上，外向性格有很多缺点，只不过我们没有听说而已。在祈祷自己的孩子拥有外向性格之前，你得清楚外向性格总是与犯罪、不忠、车祸、过度自信、账务危机等密切相关。或许你对此感到惊讶，毕竟总是有人告诉我们最好成为一个善于交际的人。

为什么我们之前没有听说过外向性格的缺点？坦白讲，这是一种营销行为。外向性格的人多于内向性格的人，并且外向的人有更多朋友、更健谈。正如苏珊·凯恩所说，对外向性格的偏好已经渗透到了我们的职场、学校和文化中，尤其是在美国。

成功的人中既有外向性格的人，也有内向性格的人。显然，世界需要这两种人。事实上，我们既不是完全外向的人，也不是完全内向的人。只有三分之一的人属于完全内向或者完全外向，剩下的三分之二属于中间性格者，即介于外向和内向之间。可以想象一下性格量表。

152
有　效　努　力

BARKING
UP THE
WRONG
TREE

处于性格量表的中间位置，并不意味着你就没有出头之日。奇怪的是，那些业绩最好的销售员往往是中间性格者。尽管你认为外向性格的人会更有优势，但他们往往话多或者蛮横自大。内向性格者虽然善于倾听，却缺少社交圈子。亚当·格兰特对销售人员进行研究后发现，表现优异的销售员分布在内向与外向性格量表的中间位置。

这就是我们中大部分人应该学习的。如果你一刻孤独也忍受不了，那就去读工商管理硕士，成为一群性格被动的人的领导，因为你就是这块料。如果你不喜欢社交，那就沉浸在自己喜欢的事情当中，为自己节省一万个小时，让自己成为某个行业里的佼佼者。但是大多数人需要知道的是什么时候启动外向性格、铺设自己的关系网，什么时候应该闭门谢客、发展自身技能。正如亚当·格兰特在《华尔街日报》中所说："认真分析周边环境，并问问自己'现在我要做什么才能让自己最幸福或者最成功？'"

内向性格的人往往非常直接，即投入更多的时间。但是内向性格者以及中间性格者的问题在于，如何以最佳的方式经营人脉。"经营人脉"一词有一层贬义色彩，它让人显得非常不真诚，往往出现在虚情假意的政客以及厚颜无耻的二手车销售员口中。

好消息是，虽然外向性格者天生善于社交，但是社交能力却是每个人都能培养出来的，而且它并不一定会令人厌恶或者完全是假情假意。正如我们所看到的研究结果那样，无论是谋求一份正当职业还是别的什么，你都需要一张人际关系网。

合作才有收益

战争似乎永远不会停息。二战进行到白热化阶段时，英国惨遭希特勒空军的袭击。当时英国正在研发一种秘密武器，这种武器足以扭转战争局面，它是一种新型雷达。

雷达的研发过程充满了曲折。德国用雷达来探测英国的炸弹，对此，英国研发了更加高级的技术来阻断雷达的探测信号。这种技术角力被称为"波束之战"。

目前英国已经取得了突破，这项技术就是多腔磁控管。听上去有点像擎天柱牙医的名字，事实上它就是当今我们厨房里司空见惯的微波炉。微波雷达设备非常小巧，它们不必被放在一个大的信号塔中，而是可以被秘密地安置在英国任何一架飞机上。

虽然英国已经突破了技术创新的难题，但是短期内大规模制造这种设备非常不现实。在纳粹德国的不断轰炸下，英国很难在短期内生产数以千计的微波雷达设备。

但还有其他办法。雷达技术得益于同盟国之间的通力合作，或许这种合作将再次拯救英国。1940年，英国军队首领将多腔磁控管带到了美国，并介绍了它的作用。美国人对此大为震惊，并且承诺将利用美国的生产资源和发展优势将这一设想转化为现实。

麻省理工学院的雷达实验室是这次计划的主要负责单位。为了秘密地执行任务，计划的名称被特意取得含糊其词。后来这项计划又有了一个更酷的绰号——"放射性实验室"。实验室中有3500名研究人员，包括当时最出色的科学家。其中有9位在之后获得了各自领域内的诺贝尔奖。

154

有　效　努　力

BARKING
UP THE
WRONG
TREE

他们取得的成果非常惊人。其中一项研究能够指挥英国的防空火力，击破85%的德国V-1轰炸机，这种轰炸机差点把英国炸得底朝天。还有一种非常灵敏的雷达，它能够探测到德国潜水艇中的潜望镜，这为同盟国在海军战中争取了一定优势。

在战场上实现这些伟大的胜利之前，该实验室面临着一个巨大的问题：这个设备无法正常运行，至少是不能连贯地运行。剑桥的查尔斯河段上对新型雷达进行的测验一再以失败告终。尽管他们认为自己对这项技术已经了如指掌，而且他们已经排除了所有的故障和问题，但雷达测试仍以接二连三的失败告终。这种现象令人费解。像是上帝偏偏不想让它成功似的，有一股强大的力量正在与他们作对。

的确有人在跟他们作对。但这个人不是上帝，而是哈佛大学。

麻省理工学院的研究员所不知道的是，美国政府已经拨给了哈佛大学无线电研究实验室数百万美元的资金支持其秘密研究雷达干扰技术，他们选择在查尔斯河段的另一头进行技术测验。（美国人应该向他们的英国朋友学习一下合作的力量。）哈佛大学的研究成果非常显著，他们曾经让波士顿警察局的通信讯号瘫痪，并无意中阻断了整个城市的巡逻车无线电信号。

幸运的是，在麻省理工学院的研究员彻底疯掉之前，他们已经觉察到了查尔斯河对岸那个无心的本地"敌人"。接下来，一种强势的新型合作，即良性竞争，出现了。

麻省理工学院加大努力克服哈佛大学的信号干扰，而哈佛大学则对此报以更有力的对雷达的攻击。这两个学术巨头的对抗结果令人瞠目结舌。

在哈佛大学的"帮助"下，麻省理工学院的雷达拥有了极强的破坏性：

1942年11月，德国潜水艇击败了117艘同盟军船只。然而不到一年以后，在1943年9月到10月的两个月内，只有9艘同盟军船只被击沉，而25艘德国潜水艇被配有ASV雷达的飞机击毁。

在麻省理工学院的"帮助"下，哈佛大学的信号干扰技术让纳粹德国陷入了恐慌之中：

同盟军的信号干扰技术如此强大——使德国高射炮的命中率降了75%——以至二战末期，将近90%的德国高频无线电专家（约7000人）被调离其重要的岗位以专门研究如何应对德军雷达信号遭到阻断的现状。

现在很多人认为二战的胜利全归功于雷达。

我们合作时——包括良性竞争——所产生的收益呈指数上升。如果我们之间毫无交流，那么我们不仅会错失合作之利，甚至会被自己人"堵在家门口"。

我们已经知道了人际关系的巨大好处，但我们仍会觉得这么做不是很光彩。弗兰切斯卡·吉诺（Francesca Gino）的研究表明，当我们接近他人仅仅是有所图谋时，我们会有一种不道德的感觉。强势的人不会因为与人社交感到不道德，而最需要社交的往往是最弱小的人，他们通常对有目的的社交感觉糟糕。我们喜欢不做作的社会交往，即顺其自然，而不是故意为之或者另有所图。

156

有　效　努　力

BARKING
UP THE
WRONG
TREE

这对内向性格者是一种障碍，因为他们不善于与陌生人交往。即便是对外向性格者来说这也是一个难题，虽然他们能迅速与他人建立联系，但这种联系并不一定能对他们的事业起到帮助。

既然你需要一定的社会关系才能成功，那你能不能建立一个自己能接受的社交圈呢？即便你很内向？

回答这些问题之前，我们先来了解一下亚当·里夫金（Adam Rifkin）。2011年，《财富》（Fortune）杂志将里夫金评为硅谷人缘最佳的员工。你猜怎么着？里夫金是个腼腆的内向性格者，也是我见过的最善良的人。事实上，大家都叫他"熊猫"。

熊猫社交的秘诀是什么？成为别人的朋友。是的，非常简单。社交不仅是一项大家都可以学会的技能，我们甚至早已熟悉这一技能——交朋友。

用亚当·格兰特的术语来说，熊猫是个奉献者。格兰特在他的畅销书《付出与索取》（Give and Take）中写到了熊猫。（不得不说，关于格兰特和我都认识熊猫这件事我感到很吃惊，不过还是那句话，熊猫认识所有人。）当我问熊猫如何社交时，他这样说：

"付出胜于索取。找机会帮助其他人，例如分享知识或者介绍两个素不相识却可能对彼此感兴趣的人认识等。不要把社交当成一种交易。帮助他人的时候不要期待回报。同时，要对你和他人的共同爱好表现出真诚的兴趣。"

哈佛大学和麻省理工学院并没有相互沟通，这对他们双方造成了严重的损失。我们应该做到知己知彼，朋友多多益善。然而涉及职场中的朋友时，我们会使用那个可怕的词——"经营人脉"来形容，这是我们非常讨厌的。如果你专注于友情，那么这些问题就不存在了。这一切都取决于你看问题的角度。

其他社交大师也对此表示赞同。畅销书作者拉米特·塞西（Ramit Sethi）告诉我：

"我们都有一些自己非常喜欢的朋友。他们总是会给你带来有趣的东西。'嘿，看看这本书''哦，你必须看看这个视频，我才看过。来，拷你一份。'事实上这就是社交，因为他们先人一步帮助别人。假设有一天他们来找你，并对你说：'嘿哥们，我知道你的一位朋友在×公司上班，我特别想认识他们公司的人。你能不能帮我介绍一下？'这时候，你当然不会拒绝他。因此，所谓人脉就是一种人和人之间的关系。"

保持社交乐观

如果卑劣的人际关系指的是摩尔多瓦那种相互不信任的关系，那么友善的人际关系是怎么样的？冰岛。这是世界上幸福感最强的国家。其中一部分原因是这里人与人之间的关系非常紧密。在冰岛，人们的关系非常密切，以至于无论他们到哪里都会遇到自己的朋友。甚至冰岛人常说的"我遇到了朋友"也是上班迟到的合理理由。

这到底是怎么回事呢？工作和个人生活之间存在着巨大的区别。或许你不知道，我们的大脑对二者并没有做出区分。早期的人类大部分时间都

158

有　效　努　力

BARKING
UP THE
WRONG
TREE

处于小型部落中，他们熟知部落里的每一个人，共同劳作，并且大多数人之间都有血缘关系。对哺乳动物的大脑来说，工作与个人生活之分非常陌生并且武断。因此，"人脉"一词含有贬义色彩，但"家庭"则好听得多。

以色列研究员尤瓦尔·挪亚·哈拉利（Yuval Noah Harari）指出，人类成功的一个主要原因是虚拟的血缘关系。大多数物种只与自己的亲属来往，并认为其他动物都是潜在的敌人。智人之所以如此成功，是因为我们懂得用共同的经历去拓宽"家庭"的定义。我们都处于许多不同的家庭中，比如我们都是美国人，我们都是IBM员工，我们都效力于同一支垒球队，再简单一点，我们是朋友。朋友是我们挑选出来的"家人"。这样人类就能合作，其他动物却做不到这一点。这就是我们作为物种成功的秘诀，同样是你作为个人成功的秘诀，这便是友情。

道理非常直观。但是如果让我们披着"友情"的虚假外衣去接触那些可能对你找工作有利的人，我们都会感到尴尬。我们还是喜欢自然的感情流露。然而这样区分也是不对的。每对情侣都有一个重要的共同点，它不是魔法或者某种说不清的力量，而是相互之间的亲密。如果两人从未相遇，还谈何相爱呢？

爱情如此，其他关系亦如此。你首先会和你的邻居成为好朋友，因为你们住得很近。你并不需要每周都跟他们去打保龄球或者发一个血誓，但基于这种亲近，你却或多或少地拥有了很多朋友，无论是邻居、工位旁边的女同事，还是快递员，你和他们之间的关系都非常自然。通常来说，交朋友是需要不断尝试的。罗杰斯先生唱道："你不想成为我的邻居吗？"他并不是要求你搬到他家附近，只是希望你成为一位好邻居。

生活中仅凭地理位置的远近你就能交到朋友，生意场上却大有不同。

就好像如果有人问你走路时是先迈左脚还是先抬右脚，你会一时间陷入沉思，因为如果你刻意去做一些无意识举动，你会感到非常尴尬。

我们没有必要对社交产生恐惧。事实上，当我们寻求他人帮助时，对方通常很乐意帮助我们，只是我们低估了他人的善意。正如第二章所说，互不信任或者认为他人自私的想法很可能是一个自我实现的预言。记住，交朋友的法则非常简单：保持社交乐观。当你认为别人喜欢你的时候，他们很可能真的会喜欢你。

友情的3个基本法则

罗伯特·富尔格姆（Robert Fulghum）于20世纪80年代出版了一本名为《我真正需要知道的一切都在幼儿园里学过》（*All I Really Need to Know I Learned in Kindergarten*）的畅销书。所以请把蜡笔拿出来，我们要回到幼儿园了。让我们看几条友谊的基本法则，它们一目了然，同时有一定的科学支撑。

* 你喜欢钢铁侠吗？我也喜欢钢铁侠

看到那个玩玩具的男孩了吗？如果你也想玩他的玩具，那就上前介绍自己。我们都喜欢交与自己相似的朋友。

坦白讲，相似性的力量十分巨大。研究表明，如果一个人或东西的名字和你的相似，你就会更喜欢它们。你会更倾向于喜欢那些与自己名字首字母相同的牌子，更容易记住与自己生日相近的生辰日期，甚至你会喜欢走路风格跟你很像的人。为什么新闻主播或者明星都长得那么好看？因为

160

有　效　努　力

BARKING
UP THE
WRONG
TREE

我们下意识地认为有吸引力的人与我们更相似。（我们就是如此自恋，不是吗？）

假如你和某人都不喜欢某件事情，这也会帮助你们增进感情。研究表明，一致的抱怨会让彼此感到更加亲近。你们两个都讨厌同一个人吗？这很可能会为你带来一位新的挚友。我们都知道那句古话"敌人的敌人就是朋友"，不是吗？一项名为"我好像认识你：分享对他人的负面态度能增进彼此的亲密度"的研究证明了这句古话的真实性。

环顾四周，寻找那个与你相似的人。那个小男孩很可能喜欢你，并且你也很可能喜欢他。还是没有发现与你有明显共同点的人吗？好吧，请继续看下一条。

* 倾听并鼓励其他学步的孩子

想知道你和幼儿园里的某个孩子有多少相似之处吗？那就问他们问题，并仔细聆听。你很有可能会听到自己感兴趣的话题。除此之外，倾听对于建立感情非常重要——大部分人往往不懂得倾听。

神经科学家黛安娜·塔米尔（Diana Tamir）发现，当人们在谈论自己的时候大脑会感到非常兴奋，甚于谈论饮食和金钱。因此你不应该喋喋不休，而应让身边的人尽量多地谈论他们自己。阿瑟·阿伦（Arthur Aron）的研究表明，问一些与别人相关的问题能够在短时间内迅速建立友谊，而这种感情会像终身友谊般牢固。

美国联邦调查局的行为专家罗宾·德里克（Robin Dreeke）曾说，最重要的是"询问别人的想法和观点而且不加以评论"。不要去想自己接下来要说什么，而应该注意倾听他们正在说的话。

发现你们之间的共同点了吗？很好。要勇敢地给予他人真诚的赞美。研究表明，我们对恭维与赞美的喜爱超过了性和金钱。影响力专家罗伯特·西奥迪尼指出这里面最关键的是要真诚。你不想做个油嘴滑舌的人，别人也不喜欢你油嘴滑舌。你只需要把心里的积极想法真诚地表达出来。一些研究表明，就算是一些真心迎合的话，也会产生巨大影响——我们又不是卖保险的，还是真诚一点好。

不要表现出冷漠或太想给人留下印象，这只会起到反作用。我们都喜欢温和的性格胜过高强的能力。事实上，如果可以选择的话，我们宁愿和善良的傻瓜一起共事也不愿意和有能力的浑蛋一起工作。因此不要总是给别人提供建议或者指出别人的错误，相反，征求他人意见会让别人对你产生好感。

德里克喜欢询问别人所面临的困难，而我们也都喜欢抱怨一些让自己备感压力的事情。这就是我们下一条要讲的内容。

* 做一位奉献者。分享自己的奶油夹心蛋糕

主动帮助别人。你喜欢亚当·格兰特、熊猫，以及保罗·埃尔德什这类人吗？那就做一位奉献者。当听到有人遇到困难时，你要想办法帮助他们。

你不会想成为一个虚情假意的人，也不需要索取回报。你只希望你们之间的关系是发自内心的、不做作的、自然的友情，对吗？朋友之间会相互帮助，并且不图任何回报。所以你要相信因果报应。许多研究表明，给自己的朋友带来快乐也会让自己幸福起来。如果你的朋友很幸福，那么你就有15%的可能也变得幸福。即便是朋友的朋友的朋友变得更幸福了，你

162

有　效　努　力

BARKING
UP THE
WRONG
TREE

也会有6%的可能变得更加幸福。所以不要计较付出，不要贪图回报。这样大家会喜欢你，你也会喜欢你自己，因为你是大家的朋友。如果你总是帮助别人，那就继续下去。

（注意：如果你一直保持这样的心态和做法，你最终就会成为一个好人。）

5个方法让交友更容易

好吧，现在你知道如何摆脱不自在的人际交往了，并且一心一意地想着交朋友。你的态度很明确了。那么到底该从哪里下手呢？其实有很多方法能让整个交友过程更简单、更省时，而且更自然。

* 从身边已有的朋友开始

研究表明，扩大交友圈最快、最简单的方法之一并不是在街角派发你的商业名片，而是和老朋友们取得联系。这并没有什么见不得人的，因为他们本来就是你的朋友。只不过你有一年的时间没有和他们联系过。这是你扩大人际圈的第一步，这么做合情合理。浏览一下脸书网上的好友列表、其他社交网站上的联系人或通讯录，然后每周发几封邮件询问朋友"最近怎么样"。研究表明，这些"休眠"的友谊比任何新朋友都有用，能给你的事业带来更大的促进作用。同时，芝加哥大学的神经科学家约翰·卡乔波（John Cacioppo）发现，如果我们能利用脸书网来建立面对面的交流，我们的幸福感就会提升。但如果我们仅仅通过网络来沟通，这么做只会徒增孤独感。

请注意：不要以为在社交平台上添加朋友就算交到了朋友。我们还是要回到幼儿园时期。网络上不断累积的"好友"与现实生活中面对面交流、共度时光的朋友并不是一回事。网络中的人脉并没有真正建立起联系，充其量算是虚拟的集邮活动。

* 找到自己的"超级联络人"

社交圈里总有一些人比另一些人更为重要。布赖恩·乌奇（Brian Uzzi）和莎伦·邓拉普（Sharon Dunlap）的研究表明，社交圈里也存在二八法则。也许你的大部分朋友是通过几个"超级朋友"（如熊猫）认识的。因此，如果你想要扩大社交圈、结交新朋友，那就去找这样的"社交大神"帮你吧。如果你浏览一下脸书网上的好友或者通讯录，你就能发现这些人都是你通过一小部分朋友认识的。和这些"社交大神"接触一下，并问他们："有没有朋友介绍给我认识？"这会给你带来意想不到的结果。

* 规划时间与社交预算

人们总说想要扩大社交圈，然而真正重视起来、投入时间或者做出具体行动的人却很少，例如"我将每周另外拿出五十美元用于和别人一起喝咖啡或者共进午餐"。畅销书作者本·卡斯诺扎（Ben Casnocha）指出，那些非常善于社交的人总是能预留一定的时间和金钱用于社交，因此机会来临时他们从不会犹豫。大学生知道每个周五和周六晚上（也可能是其他时间）是聚会时间，因此他们很容易就能结交新朋友。你也可以做出类似的尝试。

一些学术研究表明，朋友之间最大的矛盾在于找到合适的时间碰面。

164

有　效　努　力

BARKING
UP THE
WRONG
TREE

例如，我们提到过的斯潘塞·格伦登，时间对他来说非常有限并且宝贵。留出时间与朋友见面是向朋友证明你重视和在乎对方的基本方式。因此，预留时间，以确保你的社交关系从"我打算和朋友见面"变成"我已经和朋友见面了"。一直以来，人们关于金钱到底能不能买来幸福有很多争论，但有一点我们是非常肯定的：当我们把钱花在自己爱的人身上时，它就一定能带给我们幸福。所以，拿起手机给朋友发条短信，约他们出来，给他们买杯咖啡吧。

＊参加社团小组

不不不，这里并不是指那些无聊的"社交组织"。这些组织的活动非常别扭并且无聊。偶尔开一次派对的确很不错，但是如果不是很频繁的话，这么做也不会产生明显的效果。你有没有一群每周都会在一起吃午餐的朋友呢？有没有一群每周日晚一起看橄榄球比赛的朋友？工作中有没有一起参加读书俱乐部的朋友？这些小组活动非常有趣，能够确保你定期参与群体活动，并与大家保持联系。研究表明，最佳团队通常是由一群老朋友和几副新面孔组成的小团体，这也是社交中的优势。再者，通过参加几个这类小组，你的"好运"——根据理查德·怀斯曼的幸运理论——会瞬间得到提升，在和自己喜欢的人共度好时光的同时，你还能开发自己挖掘新事物的天赋。

这并不是我从陈旧的学术周刊上学来的不靠谱理论。在洛杉矶的时候，我从来不会错过好友安迪·沃克（Andy Walker）每周五的午餐聚会。每次去旧金山出差的时候，我也一定会参加熊猫组织的硅谷企业家聚餐。我每年都会飞去波士顿几次，为的是能参加高塔姆·穆昆达组织的"有趣人士"晚宴，出席晚宴的都是他社交圈子里一些很有魅力的人士，大家把酒言欢、畅所欲言。而且我就是捐肾也要参加好朋友詹姆斯·克利尔（James Clear）组织的年度博主聚会。所有的这些活动都不存在交易目的，或让人不适。因为在这种轻松愉悦的环境下，我既可看到自己的好朋友，也能交到一些新朋友。

在这类聚会的影响下，你会在不知不觉中变得更好。还记得妈妈曾经告诉你要远离那些总是被留校的学生吗？还记得她跟你说的吗，"为何不多接触那些全科都是A的好女孩呢"？妈妈说得对。查尔斯·杜希格（Charles Duhigg）在他的著作《习惯的力量》（*The Power of Habit*）中引用了一份1994年哈佛大学的研究结果，该研究中的受试者的命运发生了翻天覆地的变化。总体来说，他们改变命运的奥秘并不是他们取得了重大的进步，而是加入了他们想成为的那种人的社交圈。

因此你要明智地选择。特曼研究对一千名受试者从出生到死亡进行了跟踪调查。研究人员指出我们应该和哪种人交往："你社交圈里的人往往会决定你将成为什么样的人。那些想让身体更健康的人应该多和健康的人来往，这往往是最有效、最直接的自我改变方式。"

研究还发现，成为社交团体中的一员而不是孤零零的一个人会增强你的意志力，并且帮助你克服压力。如果你对这种优秀的群体一无所知，那么最简单的解决方法就是自己建立一个社交圈，并且成为这个圈子的核心人物。你的那些想要定期出来聚会和社交的朋友会非常感激你的。

* 保持后续联系

人与人总会相遇，但我们却很少花时间加强联系或者真正开始一段友

166

有　效　努　力

BARKING
UP THE
WRONG
TREE

谊。圣母大学的研究人员对200万人的800万次通电话记录进行了研究，发现每两周通一次电话就能让亲密的友谊延续下去。如果对方与你不熟的话，你就没有必要那么频繁地联系他。但是有一点值得我们注意：时不时地联系朋友对维系友情很重要。

这并不会浪费你太多时间。每周发几封邮件，久而久之，量变产生质变。熊猫的人际关系网非常庞大，他却只用了很少时间来维系社交圈。大多数情况下，他只是每周发几封邮件，以寻找帮助别人或者引见别人的机会。通过这些举手之劳，他既能帮助别人走出困境，还能自然地维系友谊。（同时这对身体健康有利。纵向研究表明，那些寿命最长的人并不是得到帮助最多的人，而是帮助他人最多的人。）

如何与同事建立友谊呢？这个想法也非常好。然而你可不要指望人事部门组织的团建活动。研究表明，这些活动只会在你和同事之间滋生不信任感。

研究还表明，团队成功的首要标志是其成员看待彼此的态度。有一种方法你在员工手册上读不到但能够增进团队沟通和提高效率。这种方法是什么呢？和同事们开玩笑。

想知道谁在工作中表现最好？请环顾一下你的餐桌。本・瓦贝尔（Ben Waber）研究发现，那些表现尤其出色的员工通常都会坐在最大的餐桌上。因为他们的社交圈更广，而且他们更加了解自己的同事。

在公司里有各种各样的朋友也会给你带来巨大红利："那些交友广泛的人升职速度更快，且职业灵活度更高，因为他们总是能先人一步得到很多机会。即便是你灵光乍现的想法也没关系，只要你能说服其他人并且让大家付出行动。"

是的，我知道工作中的某些同事难以相处。（我的老板有时候就是个傻瓜，因此我现在自己当老板。）总有一些处不来的同事。我都理解。当我问斯坦福商学院的教授杰弗里·普费弗什么是人们在职场上追求成功所犯下的头号错误时，他的回答是，退出公司员工的关系网。你可能会说："是啊，我知道人际关系能让我在职场上往上爬，但我不想蹚这趟浑水。"临床心理学家和职场顾问阿尔·伯恩斯坦（Al Bernstein）说："你不可能不和他人玩心机的，你只是玩得差一点而已。唯一不需要人际关系的地方就是与世隔绝的荒岛。"哈佛大学研究员肖恩·埃科尔发现，最不擅长发展人际关系的员工通常就是晋升速度最慢的员工。（把这句话读上几百次，直到它印在你的脑海中。）

办公室闲话可能会危及你的存在，但是这些小道消息也能为你提供一些好处。研究表明，70%~90%的职场闲话都是真的，而且这些信息肯定不会出现在公司每周的邮件通知中。如果你想成功，你就必须对周围的情况了如指掌。

如果你是公司的领导，那么你就应该走出来和员工们打成一片，这很重要。如果员工在公司中有至少一位聪明的朋友，那么这位员工的工作效率将提高10%。这到底是怎么调动员工积极性的呢？

大部分人都需要别人的当头棒喝。《美国的社交孤立：二十年以来人际圈核心话题的变迁》的作者发现，1985年大多数人的一生中有三名密友。而到了2004年，大多数人指出自己没有交心的朋友——"那些找不到朋友讨论重大问题的人数几乎翻了三番。"没有朋友甚至比肥胖等疾病更危险，对健康的危害几乎相当于每天抽十五根香烟。

我相信道理已经很明白了。哈佛大学和麻省理工学院本应该相互沟

168

有　效　努　力

BARKING
UP THE
WRONG
TREE

通，分享他们的研究成果，这样会省去很多麻烦，工作效率也会更高一些。所以在职场上交到朋友也很重要，不是吗？

或许你已经有了稳固的交际圈。然而，有一种特殊的社交关系是我们获得成功必不可少的，它同样值得我们特别留意。

一个好导师让你离成功更近

我们都想成为有趣的人。20世纪80年代的贾德·阿帕图（Judd Apatow）还很年轻，为了逗乐朋友，他把毒漆藤塞到了鼻子里，我们都知道这不是个好主意。贾德的爸爸在他小时候总是放一些喜剧片给他看，他深受鼓舞。长大后的他立志做一名喜剧演员。

他会看《周六夜现场》（Saturday Night Live），并且用录像机记录下每一期，手抄台词，学习里面的笑料。他会每周搜索《电视指南》（TV Guide）看看哪些喜剧演员将参加脱口秀节目。五年级的时候他就写了一份长达30页的关于马克思兄弟喜剧团的论文。不是为学校写的，是为他自己写的。

如果你是个孤独的孩子，如果你备受欺负，如果你父母的感情破裂即将离婚，那么你需要贾德身上的这股热情，尽管这种无人理解的喜好会让你更加孤独。

因此，如果你还和父母住在一起，并且要花很长时间写地理作业的话，你怎么才能学会喜剧表演呢？（那可远在互联网出现之前。）阿帕图的朋友们一直在采访赛奥西特高中无线电台（频道为WKWZ88.5）的乐队成员。如果阿帕图也能去采访专业的喜剧演员会怎样呢？

　　阿帕图并不知道，那个年代的喜剧演员地位并不算高，没有人想采访他们。所以当阿帕图联系到这些公共人物时，他们并没有像他想象中的那样嘲笑几声并挂断电话。他们的想法和阿帕图一样：为什么不试试呢？（阿帕图并没有在电话中告诉对方，这些采访内容将在学校无线电台播出，而且自己只有15岁。还好他没这么做。）他邀请的喜剧演员几乎都答应了他的采访。

　　是的，当满脸粉刺、手持赛奥西特高中影音部的录音机的阿帕图出现在他们门前的时候，很多人感到惊讶不已。但这就是这位孤独且对喜剧着迷的男孩采访著名笑星的方式，从杰伊·莱诺（Jay Leno）到盖瑞·桑得林（Garry Shandling），再到《辛普森一家》的联合创作人詹姆斯·布鲁克斯（James Brooks）。他去洛杉矶拜访祖母，顺便采访了杰里·塞恩菲尔德（Jerry Seinfeld）。他又去波基普西采访了被称为"怪人奥尔"的扬科维奇（Yankovic）。

　　阿帕图从他们身上学会了如何写笑话，如何争取演出时间，如何在表演中融入个人经历，如何针对不同群体因材施"料"。最重要的是，他知道自己并不孤单，这个世界上还有很多像他一样的人。

　　于是他开始了喜剧创作。每次写剧本，他都很开心。他主动把自己的作品卖给杰伊·莱诺。莱诺并没有买，而是给了他一些建议和鼓励——正如乔治·卡林（George Carlin）很多年前对莱诺做的那样。

　　六年以后，盖瑞·桑得林雇用阿帕图为奥斯卡写喜剧剧本，并提拔他做《拉里·桑德斯秀》（The Larry Sanders Show）的撰稿人。阿帕图为罗丝安妮·巴尔（Roseanne Barr）和汤姆·阿诺德（Tom Arnold）创作剧本。之后杰伊·莱诺又推荐他加入《今夜脱口秀》（The Tonight Show）。当时

170

有 效 努 力

BARKING
UP THE
WRONG
TREE

的他并没有什么名气，直到有一天……

贾德·阿帕图现在是执导过《四十岁的老处男》（*The 40-Year-Old Virgin*）和《一夜大肚》（*Knocked up*）的著名导演。没有前几位导师的帮助，就没有阿帕图的今天。因此，成功的道路上离不开指路人。（幸运的是，我们不需要把毒漆藤塞到鼻子里。）

好吧，你是否想做一番惊天动地的事业，或者成为改变世界、载入史册的人？K. 安德斯·埃里克森是一万小时专家理论的创始人，他认为一个人要想取得巨大的成功只有一个方法：找到一位导师。他说："对那些闻名世界的运动员、科学家、艺术家的研究都证实了这一点。本杰明·布鲁姆（1985年）发现，几乎每一位成功人士都有一位大师级的导师，无一例外，他们指导过的学生都能达到国际顶尖水平。"

还记得那位采访过世界上91位最具创造力人物的研究人员米哈伊·奇克森特米哈伊吗？他发现那些行业中的成名者都有一个共同特点：他们读大学的时候，几乎都有一位重要的导师。

杰勒德·罗奇（Gerard Roche）研究了1250名行政主管，发现其中有三分之二的人都受到过导师的指点，并且经过导师培训过的人薪水更高、职业幸福感更强。"那些被导师指点过的主管薪水平均涨幅为28.8%，奖金平均涨幅为65.9%，现金补偿总数增长共计29%。"并且，女士们，导师对你们的影响尤为重要。研究对象中每一位成功的女性主管都曾有过自己的导师。

即使你正在创业，没有老板的带领，导师对你来说同样至关重要。沙恩·斯诺（Shane Snow）在其著作《出奇制胜》（*Smartcuts*）中指出，经导师指导过的企业家筹集到的资金比别人多7倍，企业发展速度是其他企业的3.5倍。

为什么导师的作用如此之大呢？因为你没有时间去把所有的弯路都走一遍，其中某些错误的出现必然意味着失败。我们最好能从其他人的错误中吸取经验。伟大的导师以及好老师能帮助你快速进步。即便在高中阶段，好老师也发挥着重要的作用。斯坦福大学的经济学家埃里克·哈努谢克（Eric Hanushek）曾说，差劲的老师每年只讲六个月的课程内容，而好的老师讲述的内容是前者的三倍。伙计们，这些数字应该不难理解吧。同时哈努谢克还说，即使是在差劲的学校中一个好的老师也会让你变得更好。

优秀的导师还有另外一点好处，而这一点我们很少意识到。我们讲了很多关于一万小时专家理论的内容，那么为什么有人愿意花这么多时间苦心磨炼一项技能呢？在第一章中你们也看到了，原因之一是几近疯狂的热爱。但也不全是这样。导师们让你的学习过程变得丰富有趣。他们会在督促你成为优秀学生的过程中帮你减压、克服沮丧。亚当·格兰特说，导师能让你变得更坚毅，并有意识地强化对你的训练：

事实上，大多数世界级的高手都有第一任教练或者第一任老师，正是他们让整个过程变得有趣。如果你在某方面表现优异，几近完美，这往往会让你对这件事产生更浓厚的兴趣，更加享受做这件事的过程。我们忽视了它的反向效果，也就是说兴趣的出现往往先于天赋的发展。正是因为教练或者老师让整个学习过程更加有趣，你才会花时间去练习，最终成为专家。

172

有　效　努　力

BARKING
UP THE
WRONG
TREE

　　趣味通常不被纳入努力工作、发展专长以及成为佼佼者的范畴。兴趣是情感层面的。这种情感元素非常关键。不仅仅是你要在意自己的老师，助你成功的老师也要在乎你的感受。

　　贾德·阿帕图就有一些出色的导师。然而阿帕图能成为优秀的喜剧演员还有一个微妙且关键的因素，那就是他和导师之间存在共同之处。阿帕图意识到他们都曾是热爱喜剧、处境孤独的孩子。意识到这种共同点不仅能拉近你们的距离，而且对你的个人成功非常关键。佩内洛普·洛克伍德（Penelope Lockwood）和金娃·孔达（Ziva Kunda）这两位研究人员发现，被自己的榜样鼓励和被自己的榜样打击的区别可以总结成两个词：相关和可达到。当你把自己和偶像联系起来时，你就会备受鼓舞。如果你的偶像让你感觉你也可以像他一样成功时，你的梦想就会成真。

　　这也是为什么你的雇主的指导，明明意图是好的，却不起作用。克里斯蒂娜·昂德希尔（Christina Underhill）对过去二十年中的师徒关系进行了回顾并发现了一道明显的分水岭。是的，正式的师徒关系对个人的促进作用不大，而那些非正式的师徒关系（自行建立的师徒关系）却效果明显。沙恩·斯诺指出："从未来个人收入、职位、晋升次数、工作满意度、工作压力以及自尊心等角度来看，自行建立的师徒关系对个人的帮助更大。"

　　我们一致同意，这种关系很重要，并且我们都认为每个人对导师关系有误解。我们需要自行寻找并建立这种指导关系。可是如何才能找到正确的导师呢？

　　总的来说，找导师和社交还是有区别的。你希望找到顶尖的人才，这就意味着这些人非常忙碌。因为多到数不清的人想占有他们的时间，所以他们会比较挑剔，也不得不挑剔。例如斯潘塞·格伦登这类人是不会浪费时间的，他们的机会无限多，可是他们的一天也只有二十四小时。

找到好导师的5条原则

因此，如何才能找到一个适合自己又非常出色的导师呢？下面为你列出了5条原则：

* 做一个值得帮助、积极进取的学生

有句老话是这么说的："天助自助者。"如果你正全力以赴地提升自己的事业，那么找到一位导师对你来说并不难。为什么呢？因为如果你的工作足够出色，那些比你更成功的人就会注意到你，并且想要帮助你。然而天赋高、足智多谋、做事积极主动的人却是凤毛麟角。如果别人没有注意到你，那就说明你还有待提高，要么是不够努力，要么是没有做出更大的突破。

就像古老的鸡生蛋还是蛋生鸡的难题那样，我们应该有了经验再找工作还是找了工作才会有经验？懒惰的人也会以同样的道理反驳："你跟我说成功了就能找到一个导师，而我现在需要一个导师来帮助我成功。"大错特错。

许多人需要导师是因为自身过于懒惰而不愿意自己处理难题。神经科学研究发现，当一位专家开口讲话时，你的部分大脑区域处于关停状态：

2009年，埃默里大学医学院的科学家们在医学博士格雷戈里·伯恩斯（Gregory Berns）的领导下进行了一项研究。伯恩斯是埃默里大学神经元

174

有　效　努　力

BARKING
UP THE
WRONG
TREE

经济学和精神病学的教授。他研究发现，当人们心目中的专家为自己提供建议或者努力方向的时候，他们的大脑会停止为自己思考，"大脑激活结果表明决策判断的停止是由对专家的信任引起的"。

　　在学校里对老师有这种反应很正常，毕竟你是付了学费的。但你可没有给这些成功人士任何报酬，却希望他们百忙之中抽出时间为你解惑，这不是很奇怪吗？任何一位导师都不希望看到你大脑放空。导师希望给你足够的信息以起到点拨和启发的作用，而不希望被当成一本行走的教科书。

　　怎么才能让导师愿意为你"再走一里路"？当你已经探索过所有可行的途径却仍一筹莫展时，导师才愿意帮助你。看到你已经尽了自己最大的努力后，导师才会认为你很聪明，头脑灵活，不会浪费他们的时间。大部分导师从你身上看到了自己的影子，因此你们之间就有了非常重要的共同点。

　　与其总想着自己需要什么，不如换位思考，思考导师们可能在想什么。"我是本领域内的行家，并且我非常忙。在这有限的时间内，我应该无偿地去帮助谁呢？"

* 向导师学习。我是指真正地去研究他们

　　如果导师们是行业中的佼佼者，那么网络上肯定会有很多关于他们的信息。花点时间好好研究一下。对一个人的研究成果了如指掌十分罕见，同时也是一种极大的奉承。

　　然而讨得导师欢心并不是研究导师的唯一目的。正如我们所说的那样，你需要知道这个人是否最适合自己的导师。你会因为从远处看到一张漂亮的脸蛋就和这个人约会，但这不足以让你与其结婚。（为了你好，最好不要以貌取人。）别做梦了，亲爱的读者们：这是婚姻，不是一夜情。

你得知道这个人的确是最适合自己的才行，并且你要知道他或者她并不是个浑蛋。同时，畅销书《一万小时天才理论》的作者丹·科伊尔指出，你要找一个令自己敬畏的导师。是的，他们不仅要对自己领域内的知识非常精通，还要知道如何激励你。

一旦导师们认识你了，你的研究就没有白费。导师们认为你比其他人更聪明对你来说非常有利。罗伯特·罗森塔尔（Robert Rosenthal）和勒诺·雅各布森（Lenore Jacobson）曾做过一个经典的实验。实验中，老师们被告知某些学生具有"学术前景"，并且潜力很大。学年末，研究人员对这些学生进行了测试并发现他们的智商平均上升了22。我们所不知的是，这些具有"学术前景"的学生是研究人员随机选出来的，并无特别之处。只因为老师相信他们很特别，这些学生才真的变得很特别。老师们并没有在这些孩子身上花费更多的时间。罗森塔尔认为："老师们教这群孩子的时候更有激情，并且他们肯定无意间向学生流露出了自己的期待和热喜，因此这些学生更能理解老师，并期待自己表现得更好。"

* 浪费导师的时间是一种不可饶恕的罪过

是的，导师们讨厌别人浪费自己的时间，更重要的是这也体现出你基本能力的不足。导师内心咆哮着："这个人还没有做好接受我的帮助的准备！"给一位非常忙碌的人写长篇大论的邮件并不能表明你的谦虚、谨

176

有　效　努　力

BARKING
UP THE
WRONG
TREE

慎，只能说明你的脑子有问题。因此我们要尊重导师的时间，并从小处着手。

问一些有深度的问题是建立联系的最佳方式。然而这里的关键是"有深度"。一定不要问一些在谷歌上能轻易搜出答案的问题。要将这一点铭记于心，时刻提醒自己引以为戒。事实上，任何学科的基础知识你都能够从可汗学院①学到，并且你应该提前打好基础。

咨询导师问题就像电子游戏中加血复活一样。不要浪费任何一次问问题的机会，并且只在自己解决不了的时候才去麻烦导师。

* 保持联系

最开始的时候，你还不能称别人为导师。你总不会第一次见面就向人求婚，是吧？最初你只是希望建立关系，而不是达成一锤子买卖。虽然这需要花费一定的时间，但也没关系。不过这之后你需要与对方保持联系，毕竟是你有求于人。

畅销书作者瑞安·霍利迪（Ryan Holiday）就得益于许多导师对他的培养，例如罗伯特·格林（Robert Greene）。霍利迪是这么说的：

"定期出现，否则你很容易就会被忙碌的人忘记，请记住这一点。关键在于你要想办法与之保持联系并且带来新变化。定期发几封邮件或者问几个问题，做到既能引起注意力又不会叨扰到对方才是最好的。维系一段

---

① 可汗学院（Khan Academy）是由孟加拉裔美国人、麻省理工学院及哈佛商学院毕业生萨尔曼·可汗在2006年创立的一所非营利教育机构。该机构通过网络提供一系列免费课程。

感情总比挽救已破裂的情感要容易得多，然而能不能维持住我们之间的关系取决于你，而不是你的导师。"

你需要定期主动和导师进行交谈，在不打扰对方的前提下维持你们之间的联系。执行导师的建议，得出成果，并让导师知道他们对你的帮助很有意义。这就是导师想要看到的结果。如果导师也参与了进来，那么你可以遵循："我（做完了作业），然后发现了（某个令人印象深刻的结果），这一步将会（请你填空），但是我非常喜欢您的见解。您觉得（事先考虑好的策略之一）还是（事先考虑好的策略之二）更好？"

这种互动最好是双向的，而不是你一个人的独白。

* 让导师们为你感到骄傲

正如黑带影院的老电影中的台词："不要让你的忍者大师蒙羞！"任何导师都不希望自己帮助你是浪费时间。最终，你和导师的目标应该是一致的——把你打造成了不起的人。但是，除此之外还有另外一个目标——为导师争光。

基思·西蒙顿院长是研究显赫人物的专家，他表示被视为伟大导师本身就非常有吸引力。那么，我们怎么判断谁才是伟大的导师呢？当然是通过导师所带学生的成功比例来判断了。

所以你不仅要考虑自己的职业，还要考虑导师的职业。正如我们所说，许多专家都不擅长处理人际关系，但他们却能成为领域内的佼佼者，并且能为他人指点一二。对于那些高层主管来说，具备塑造未来领导者的才能可以为他们的简历增光添彩，或许还会成为爬上CEO宝座的通行证。

178

有　效　努　力

BARKING
UP THE
WRONG
TREE

　　或许你找到了一位能帮你提高自身技能的导师，但他却无法指点你如
何应对办公室权术。这种现象非常普遍，但这不是个难题。解决办法：另
找一位导师。你看，导师就像薯片，你肯定不能只选一片。在罗奇对行政
主管的研究中，他发现每位受试者平均拥有两位导师，其中女性主管的导
师平均数为三。基思·西蒙顿院长做了如下解释：

　　"前途光明的学生应该多找几位导师，而不是仅仅追随一位。这条建
议同样适用于选择偶像，道理是相通的。在多位导师的指点下，你的个人
成长会更迅速。有才能的年轻人是不会走入亦步亦趋、单纯模仿导师的死
胡同的。相反，他们会综合不同导师的特性，取其所长。不同技术、风格
或者思想的综合才是学生成功的关键。"

　　在进一步解释之前，我想解决一下普遍存在的异议。也许你已经小有
成就，也许你觉得自己并不需要导师的帮助——这种想法是错误的。

　　阿图尔·葛万德（Atul Gawande）是一名内分泌外科医生、哈佛大学医
学院教授以及《纽约客》（New Yorker）特约撰稿人。他已经出了四本畅销
书，还曾获得罗德奖学金和麦克阿瑟天才奖。目前他已经结婚并育有三个
孩子。（每次看他简历的时候我都会想：天哪，这些年我的时间都用到哪
儿去了？）因此2011年，他眼中下一步一定要做的事到底是什么呢？找一
位教练，一个可以让他变得更好的人。

　　你可能觉得如此成功的人竟也需要导师的帮助有点讽刺（要不就是此
人是个工作狂）。然而葛万德却不这样认为。所有的专业运动员都有教
练。通常他们会雇不同的专家来帮助他们提高健康状况、饮食水平以及比

赛的各方面技能。因此，如果以球类运动为生的运动员尚且需要专业教练的指导，那经常给病人开刀的外科医生是否也应该有自己的教练呢？当退休后的著名外科医生罗伯特·奥斯廷（Robert Osteen）手持笔记本出现在手术室中葛万德的身后时，会出现什么结果呢？当这位麦克阿瑟"天才"谦卑地聆听导师指出他在手术中犯下的所有小错误时会有什么后果呢？葛万德手中犯术后并发症的病人数有所减少，已经很出色的外科医生变得更加出色了。

三人行必有我师。向别人学习的过程中交到一生的朋友是一件让人欣慰的事。贾德·阿帕图是一个热爱喜剧但孤独的孩子，所以他做了小小的尝试，联系潜在的导师，并且获益匪浅。同时他也交到了一生的挚友，然而这并不是故事的结局。他把这种力量传递了下去：

"大家对我很好，比如盖瑞·桑得林和詹姆斯·布鲁克斯。当我为他们的演出工作的时候，他们的确教会了我很多东西。对我来说这很正常，毕竟我们都需要帮助。因此，当我在执导《怪胎与书呆》（Freaks and Geeks）时，我需要一群帮手。有的青年编剧非常有才，但他们不知道如何发挥自己的才能。因此，我的部分工作就是教他们如何做得更好，这样我的工作也会轻松很多。我们之间的指导关系会让他们受益，同时也让我更加轻松。"

阿帕图从哪里学到传递的价值的？当然是从导师身上。盖瑞·桑得林曾告诉他："当我看到青年才俊的时候，我希望他们都能实现自己的梦想。我真的很想帮助他们——通过帮助他们，我也得到了帮助。无论何时

180

有　效　努　力

BARKING
UP THE
WRONG
TREE

指导别人，我都能学到一些新东西。"

　　研究结果同样证实了桑得林的说法。尤达如此长寿且活得如此惬意只有一个原因：当别人的导师会让自己变得幸福。指导年轻人比身体健康或者赚钱所带来的幸福感更强，是后两者的四倍。所以，如果你也有一技之长，不要总想着谁可以帮助你，你应该想一下自己可以帮助谁。

　　现在你已经知道如何社交，如何找到自己的导师，如何与别人相处了。但是有时候你遇到的人很难相处，当他们愤怒的时候，你应该怎样应对这种难题呢？是时候拿出撒手锏了。

　　让我们一起向那些擅长冒着最大的风险，在最艰难的处境中与最难对付的人打交道的行家学习吧。他们就是人质谈判专家。

"跟我谈谈吧！"

　　在1972年举办的奥林匹克运动会上，巴勒斯坦恐怖组织黑九月（Black September）的成员挟持了11名以色列运动员作为人质。最终政府和恐怖组织僵持不下，11名以色列运动员全部惨遭杀害，还有五名恐怖分子和一位德国警官在这场人质对抗中丧生。随着70年代恐怖袭击和其他危机事件的升级，执法部门逐渐意识到他们需要一个更好的应对方案。在面对令人棘手的犯罪案件时，他们通常派出没有受过正式训练的警官来应对嫌疑人。很多时候，似乎只能武力解决，但这样做效果不是很好。不过，两名警察想到了一个与众不同的计策。

　　一位是哈维·施洛斯伯格（Harvey Schlossberg），一名拥有心理学博士学位的警探；另一位是弗兰克·博尔兹（Frank Bolz），街头经验丰富的纽约警察局的警察。他们一致认为，与人质挟持者进行交谈能够减少伤亡，也有助于缓解紧张局势和取得胜利。但从来没有人尝试过这种方法，并且他们的方法遭到了那些认为武力才是唯一解决方案的人的强烈反对。他们将自己的这一方法整理成册，希望它在纽约警察局解决人质事件中派上用场。可是在人命关天的紧要关头，他们的方法能生效吗？他们的想法很快就被付诸检验，这远早于他们的预期。

1973年1月19日，四名伊斯兰激进分子进入了约翰与阿尔商店（布鲁克林市威廉斯堡社区的一家体育用品商店）并挟持了十二名人质，随后便与纽约警察局进行了长达三小时的枪战。一位警官当场毙命，两名警察和其中一个歹徒受伤。人质挟持者发誓将奋战至死。警察们不得不严肃对待此次事件——他们占据的那家商店不仅卖篮球和网球拍，还售卖真枪，仓库中存放着供狩猎人员和运动员使用的枪支和弹药。

尽管风险巨大，警察局还是没有让反恐部队来执行任务，而是找来了"智囊团"。他们决定熄火停战，使用的武器是心理战术。博尔兹和施洛斯伯格被请到现场，并被分配了简单的任务——交谈与等待。接下来，双方展开了交谈，持续时间长达四十七小时。

一位穆斯林信使被允许进入商店内部进行交涉。走出商店时，他却带来了不好的消息："他们愿意为真主阿拉而亡。"这还不是最棘手的，警察同时背负着难以想象的压力——解救社区群众。人质挟持者都是黑人，而负责此次行动的执法部门大部分都是白人。威廉斯堡社区的种族关系已经非常紧张了，警察们担心再这样拖延下去，社区群众的舆论会偏向这群犯人，即对作恶之人心生怜悯。然而纽约警察局决定坚持他们的计划，继续进行谈判。

182

有　效　努　力

BARKING
UP THE
WRONG
TREE

人质挟持者放出一名人质并带出消息称他们需要食物、香烟，以及药物以救治受伤的成员。他们还用一名医生作为另一位人质的交换。

又过了一天，商店里的暴徒对外发出了猛烈的射击，然而纽约警察局却没有以子弹回应。这时，意料之外的事情发生了。人质挟持者因谈判而分了心，九名人质得以成功脱逃。他们穿过石膏板墙爬到了屋顶，并被应急服务部门的人成功营救。没有了威胁的筹码，犯罪分子惊恐万分地对周围的警察进行疯狂的扫射。纽约警察局本可以顺势将他们一网打尽，无须顾及其他人员的伤亡，然而他们却没有这样做。相反，他们让犯罪分子的家属进入商店与他们进行交谈。四小时之后，萨利赫·阿里·阿卜杜拉、舒拉伯·阿卜杜拉·拉希姆、道得·A.拉赫曼以及受伤的优素福·阿卜杜拉·阿勒木塑迪格从商店走出来举手投降。事件到此结束。

自双方交涉起，人质挟持者发射了几百发子弹，而纽约警察局的回应只有语言。交谈过程中没有人受到伤害。

纽约警察局将谈判方法送去联邦警察局审核。不仅该方法得到了联邦警察局的认可，年末联邦调查局人员还在匡蒂科地区开启了人质谈判项目。时至今日，约70%的谈判警察在培训时会用到联邦调查局的该项目。相互攻击会导致78%的伤亡率，而联邦调查局的数据显示人质谈判的成功率为95%。

你可知道纽约警察局人质谈判小组的座右铭是什么吗？"跟我谈谈吧。"

许多人一听到人质谈判就会摇头否定，说："为什么不直接给他们一枪？"事实上，这些人并不知道其中的利害关系。如果警察在人质谈判过程中发起攻击，那么警察一方将会遭受大规模人员损伤。战斗可能会迅速结束僵持局面，但研究结果表明武力并不是解决问题的最佳途径。

强势镇压只会在短期内有效

我们在处理人际关系时也会有类似经历。一旦意见不合，我们的第一反应通常是一争高下。虽不是挥拳相向，但会大喊大叫并且争论不休，却没有人分析和协调。为什么会这样呢？哲学家丹尼尔·丹尼特（Daniel Dennett）指出，这是因为当出现感情不和时，我们的大脑就会收到"战争暗喻"的信号。一旦战争爆发，就会有人被征服。无论谁是谁非，如果最终一方赢了，意味着另一方肯定输了。几乎在所有交谈中，大家都会警惕自己的身份和地位。没有人希望自己看上去非常愚蠢。正如丹尼特所说，我们会自然地认为学习就等于失败。

即使你的证据坚不可摧，你的逻辑完美无瑕，可当你最终把别人逼入绝境时，会怎样呢？对方可能会让步，但是他们一定会非常恨你。在非赢即输的状态下，每个人都是输家。

临床心理学家阿尔·伯恩斯坦认同这个看法。他将这种现象称为"哥斯拉大战拉顿（Godzilla vs. Rodan）"效应。如果别人对你发怒，你也开始发怒，那么你们就进入了"战争状态"——高楼尽毁、东京被夷为平地，最终却没有实质进展。或许你认为，"我只是想跟他解释……"然而伯恩斯坦认为这只是一个误区。尝试做解释通常意味着占据主动。你并不是想给对方讲道理，你还是想战胜对方。潜台词就是："这就是为什么我是对的，而你是错的。"无论你说什么，对方都会这样理解你的意图。

这一观点得到了神经科学研究的支持。当人们被事情激怒的时候，你

184
有　效　努　力

BARKING
UP THE
WRONG
TREE

再给他们讲一些和他们自身观点相反的道理，这时他们大脑的核磁共振影像会是什么样子的呢？大脑管控逻辑的区域会处于停滞状态，而控制应激的区域却变得活跃起来。在大脑分析看来，这并不是理性的讨论——这是一场战争。大脑无法处理对方输出的信息，只会想着如何反戈。除非你能加以控制，否则你的大脑也会处于相同的状态。

我相信某些顽固的辩论者并不同意上述观点。武力真的不能解决问题吗？当然可以。研究表明，如果你处于强势而对方处于弱势时，压制对方会非常有效——只不过是在短期内。因此，如果你的老板对你发火，或许你只能败下阵来。但这会对人际关系产生什么影响呢？经常发火的老板是留不住优秀的员工的。做一只500磅的大猩猩还不够，重点是你要一直当下去。你欺负别人的时候，别人会铭记在心的，一旦你不再强大，而别人强大起来，肯定会报复你。

在威廉斯堡危机中纽约警察局的做法非常明智，他们并没有落入此类陷阱。即便是人质逃脱后，他们也没有诉诸武力。毕竟这不是最优选择。有人认为警察应该持枪进入店里，剿灭罪犯，然而我们并不知道这样做的胜算是多少。

执法面对的是生与死的问题，但我们普通人不会面临这种危险。然而我们表现得却像是自己在做生死抉择。我们的"恐龙大脑"把每一次的争执都当作对生存的威胁——"关于今天由谁去丢垃圾的争论就是件生死攸关的事"。是的，非常合理。可是，即便是性命攸关的时刻，纽约警察局派出的聪明的人质谈判者却还是选择了谈判而不是发动战斗。20世纪70年代后，危机谈判者侧重于交易型谈判。"你把人质放了，我就给你一笔钱。"听上去还不错，是吗？然而这其中也存在一些问题。

20世纪80年代中期，上述谈判风格经历了沧桑巨变。警察意识到虽然谈判能获得巨大成功，但是这种商业抵偿的谈判模式并不适用于所有的现实情况。早在20世纪70年代就发生过层出不穷的恐怖分子劫机事件，并且这些恐怖分子都有明确的需求。然而，在20世纪80年代，警察们面对的97%的案件中，犯罪分子都有情绪失控的现象，他们不需要钱，也没有政治企图。

因此，第二代谈判原则出现了。

如果战争和抵偿交易都存在缺陷，那么危机谈判者和装备精良的执法部门在应对暴力犯罪分子时又发现了什么好办法呢？那就是移情作用。销售员式的谈判模式并不适用于国内争端以及自杀式的犯罪分子。然而真诚地关注他们内心的情感却是有效的解决办法。

迈克尔·麦克梅因斯（Michael McMains）在此类情感研究中发现，在应对危机状况时，警察们主要犯了三个严重的错误：在他们眼中所有事情都只有黑与白之分，他们想要立即摆平局面，以及他们忽略了情感因素。

接受、关怀和耐心

我们都犯下了同样的错误。的确，我们都没有遇到过情感脆弱的犯罪分子。事实上，稍做思考就会发现我们经常和情感脆弱的人打交道，他们可能是我们的同事，也可能是家人。他们不会像恐怖分子那样威胁我们（虽然有时候我们的确有点被动）。通常情况下，他们只是感到心情沮丧，希望有人能倾听他们的想法。

人质谈判者总是面临着我们能想象的最危险的局面，但是他们应对危

186

有　效　努　力

BARKING
UP THE
WRONG
TREE

机的态度自始至终都是接受、关怀和耐心。让我们再一次回到友谊的话题上。与战争类似，友谊也是出自我们本能的一种感情。接受、关怀和耐心是友谊的必需品，因为在大多数情况下我们和自己所爱的人之间没有所谓的谁对、谁错。

情感研究专家约翰·戈特曼发现，情侣之间有69%的问题都是永恒存在的，没有明确的定论。因此讨价还价是行不通的。我们需要倾听并理解对方，尽管这样并不能解决问题，但只有这样婚姻才能长久。如果我们一味地较真，忽略对方的情感，那么双方的感情就会破裂。

我们都知道情绪的力量。坏情绪会让你言行大变。例如，当你又饿又怒的时候，你一吃完东西就看什么都顺眼了，处理问题时你会比以前更加心平气和。一项研究表明，食物是一种有效的劝说工具，"食物的消耗会暂时让对方顺从食物提供者，并且吃东西时他的顺从感是最强的，但随着食物的减少这种顺从感的强度也会减弱"。你吃了一个干酪汉堡，现在感觉好多了。

情绪会让人改变自己的行为。在电视节目《人群控制》（*Crowd Control*）中，丹·平克（Dan Pink）试图让人们停止非法占用残疾人士停车位。丹的团队将残疾人标识改成了一幅图片，图片上有一个人坐在轮椅上，这时非法占用停车位的人数并不是有所下降——而是全部消失了。看到别人的面孔会让我们联想到别人的感受，而正是这种感受改变了我们的行为。

这个道理适用于办公室争端吗？适用于棘手的谈判吗？是的。记住哈佛大学的迪帕克·马尔霍特拉教授关于工资谈判一事给学生的建议，他认为最重要的一点是：让他们喜欢你。

为什么与别人打交道，甚至在做买卖的时候，友谊能发挥如此大的威力呢？用谈判家的话来说，这可以归结为"价值创造"。如果我们坚持交易模式的话，我们总是会计算短期内的得失利弊。没有友谊的忠诚和信任，这种模式自身存在竞争性。我们并不希望对方的利益大于自己的。然而，如果我们友善相待，彼此就会交换更多信息，并且探索新的合作途径，让双方各取所需。你所认为的一文不值的东西对他们来说可能很珍贵，反之亦然。与其试图分得一块更大的蛋糕，不如把蛋糕做大。研究表明，友谊的诸多元素都有利于谈判的顺利进行，开心的人往往是谈判能手。如果谈判方对交易过程感到满意，那么他们很可能会达成交易并且取得双方都满意的结果。如果我们能像朋友一样说说笑笑，我们之间的信任也就建立起来了。

四个步骤帮你迅速化敌为友

应付那些艰难的对话意味着我们要减少敌对与猜疑，增加一些冰岛人的和气与友善。我们从人质谈判和临床心理学中总结出四个步骤，这四点能帮你快速化敌为友：

* 保持镇静，慢慢来

不要动怒。如何才能控制愤怒？阿尔·伯恩斯坦建议，这时要假装自己正在和孩子讲话。你肯定不会和一位大喊大叫的孩子讲道理，你也不会和他们生气或者对他们咆哮。你只会屏蔽他的歇斯底里，并且解决眼前的问题。记住"哥斯拉大战拉顿"效应。纽约警察局告诉人质谈判者，他们的行为具有感染性。

188

有　效　努　力

BARKING
UP THE
WRONG
TREE

慢慢来。如果你没有以愤怒回击的话，对方的愤怒会随着时间慢慢平息的。快刀斩乱麻只会加重双方的压力，并且容易感情用事无法让你做出理性决定。阿尔·伯恩斯坦喜欢说："请慢慢说。我愿意帮助你。"

* 积极倾听

所谓积极倾听，就是倾听对方且让对方知道你在倾听他们。不要做评论。联邦调查局前国际人质谈判首席专家克里斯·沃斯（Chris Voss）指出，你需要询问对方开放式问题。那些"是什么"或者"怎样做"的问题是最佳选择，因为对方很难用"是"或者"不是"来回答你。

不要对他们的话做出评价，你只需要倾听并附和即可。时不时地把自己听到的内容转述一下。你对他们的回复应该是"的确，就是这样"。如果你能跟对方重复一下对方陈述话语的要义，他们就不可能大喊"你根本没听懂我在说什么！你根本不懂！"。把谈判当成游戏，你要扮演的是侦探的角色。

说起来容易，做起来却很难。即使你不认同对方的观点，也要遏制自己张口反驳的冲动。同时，你可能走神。我们每分钟能听到并且理解七百个词，然而我们每分钟只能说约一百个词。这种延迟会让我们分心，所以要集中注意力。

倾听并且附和对方会有不一样的结果。情感专家约翰·戈特曼认为的提升恋爱关系的第一要义是什么呢？学着做一个好的倾听者。人们辞职的头号原因是什么？他们认为自己的老板根本不懂得倾听。

* 定义情绪标签

记住，你要关注的是对方的感受。对对方情绪的回应可以是"你听上去很愤怒"或者"这件事似乎的确让你心烦意乱"。人质谈判者用这类回应向歹徒表明他们的善解人意，冷却犯人的愤怒。神经科学研究表明，给每一种情绪下定义能减少情绪的强度。

* 让对方陷入思考之中

若要平息大脑中的愤怒区，我们就需要让思维区活跃起来。再次申明，我们可以向对方提问，但不要妄加评论。阿尔·伯恩斯坦喜欢说"你想让我做什么呢"，这会让对方思考各种选择，而不是发泄情绪。

把自己当成苏格拉底。不要试图解决他们的问题并告诉他们该怎么做，那样只会把自己置于战争之中。通过提问来帮助他们解决他们自身的问题，并给他们反馈，巧妙地让对方去思考自己的所作所为是否行得通。

如果他们自己想到了解决的办法，他们很可能会坚持自己的办法。他们也没必要认输并告诉你"你是对的"。如果他们自己的难题得以解决，他们就会放松警惕。

威廉斯堡的人质逃脱后，纽约警察局本可以将那家体育用品商店一举攻下。但他们并没有这么做，而是把犯人的亲属带到现场与他们进行交谈。移情和沟通才是最好的办法。

只有在你强过所有人的时候，争吵才会继续保持你的优势。（然而这种极其强大的人非常罕见。）如果遇见只有通过武力才能解决的问题，那么你最好放弃这条路。因为战争模式并不是处于"战争"之中的人如执法

190

有　效　努　力

BARKING
UP THE
WRONG
TREE

人员的最佳选择，同样也不适合你。只有以友相待，积极倾听，并向对方发问才能取得最佳结果。

现在我们已经知道如何缓和冲突，以及如何维系一段感情，那么与别人保持长久友谊的最重要因素是什么？就是看似不起眼的"感恩"二字。

真诚地表达感激，你会赢得更多朋友

截至目前，无论你获得了怎样的成功，你都离不开他人的帮助。这些人究竟有多少呢？有多少家人、朋友、老师，以及导师帮助过你？有多少人曾在你困难的时候对你伸出援手，为你出谋划策，安慰你或者给你希望？无论是谁——牛顿也不例外——都不可能仅凭一人之力取得成功。

你是否花时间真心地感谢过他们呢？当然没有，因为你很忙。

年少的我们认为这一切都理所应当。有时候直到数年后，我们才意识到别人对自己的恩惠到底有多重要。但是感激别人，尤其是过了很长时间再去真诚地感激别人会让人感到尴尬。但是我们常常后悔自己没有说出那些感谢的话语，尤其是在我们再也无法说出口的时候。哈丽雅特·比彻·斯托（Harriet Beecher Stowe）曾说："撒在坟墓上的最痛苦的眼泪是为那些未曾说过的话和未曾做过的事而流的。"

然而有一个人真的去感谢了所有帮助过他的人。他的名字是沃尔特·格林（Walter Green）。

沃尔特将感情看得比什么都重，然而像大多数人一样，沃尔特这辈子也是个大忙人。一手建立了公司，并成为事业成功的公司董事长和CEO，目前他的公司已经拥有超过1400名员工。晚年，他卖掉了公司，安享退休后的生活。他本可以将所有时间花在高尔夫球场上，但他却被一件事情困扰着：他想感谢父母，却永远失去了这样的机会。

这件事情并不能全怪他——沃尔特十七岁的时候，他的父亲就因心脏病去世了。既然现在时间充裕，沃尔特打算去做下一件最好的事情——他将亲自去感谢所有帮助他成功的人。

"知足常乐"不仅是一条来自你祖母的好建议，还被科学证实是一种增强幸福感的方法。研究反复证实，上床睡觉前把当天发生在你身上的好事记录下来会增加个人幸福感。

因此沃尔特坐下来，回忆着自己成功路上的每一位恩人。他称这些人为"我的四十四"。这些人里面有大学时帮他找到自我的好朋友，父亲去世后照顾自己的兄长，帮自己维护孩子健康的家庭医生，指导过自己的导师，让自己骄傲的徒弟，支持过自己的同事，跟随了自己二十五年的助理，孩子们，以及他一生的挚爱——妻子洛拉。这些人的年龄从二十八岁到八十七岁不等。"四十四"或许是一个庞大的数字，如果你也进行一番深度反思，你或许不难得出类似的数字，正是这群人在你过去的人生里不断地塑造着你。你会发现，我们多么容易忘记竟有这么多人曾对自己的人生产生过影响。

沃尔特制订了他的感恩计划。有点像终生成就奖，但这个奖项却是颁发给别人的，而不是自己。有生之年向别人说出赞美之词是非常可贵的。

他将亲口告诉这四十四位恩人他们对自己的重要性。感动吧？不过，他却做了一些形式上的改变。

他并没有给每个人发信息、发邮件或者打电话。沃尔特向别人表达感激之情是非常认真的，因此他买了一张机票——事实上不止一张——当面

192

有　　效　　努　　力

BARKING
UP THE
WRONG
TREE

感激这四十四位恩人中的每一位。他在全国来回穿梭，甚至还飞去了肯尼亚。要完成这项计划可能要花他一年的时间。

第一步就是给每个人打电话约见面的时间，并告诉对方他的计划。大家最普遍的反应是什么呢？

"沃尔特，你没事吧？"

由此可以看出，真诚的感谢是多么难能可贵。然后沃尔特会进一步进行解释。人们听后都说："你确定你没事吗？"

他会为每一次碰面做准备，还会问自己："这个人对我的人生产生了什么样的影响？"

沃尔特长达一年的感恩计划就是这样开始的。他与人碰面的地点包括对方的家里、酒店房间、对方的办公室或者餐馆。他会和每个人谈论他们是如何相识的。（和有些人认识的时间长达四十年，有时候就连他们自己也记不清了。）他们会分享过去的美好回忆。沃尔特还会根据每个人对自己的影响制定不同的感谢词，以示诚意。

最后他还会询问他们对自己的看法。这可不是孤芳自赏。他和这些人认识的时间加起来有一千多年。从他们心中得到真实的评价，看到曾经的自己以及现在的自己，何乐而不为？他们给出的答案正是那个让我们夜不能寐，反复思考的永恒问题的答案："我是谁？" "我做的事情是对的吗？我足够努力吗？"

（沃尔特还是个喜欢拥抱的人，每次见面他都要给对方一个温暖的拥抱。）

交谈过程中他不会做笔记，因为他想专心致志地倾听每一个人的讲话，但他会用音频记录每一次谈话。一年的计划执行完毕之后，他给每个人寄去了一份记录彼此对话的光盘，还附上了沃尔特与对方见面时的合影，以及一封讲述他这几年经历的信作为礼物。

表达自己的感恩之情不仅对沃尔特有帮助，在这四十四位恩人中，有很多人受沃尔特启发，向那些曾经帮助过他们的人表达了感谢，甚至有一位已开始教自己的孩子学习尊重感情的价值。科学证实有很多种途径能让我们变得幸福，而感恩的特殊之处在于它一定能让当事者双方都感到幸福。

感恩计划结束后，一位朋友问沃尔特："你从中有什么收获？"他发现自己并没有考虑过这个问题，他脑海中第一个闪现的念头是内心的宁静。

在一次和妻子乘船游玩时，他感到了胸部疼痛。游船上的医生说他的心电图出现了异常，他的血压也上升了百分之五十。他知道自己的父亲曾因心脏病去世，或许这也是他的下场……

然而沃尔特发现自己比预料中平静得多。他很平和。他已经向人们表达了感激，人生也就此圆满了。

事实上，那次胸痛并不是心脏病所致，只是胸部良性肌肉问题引发的疼痛。目前还没有更有力的证据证明感恩计划彻底改变了沃尔特的生活。正如威廉·阿瑟·沃德（William Arthur Ward）所说："心怀感激却没有表达出来无异于包装好了礼物却没有送出手。"沃尔特已经把自己的礼物送了出去。于是他得到了宁静与爱。有生之年得到这样的回馈再好不过了。在享受这种回馈的同时，别忘了分享。

194

有　效　努　力

BARKING
UP THE
WRONG
TREE

更明智地进行社交

现在，我们在本章认识了很多朋友——保罗、牛顿、贾德·阿帕图、沃尔特·格林等，我们甚至学会了如何更明智地进行社交，免得落入哈佛大学与麻省理工学院的境地。在表达感激之情时，我们还有如下几点需强调：

*认识你自己

正如了解自己是经过筛选还是未经筛选的领导人会让你少走弯路，弄清楚自己是内向型、外向型还是中间型，以及确保所有的事情都和自己的奋斗目标一致能最大限度地释放你的潜力。在第一章中，我们提到了选择适合自己的环境，而本章中我们提倡找准自己的角色。天生健谈的人不应该去应聘实验室的研究工作，同样，"书虫"也不适合做销售。当然，完全内向或者完全外向的人的选择非常明确。而中间性格者则需要略加尝试，找到内向与外向的最佳平衡点。

*归根结底，还是和友谊有关

请不要再用"经营人脉"这种词了。从导师到同事，我们的大脑似乎不能很好地悦纳"联系人"。也正是这样，我们的关系才不单纯。相反，我们擅长应对"我们"和"他们"，"朋友"和"敌人"。所以，请像幼儿园小朋友那样交朋友吧。几乎所有的影响力原则都以友谊为基础。如果你真心想交朋友，那就不必心虚，尽管使用交友技巧就好。

* 最成功的人总是不断地得到又不断地付出

阿图尔·葛万德的成就让我羡慕不已，而这位功成名就之人仍认为自己需要导师的指点。通过不断的付出，熊猫建立了硅谷最大的人际关系网。付出与回报并不是相互独立的，它们自成一体。如果没有不断的付出与回报，你将永远一事无成。虚心向那些比自己优秀的人学习，和那些不如自己的人分享经验，这样你才能像蚱蜢一样跳得更远。

* 无论喜不喜欢，你的社交都会影响你，因此确保自己有一个良好的社交圈吧

我们会不断地发现周围的人时时刻刻在影响着我们。他们能让我们更开心、更健康，以及更加成功——或者恰恰相反。大多数人的影响都是被动的，逐步的，潜移默化的。妈妈不让你和坏孩子交往是对的。耶鲁大学的教授尼古拉斯·克里斯塔基斯（Nicholas Christakis）的研究表明，任何事情，无论好坏，在社交圈里都会被放大。所以你想成为什么样的人，你就去和什么样的人在一起。

记住，社交的第一步是维系已有的关系。你该怎么做呢？期刊《认知与情感》（*Cognition and Emotion*）中的一篇研究论文指出，人们会出于感激而花更多的时间与你在一起。感激是幸福的策略性核武器，是长久友谊的基石。

如果花些时间向他人表达感谢真的如此简单，为什么有的人却做不到呢？研究人员称之为"享乐适应性"。而我将之称为"理所当然"。第一次买到新房子的时候，你认为这就是你这辈子最幸福的时刻。一年以后，

有　效　努　力

你觉得自己应该再买一幢房子。新鲜事物带来的喜悦从不会长久。万事皆然。

最好的例子？蒂姆·克赖德尔（Tim Kreider）度假时喉咙被人刺伤。刀距离颈动脉仅有两毫米，据他描述，这两毫米能决定他是遗体被货船运回家还是自己乘大巴回家。幸运的是，他活了下来。在接下来的一年中，任何事情都不足以让他难过，因为他认为能活着已经很幸运了。经历了喉咙被刺之后，任何消极的事情对他来说都显得微不足道了。"这件事能让我烦心吗？我可是被人刺过喉咙的！"

接下来就出现了享乐适应性。他发现自己还是会因为一些小事烦心——交通、计算机故障等。和大多数人一样，他再次感到活着是件理所当然的事情。

随着时间推移，他想出了解决办法。他决定每年都庆祝一下自己的"遇刺"纪念日。这也正是我们需要做的。我们需要花一些时间去感激自己所拥有的事物，以消除享乐适应性。如何才能最好地消除享乐适应性呢？感激自己周围的人。人际关系是幸福的要义，花时间去说"感谢"会增强我们的幸福感。

因此，我最后的建议是像沃尔特·格林那样，去拜访那些应该被感谢的人。这并不是什么小伎俩。宾夕法尼亚大学的马丁·塞利格曼教授的研究表明，拜访那些自己心怀感激的人是增强幸福感并且让别人也感到幸福的最有力的途径之一。

表达感激之情并不难。塞利格曼建议，给别人写一封感谢信，内容具体，例如写一下别人都为你做了什么，以及如何影响到你的生活。然后定个时间与他们坐下来谈谈，但是不要告诉他们你的来意。见面后，把信读给他们听。这里我还有个小建议：别忘了带纸巾。他们很可能会流泪，并且你也会，但是你们都会感到无比开心。

或许你的旅游预算并没有沃尔特那么多。但一封邮件或者一条短信也可以表达你的感激之情。研究表明，感恩之心是我们友谊的"促效剂"，能提升关系的满意度。感恩不仅仅有助于发展友谊，还有利于促进同事之间的感情。一项研究表明，我们会经常对家人说"谢谢"，但对同事表达感谢的概率只有15%。接受调查的人中，有35%的人说他们的老板从来不说"谢谢"二字。

你并没有那么忙——他们也一样——你不会忙到连一句简短的"谢谢"都说不出口。或许你认为别人已经知道你心里是如何感谢他们的，然而将这种感情表达出来才是真正的魔力所在。（我现在就要感谢你们能读我的书，因为我跑去你家表示感谢会有点奇怪。）

好了，我们已经讨论过知识重要还是人脉重要这个话题。然而，我们对别人以及对工作应该持有什么样的态度呢？大家总是说我们要自信一点。自信的力量不可小觑，它影响着我们和别人对自己的看法。但是自信也是一把最大的双刃剑，我们在本书将会有所涉及。

无论在什么情况下，我们都应保持自信与乐观，不是吗？人们是因为读过了太多自助类的书籍才盲目地乐观与自信？要揭晓答案，我们还是先来看一下当世界上最聪明的人之一自信到无人能及的时候会有什么后果吧。

相信自己……
偶尔信一下就好

向象棋大师、秘密军事单位、功夫骗子以及感受不到恐惧的
人学习在"自信"和"自以为是"之间走钢丝

B A R K I N G
U P T H E
W R O N G
T R E E

他无论如何也无法理解刚刚那一步棋。电脑为什么走出了那一步？

他盯着时间看。虽然他不想在某一步中浪费过多时间，但是这一步棋实在难解。

那是1997年，世界上最优秀的国际象棋大师加里·卡斯帕罗夫（Garry Kasparov）正在对战IBM公司的超级计算机"深蓝（Deep Blue）"，这场比赛赢得了全世界的瞩目。因为这不仅是一场友好的象棋比赛，这场比赛还引发了一次历史性的争论——到底谁更聪明：人还是机器？

事实上这是一场复赛。卡斯帕罗夫去年已经轻松地以5∶1的战绩夺得了冠军。国际象棋大师莫里斯·阿什利（Maurice Ashley）在纪录片《人机对抗》（*The Man vs.The Machine*）中这样描述卡斯特帕夫：

> "他是当代最出色的国际象棋大师，也是历史上排名最高的选手，曾连续十二年获得世界国际象棋冠军。当卡斯帕罗夫走进赛场时，其他选手便将目光放在亚军的争夺上了，毫无夺冠的信念。因为他们知道卡斯帕罗夫的出现预示着他将击败所有人。"

然而"深蓝"也不是好对付的。尽管去年总成绩输给了卡斯帕罗夫，但它赢下了六局中的第一局。同时IBM公司中资金充沛的工程师团队已经从去年的比赛中吸取了教训，在过去的一年中进一步完善了"深蓝"。

尽管如此，卡斯帕罗夫非常自信。IBM国际象棋顾问乔尔·本杰明（Joel Benjamin）说："很明显他的自尊心非常健全，并且这种自信通常也是成为冠军必备的积极因素。过于自信总比不够自信好得多。"

但就在这时"深蓝"的举动却让卡斯帕罗夫举棋不定。在第一局比赛的第44步棋中，"深蓝"将"车"从D5挪到了D1，而卡斯帕罗夫却搞不明白对方为什么会有这样的举动。

随着时间一点点地流逝，卡斯帕罗夫在脑海中不断地思索着"深蓝"的策略。

难道是它搞错了吗？这是个危险的问题。因为对于卡斯帕罗夫来说，将自己的不解之处理解成对手的失误是非常自大而且懈怠的表现。不能低估机器的实力，因为在去年的比赛中，机器曾战胜过他。

他是目前最优秀的国际象棋大师。如果他都不能理解计算机的做法，其他人恐怕更不能。虽然"深蓝"已经对卡斯帕罗夫之前的比赛一清二楚，也知道他的强项所在，但是卡斯帕罗夫对"深蓝"的了解却非常少。万一这个机器比他想象中还聪明呢？万一它能预想好二十步棋而不是五步或十步呢？

或许我的努力已追不上它了？

"深蓝"的第44步棋并没有对比赛产生影响。卡斯帕罗夫还是赢了——但是很明显他的手还在颤抖。

在第二局比赛中，深蓝又走了一步深不可测的棋。它本"应该"向前移动，但它却移动了"兵"。这步棋对卡斯帕罗夫非常有利，可是这还是让人想不通……除非机器比他更聪明。他不自在地坐在椅子上。下了几步棋之后，所有观众都能看出卡斯帕罗夫这局是赢不了了，但或许能打成平

202

有　效　努　力

BARKING
UP THE
WRONG
TREE

局。然而他却向"深蓝"的人类代表伸出了手。是的，他放弃了。

在接下来的几局比赛中，卡斯帕罗夫的棋风发生了巨大的转变，转攻为守。第三、第四、第五局比赛双方均打成平手。在第六局比赛中，他犯了一个菜鸟级的错误，陷入了常见的圈套中。他本应该避开的，可是他被"深蓝"吓到了。这就是他失败的原因。随着第六局大势已去，整场比赛也以失败收尾。

最终，机器战胜了人类。这真的是一台天才计算机吗？它真的能预想二十步棋并使用国际象棋大师都无法识破的策略吗？

不是的。事实上恰好相反。那怎么解释第一局中的那第44步棋呢？事实上这只是软件出现了漏洞而已，一种编码错误。

IBM的工程师编写了故障保险程序。为了防止在"暂时性的小问题"上浪费过多时间，"深蓝"会走出一步完全随机的棋。所以第44步它移动了"车"。

当然，卡斯帕罗夫并不知道这一点。他看到"深蓝"移动的棋子后，认为"深蓝"有自己的策略——正是他自己不理解的策略。为此他深感不解。他把"深蓝"的随机举动当成极具智慧与自信的策略，看成机器比自己更胜一筹的证据。自信心的丢失才是卡斯帕罗夫失败的原因。

正如解说员后来评论的那样，卡斯帕罗夫本可以在第二局中就与"深蓝"打成平手，他却因为觉得自己已经被打败了而选择放弃比赛。他对自己的实力并不自信，并且他认为对手优于自己。

通常情况下，卡斯帕罗夫都可以看着对手的眼睛，揣测对手的意图：他在虚张声势吗？可是"深蓝"从不畏缩，甚至不能畏缩。这就是卡斯帕罗夫的自信心被撼动的原因。

有时候表面上的自信能决定成败。

自信让我们感觉掌控全局

好吧，我们打开天窗说亮话：的确，成功的人都是自信的。越是成功的人，往往越自信。被《经济学人》（*The Economist*）评为高级商业思想领袖之一的马歇尔·戈德史密斯（Marshall Goldsmith）曾说：

"成功的人无一例外地认为自己优于同龄人。我曾在训练项目中要求五万多名受试者将自己与同一专业领域的同辈比较，并给自己打分——80%至85%的人认为自己在同龄人中位列前二十名，约70%的人认为自己排名前十名。在社会地位较高的一些职业中，例如物理学家、飞行员和投资银行家等，这些数字更为离谱。"

很显然，成功人士并不缺乏自信。著名电力系统设计者尼古拉·特斯拉（Nikola Tesla）因自信而闻名，他签字的时候不会写自己的名字，而是写上"GI"（代表"天才发明家"）这两个字母，谦虚并不是他的强项。

反过来说，一项名为"自尊与收益"的研究表明，当涉及你最终能赚多少钱的时候，一个人的自信程度至少是和你的聪明程度一样重要的。

长得好看的人是不是更成功呢？是的。漂亮的女人比相貌平平的人多赚4%的工资，长得帅的男人比普通人多赚3%。或许这笔钱听上去不多，但对于一名普通工人来说，在整个职业生涯中他或她会比普通人多赚超过23万美元。同样，不漂亮的女人的收入比正常人少3%，不具吸引力的男人

204

有　效　努　力

BARKING
UP THE
WRONG
TREE

比普通人少赚22%。有一句唱反调的话：长得美的人不会因为我们多看他
们几眼就能迅速吸金。研究表明，正是因为他们那张漂亮的脸蛋，他们才
更加自信。

　　而越自信好处就越多。研究证实，过度自信能够提高生产力并促使我
们选择更具挑战性的任务，这正是我们在职场上脱颖而出的原因。比起那
些成就多的人，过度自信的人更有可能被提拔。正如前文所说，主动发
言——通常这是一种非常自信的行为——能让别人视我们为领导。

　　过度自信会让我们产生迷惑吗？当然。但这也有好处。再一次，马歇
尔·戈德史密斯提出：

　　"从积极的角度来说，成功的人是'充满妄想的'。他们通常会用自己
之前的行为来定义自己以及自己所取得的成就。这种对过去的积极看法增强
了他们对未来的乐观态度，并且提升了未来成功的可能性。"

　　一项研究表明，自欺欺人能有效地减少压力，它是一种积极的自偏
压，能提升痛苦承受力。当面临竞争性的任务时，所有的这些因素都能提
高一个人的动机和表现。

　　在某些程度上，大多数人对自己都有这种积极的幻想。1997年，《美
国新闻与世界报道》（*U.S. News and World Report*）曾做过一项调查。
当受试者被问到谁最有可能死后上天堂的时候，52%的人的回答是总统
比尔·克林顿（Bill Clinton），65%的人回答说是迈克尔·乔丹（Michael
Jordan），79%的人认为是特里莎修女（Mother Teresa）。究竟谁的票数最
高呢？87%的受试者都认为谁最有可能死后上天堂呢？"我。"做出这一

回答的人认为他们自己最有可能跨越天国之门。

这就让我们想到了"傲慢"这个话题。难道这种自信不会让你变蠢吗？不凑巧的是，这种自信也有积极影响。自恋主义者是自信王国可鄙的国王与王后，他们在工作面试中的表现却更突出。一位研究者曾说："我们并不想雇用那些自恋者，但最终还是把他们留下来了。因为他们看上去非常自信而且很有能力。"另外，他们更有可能走向领导层。过度自信甚至还能提升团队的整体效率，而不自信会起到反作用。

为什么自信的力量如此强大呢？因为它给我们一种掌控全局的感觉。马歇尔·戈德史密斯解释道：

"当其他人感受到威胁的时候，那些认为自己能够成功的人却会看到机会。他们不惧怕不确定性或模糊性，他们只会拥抱挑战。他们接受更多的挑战，并能获得更多回报。面临选择的时候，他们会赌上一把。成功的人'内控点'很高。换句话说，他们不认为自己是命运的受害者。他们认为自己的成功是努力和能力的结果，而非幸运、随机因素或者宿命。即便他们的成功绝大多数因素应归功于运气，他们也会持有上述观点。"

卡斯帕罗夫不能理解为什么"深蓝"挪动了"车"，认为这背后肯定有深不可测的原因。这种想法让他感觉自己无法掌控比赛，失去这种控制感，他的信心也随之而去，最终败给了"深蓝"。

如果自信的力量巨大无比，那么我们不自信的时候能不能假装自己很自信呢？

206

有　效　努　力

BARKING
UP THE
WRONG
TREE

虚张声势也管用

美国人太懒散了。他们如果继续这样，肯定会被德国打败的。那是1944年，彼时纳粹已经占领法国四年了。他们在法国四处都安插了间谍。美国人以为他们的举动不会被德军发现，但他们的一举一动实际上早就被德军掌握，并且后者比他们领先得多。

一队美国士兵偷了当地商人的一箱酒。这个美国人不知道店老板是纳粹的眼线，是德国间谍体系中的一员。其他眼线在各种酒吧里都能看到美国士兵的出入，即便这些士兵没有佩戴军徽，那些详细研究过美国军队的德国情报工作者仅凭这些士兵酒后爱哼的歌曲也能判定他们属于哪支军队。

纳粹分子不只是被动地收集这类信息，他们会把收集到的信息加以利用。根据哪些军队出现在哪些城市，美国将军的吉普车（通过保险杠上的星星图案识别）所到之处，以及美国火炮的发射途径，德国军队会有的放矢地击破对方。听说美国装甲部队正在挺进，纳粹将军拉姆克调用了几十架88毫米口径的反坦克炮以打美军一个措手不及。

事实上，真正被蒙在鼓里的是德国。因为纳粹间谍收集到的大部分信息都不是真的。

美军早就知道酒吧老板是纳粹眼线，并且早就料到老板会气急败坏地向德军汇报偷酒事件，并且暴露美军的位置。的确有美国士兵在酒吧喝酒，但只有十人，他们穿梭于不同的酒吧，穿着不同军队的服装，唱着不同的军歌，创造着坚不可摧的美国军队形象，而事实上这一切都是假象。制造美国将军在场的假象并不难，他们只需要在一辆普通吉普车上刷上标志性的星星图案，再找一个普通士兵穿上将军制服并表现出趾高气扬的样子即可。

这并不是恶作剧把戏。所有这一切出自第23指挥部的特种部队之手，绰号"幽灵部队"。1943年，拉尔夫·英格索尔（Ralph Ingersoll）和比利·哈里斯（Billy Harris）组建了一支军队，这支军队的唯一目标就是迷惑敌人，为敌人制造美国军队在场的假象，因此真正的美国军队才能声东击西，出其不意攻其不备。英格索尔称这支军队为"骗子大师"。从1944年6月到1945年3月，幽灵部队总共执行了二十一项不同的任务。

戴军徽、唱军歌只是冰山一角。事实上这支部队分为三个部分，分别负责音效、无线电和视觉。音效组有145位成员，他们录下了坦克、大炮以及军队行进时的声音。他们还配有500磅的扬声器，扬程达到近15英里，足以让敌人误认为美国军队正在行进。无线电小组的296位成员知道德国会窃听美国的信号，因此他们完美地模仿了不同军队的特质，为敌军提供了虚假的美军地理位置。视觉组的成员最多，共379名，他们的任务是制造美军在场的假象。他们最常用的武器就是那几个93磅的充气坦克，它们远远望去就像真的一样。用推土机制造坦克碾压过的痕迹，再配合音效组的录音、无线电组提供的装甲部队信息，逼真的假象就营造了出来。（偶尔充气坦克的炮管会漏气，这时他们就会用一根细绳子牵住炮管以达到逼真效果。）

是的，兵不厌诈。但二战之前还从来没有过这样一支专业的，能把声音、视觉和无线电通信模仿得如此逼真的部队。

这支部队没有前人经验可参照。他们看上去就是一群疯子和怪咖，一群演员而非杀手，一群停工时表演小品而不是玩纸牌的人。但有人认为这支部队执行的是自杀任务。他们的人数相对较少，并且武器数量不足，即便这样还要刻意引起敌人注意。一支不足一千人的军队需伪装成三千人的

208

有　效　努　力

BARKING
UP THE
WRONG
TREE

阵容。他们的伪装很容易诱敌深入，这为美军整体创造了有利的条件。但他们没有真正的坦克且装备不足，在迫不得已的情况下，制造的假象一旦被戳破，就会很容易被敌人撕成碎片。

幽灵部队最大的考验以及最关键的任务是贝唐堡行动。当时美军已经把德军逼退到了莱茵河。德军还想做最后一搏，并发誓"让美军血染莱茵河"。这不是空口大话。事实上，美军防线上存在一个70英里的漏洞，如果纳粹分子发现了并加以追击，这将对同盟军极为不利。这时幽灵部队很好地弥补了这一空缺。他们的任务就是制造假象，让德军认为那里驻有一支两万人的强大军队，同时将敌人引入南部作战区，而在那里等待德军的是严阵以待的美国军队。

幽灵部队没有想到的是，他们要蒙骗敌军一整周。这对他们来说史无前例。第七天，局势已经非常紧张，但德军终于被击溃了，从缴获的地图上看，纳粹分子已经被他们的手段欺骗了；幽灵部队的出现填补了美军的空缺，让敌人把美军的弱点当成了坚不可摧的重地。贝唐堡战役的大捷就能很好地证明幽灵部队存在的价值。

虽然幽灵部队能在紧急关头发挥重要作用，但他们也不是十全十美的。有一次，两位法国人试图穿越安全界线，却看到四个美国陆军士兵抬起了一个看似有44吨的谢尔曼坦克。惊讶不已的法国人转身看着身边的士兵，板着脸说："美国人真厉害。"

你可以假装很强大，也可以假装自信。有时候，就像幽灵部队这样，你也能侥幸成功。所以仅从自信的角度来说，我们应该一直假装自信直到成功的那一刻吗？

加州大学伯克利分校的一项研究表明，过于自信的表现不仅会给别人留下能力强的印象，还会让别人认为你的地位更高。（简单地说，另一项研究表明戴眼镜的确会给人留下聪明的印象——尽管戴眼镜不好看。）

谈及领导才干时，研究人员基娅拉·阿马蒂（Chiara Amati）坦言："从某种程度上来说，假装有自信是一种很好的人员管理方式。"杰弗里·普费弗赞同地说道："领导的秘诀就在于扮演角色、装模作样和表演的能力。为了更好地理解，我们需要知道如何使用权力。"

许多研究证实，有时伪装对自己也有好处。在《似乎原理》（The As If Principle）一书中理查德·怀斯曼指出，很多研究表明，悲伤时候的微笑能提升一个人的幸福感，假装自己很强大会让人提高承受痛苦的能力。其他研究表明，控制感能减压——即便你并没有控制局面。无论如何，自己的想法才是最重要的。

然而你真的能时时刻刻地伪装自己吗？听上去很累。想想那些自恋狂，你会发现即便是他们也不能永远伪装自己。尽管他们在职场和情场上留下的第一印象比较好，但数据显示，工作几周后同事们就会发现这种人不靠谱，与恋人交往几个月后恋爱满意度也会一落千丈。伪装难免会落入摩尔多瓦人的下场——信任非常脆弱，失之容易，得之难。

我们现在假设自己是位出色的演员，奥斯卡影后或影帝的级别。也许你的演技非常好，以至于把自己也骗了过去。但这背后却隐藏着一个巨大的问题。沃伦·巴菲特曾说："那些在公众场合误导别人的CEO最终会在私底下误导自己。"我们有充足的理由认为巴菲特说的有道理。

丹·阿里尔利做过一项研究：受试者可以在测试中作弊。（他们并不知道研究人员能够识别他们是否作弊。）当然了，作弊的人表现得更出色，但有趣的是，当研究人员让他们预测自己在另外一场测试中的表现

210

有　效　努　力

BARKING
UP THE
WRONG
TREE

时，那些作弊的人认为自己接下来的表现比那些没作弊的人更好。换句话说，尽管是通过不正当手段取胜，他们还是认为自己之所以成功是因为比别人更聪明。欺骗别人的同时也会欺骗自己。

这就很危险了。就在别人开飞机的时候假装是自己在操控飞机，因此当下一次，不会开飞机的你走进驾驶室时，你会以为自己是一名优秀飞行员。纳撒尼尔·霍桑（Nathaniel Hawthorne）曾经写道："在相当长的时间内，谁也无法对自己扮出一副面孔，而对众人又扮出另外一副面孔，那样做的结果必然是连他本人都弄不清到底哪一副面孔是真的了。"伪装可能是一种糟糕的策略，因为你在欺骗别人的时候也欺骗了自己。

这就将话题带到了自信的劣势上。

过于自信会让你栽跟头

在数十年的武术生涯中，乔治·迪尔曼（George Dillman）教出了众多学生，其中就包括拳王穆罕默德·阿里和李小龙。他是跆拳道九级黑带选手，并连续四年获得全国空手道冠军。在国家地理电视节目《这是真的吗？》（Is It Real?）中，他宣称自己有一项武功绝活，这也是他的成名之处：通过在体内运气，他能隔空将对手击倒。

事实上，即便是中间隔着障碍物且看不见对手的时候，他也能将对手打倒在地。从录像上我们可以看到，即便他和对手之间隔着一张床单，模糊住他的视线，他仍然能将十英尺外的对手击败。迪尔曼说这种集中发力运功让自己筋疲力尽，而且这种武功非常罕见，因为习武者要用数十年的时间才能练成这门武艺。

难以置信？我理解你的感受。所以让我们来看看，这种隔空打物的武术在经历现实检验的时候会有什么结果。

像迪尔曼一样，柳龙拳①也有一手"隔空打牛"的功夫。事实上，使出这种功夫可以让他一次性打倒数十名对手。他的功夫视频令人惊叹不已。徒弟们一哄而上发起挑战，有时候三人一起上。大师只需要抖动一下手腕，徒弟们就会应声倒下，仿佛被人在脸上揍了一拳。只需要几秒钟的时间他就打倒了所有的对手。

为了表明自己的独门武艺具有真凭实据，柳龙拳接受了来自武术专家岩仓豪（Iwakura Goh）的挑战。比赛赌注如下：

获胜者可获得5000美元的奖励。

因此隔空打物的技艺要经历一次真正的检验了。一名裁判站在两位选手中间宣布比赛开始。柳龙拳抬起双手，运气并向对手发力……

然而，柳龙拳却被岩仓豪打得毫无招架之力。

整场比赛持续了不足一分钟。还是很疑惑？这是正常反应。是的，对自己信心十足能带给我们无穷的力量，但这种力量还不足以打破自然科学或者社会心理学的规律。

乔治·迪尔曼会怎样收场呢？他一直拒绝接受挑战。因此迪尔曼很可能只是个大骗子。

---

① 柳龙拳，出生于俄罗斯萨哈林州的日本人，号称武术家、气功大师、灵能力者。较为中国人熟悉的是其不接触对手就能将对手放倒的影像。

212

有　效　努　力

BARKING
UP THE
WRONG
TREE

　　可是如果柳龙拳也是骗子，他为什么会接受检验呢？为什么会被打得屁滚尿流，还输了5000美元，让所有看到比赛视频的网民笑话呢？很明显，他并不认为自己的功夫是假的。他真的相信自己有隔空打物的本领，并且他的学生也是这样认为的。那么为什么学生们会奇迹般地应声倒地呢？

　　作家以及神经科学博士山姆·哈里斯（Sam Harris）是这样说的：

　　"你或许很难理解为什么柳龙拳会产生这样的幻觉并且这么久以来自欺欺人。然而一旦所有人都在他身旁应声倒地，这就不难促成他的盲目自信了。从他个人的角度来说，如果他认为自己可以隔空打物，而且他的学生也会附和着顺势倒地，年复一年下去，他或许会开始相信自己真的有这种能力。"

　　不仅武术大师会这样，企业的CEO也会有类似经历。当然有时就连我们自己也不例外。自信心能够提升一个人的表现和成功概率，会让别人相信你的能力。然而有时候自信也会非常危险，它会让人变得狂妄自大和目中无人。一旦你强大的自信心遭遇了现实的考验，就像柳龙拳那样，你也会被打败。

　　正如那句谚语所说："不存在'不错'的鳄鱼摔跤手。"在这种竞技场上逞能只会让自己输得片甲不留。

　　其实我们每个人都或多或少会幻想（孩子们的自信程度似乎高于平均水平，也很少有人会承认自己驾驶技术差），但这种幻想如果超出了正常范围就会产生严重的问题。不幸的是，我们都会忽略这些问题。每个人都想提升自信，因为自信让我们感觉良好，让我们感觉自己非常强大。但许多研究表明，当我们自认为很强大的时候，我们就走上了否认以及狂妄的下坡路。还记得那个感受不到疼痛的美国姑娘阿什琳·布洛克尔吗？从表面上看，感受不到疼痛似乎非常棒，但这暗藏着巨大的隐患。对自己的能力有十足把握是一件好事，只要不是过于自信，或违背现实情况就好。

盲目自信是商业成功的巨大阻碍。

理查德·特德洛（Richard Tedlow）是哈佛商学院的名誉退休教授，他是这样说的：

"在过去的四十年中，我一直在教授以及撰写商业史。在我所研究的那些公司以及CEO中，我发现了一个显著的特征：许多人所犯的错误本可以并且应该避免，这并不是我的'后见之明'，而是根据决策者当时面临的现实所得出的结论。这些错误全都是决策者否认事实造成的。"

认知偏差导致夜郎自大

我们总是抱怨自己能力不足，然而马尔科姆·格拉德韦尔在高点大学演讲时却说："过度自信会引发更严重的问题。"为什么呢？经验不足的人能力都很有限，因此我们不会对能力不足的人委以重任或赋予他们权威。专家们通常会犯过度自信的错误，因为我们给了他们过多的权力和威信。简单地说，能力不足的确让人感到沮丧，但心存愧疚的人通常不会把事情搞砸，而过度自信的人通常会引起更多麻烦。

这种狂妄不仅会导致错误的思想，还会引发种种现实问题。想知道哪类CEO会把公司经营得一塌糊涂？数一数他们在年度股东报告中用了多少

214

有　效　努　力

BARKING
UP THE
WRONG
TREE

个"我"字就知道了。金融分析师劳拉·里滕豪斯（Laura Rittenhouse）对领导者以及公司的运行状况进行评估时发现，总是说"我、我、我"的领导会将公司带入绝境。一旦傲慢占据了你的头脑，使你深陷其中无法自拔时，你就无法看清现实。更糟糕的是，你对此没有丝毫觉察，你被自己的无知遮蔽了双眼。

这很好地解释了为什么把一组最自信的人聚集到一起他们会变成一群非常古怪的人。仅从自信的角度来说，这群人里既包括最有能力的人也包括了最没有能力的人。研究学者称之为"邓宁-克鲁格效应（Dunning-Kruger effect）"。

想想那些小孩子。他们总是对一些不可思议的事情抱有荒唐的信心，例如在地下室与幽灵作战。他们对世界还很懵懂，而正是因为涉世尚浅，他们才会过高地估计自己的能力。不仅仅只有顽童是这样，那些在某一领域经验不足的成年人也不能对事情的难易程度做出恰当的评断。这就是为什么我们看不透的魔术把戏却能赢得魔术师的掌声，喜剧演员比我们更懂得欣赏不同的笑点。他们对这些领域的深刻理解使得他们能够欣赏这些细微的差别，懂得做成一件事多么不容易。

邓宁-克鲁格效应是一种认知偏差现象，指的是能力最欠缺的人却对自己的能力非常自信，因为他们经验不足，无法判断事情的难易程度。我们都经历过类似的事情，例如看着别人摆出一种特定的瑜伽姿势会觉得很简单，而自己去做的时候却发现非常难，就好像我们看到一幅油画后就会说"我也能画出来"那样。

即便我们有理由自信，也通常会产生夜郎自大的后果，从而认为自己是本专业领域内最牛的人。这并不是说我们很愚蠢，只是我们内心的想法让我们觉得自己很强大，所以才会有如此轻率的想法。

这就是柳龙拳输掉5000美元，并被完全不相信隔空打物的武术大师打得鼻青脸肿的原因。对自己能力的不自信也有好处，这或许能让你保持一丝清醒。自信的作用虽大但存在另一个弊端，它会成为我们成功路上的绊脚石，即自信有时会让你变蠢。

大量研究表明，权力感会对一个人的性格产生负面影响。它会减弱一个人的同理心，让我们变得伪善，罔顾他人的感受。在某种程度上，我们有理由这样认为，位高权重的人需要做出艰难的决定，这些决定或许短期内看起来很糟糕，但从长远角度考虑却有好处。为了赢得战争，将军需要把士兵送去危险的战场。如果这时候将军对士兵的牺牲心存巨大愧疚的话，他就不能做出正确的决策。但如果我们对此持否认态度，那么这种情感疏离很快就会失去控制。

一些研究表明，权力感会让我们更加自私，更容易背叛别人。我们不仅会撒更多的谎，这种力量还会让我们更擅长撒谎。总感觉自己天下第一意味着可以肆无忌惮地伤害别人，因此撒谎的时候并不会感到有压力。没有慌张地露出马脚，别人也难以发现我们的不诚实。我们之所以成功是因为我们不在乎其他人。

你可以想象一下在办公室出现这种情况会有什么后果。魅力非凡的上司对员工会有积极的影响，而那些权力感爆棚的领导者通常会对团队产生负面影响。一项研究指出："我们认为看重权力的领导者会产生一种口头控制，从而给员工留下不够开明的印象，整个团队的公开沟通也会因此减少。所以，这样的领导权力会对团队效率产生负面影响。"

否认事实和毫无怜悯之心会阻碍你的成功。自信本无错，但过于自信

216

有　效　努　力

BARKING
UP THE
WRONG
TREE

会让你栽跟头。尽管如此，我们也不能总是缺乏自信，还是……这也行？

谦卑助你成长

大家都称她为"SM-046"。很少有人知道她的真实姓名。作为三个孩子的母亲，她过着极其正常的生活，只是她无法感知恐惧。

当研究人员让她描述恐惧或者画出她脑海中的恐怖面孔时，她表示做不到。当研究人员试图恐吓她，给她看恐怖电影的片段时，她感到非常兴奋却一点也不害怕。她曾让大家推荐恐怖电影，好去租光盘回来看。

他们把她带去一家异域宠物店，让她与蛇接触。她说："太酷了！"SM-046要求接触那条体形更大且具有致命性的毒蛇，店员说这么做没有安全保障。于是她一再央求店员，总共求了店员十五次。当她伸手去摸毒蜘蛛的时候，大家不得不出手阻止她。

他们把她带去了"世界上最恐怖的医院"——韦弗利山疗养院。这家医院因《捉鬼队》（Ghost Hunters）而出名，并且其他关于闹鬼的节目一半以上都与这家疗养院有关。20世纪初期，这还是一家治疗肺结核病的医院，那时很多病人在此病逝。它每年都会被改造成好莱坞的凶宅。暗室、恐怖音乐，以及那些扮成怪兽从角落里跳出来的演员，这些会让她害怕吗？并没有。相反，她吓到了那些演员。她不仅没有惊慌失措，还去和演员们搭话。当她准备去摸一位演员的面具时，那位演员害怕得退缩了。

她到底怎么了？SM-046患有一种极其罕见的遗传病——皮肤黏膜类脂沉积症（Urbach-Wiethe disease）。目前发现患有此类病症的患者只有400

人。该病患者与常人的神情与举止并无明显差异。或许你会发现SM-046嗓音沙哑，皮肤有些粗糙，但也没有什么不正常之处。事实上与众不同的是她的灰质。这种疾病会让大脑中的某些部分钙化，也就是变硬，无法发挥正常功能。这一部分通常是大脑的杏仁核，它与恐惧的关系最为密切。SM-046智商正常，也能感受到喜怒哀乐等情绪，唯独无法感知恐惧。

她还记得在大脑功能受损之前，也就是在她年纪很小的时候，她害怕过杜宾犬。成年后，这种恐惧的感觉就再也没有出现过了。

这种疾病事实上让她变得更加活泼友好了。研究表明，双侧杏仁核完全受损的人会比正常人更好接近，也更信任陌生人。

和阿什琳感受不到疼痛一样，完全感受不到恐惧也是一把双刃剑。SM-046不会像我们那样本能地警惕外界的危险。由于感觉不到害怕，她会面临无法判断危险的困境。

她曾多次成为犯罪事件的受害者。曾经有人拿刀划伤了她的喉咙，也有人拿枪口对着她，她甚至差一点被第一任丈夫打死。即便面对这些可怕的事，她也不会感到害怕。警察的报告证实了她缺乏恐惧感。昨天在公园里还被人用刀抵着喉咙，第二天她又去了这家公园。研究人员认为，她甚至得不了创伤后应激障碍——不会感到害怕，也不会感到紧张。

2013年，研究人员试图让她带上氧气面罩，但在其中混进二氧化碳，以让她感到恐惧。混合气体的含量被控制在实验室标准内。然而在生死关头，她还是没有体验到恐惧感。这就是我们只知道她叫"SM-046"的原因。研究人员觉得她身份特殊，应该被保护起来，毕竟她自己根本就不能保护自己。

所以我们有理由相信感受不到恐惧是很危险的。同理，我们也不能过

218

有 效 努 力

BARKING
UP THE
WRONG
TREE

分自信。物极必反。生活中，我们最好保持一丝不确定。

我们知道自信的劣势：否认现实以及变蠢。正如托马斯·沙莫洛-普雷姆兹克（Tomas Chamorro-Premuzic）在《哈佛商业评论》的一篇文章中所说的那样，改掉上述两种缺点会有极大好处：

> 降低自信程度不仅不会让你变得狂妄自大，还会让你认清现实。事实上，自信程度低的人更容易承认自己的错误——而不是一味地指责他人——也很少把他人的成就归功于自己。很显然这是保持较低自信的最重要的好处，因为谦虚使人成功，不仅是对个人而言，对企业和社会同样如此。

根据以上内容，我们知道了谦虚的好处。自信很难激励我们不断学习和提高。倘若我们认为自己无所不知，我们就会停止探寻的脚步。马歇尔·戈德史密斯说："自信的幻觉能帮助我们成功，却很难让我们改变自己。"

如果我们没有那么自信，我们就会更容易接受新思想，或者积极地上下求索另辟蹊径。如果我们对自己的权力非常自信，我们就不会那么关注某些事，因为我们觉得自己没那个必要。一份名为"权力、竞争与听取建议：为什么有权力的人不懂得倾听"的研究表明，自认为权力很大的人会忽略新人甚至某领域内专家的建议。

倾听他人的想法能增长我们的智慧。一份研究表明，社交让我们变得更聪明。但有一个问题，要想提高认知，你需要听取他人意见。而不专心倾听他人是无法办到这一点的。

心高气傲会让你更加确信自己是对的，因此更加不会倾听他人意见了。长此以往，没有人愿意跟你交流，更别说会有人与你持不同意见了。一旦你一败涂地，他们将欢呼雀跃。即便是不擅长多愁善感的马基雅弗利也提出，领导者需要一群在私底下和自己实话实说的员工，以免他们被一群可怕的马屁精包围。詹姆斯·鲍德温（James Baldwin）曾写道："并不是每一件你勇敢面对的事情都可以改变。但是你不面对，就什么也改变不了。"

托马斯·沙莫洛-普雷姆兹克说谦虚有两点好处：现实感检验以及避免自大。他认为，谦虚能促进自我提高，因为我们能看到现实与理想的距离。同样，高出别人对你能力的预期总比无法实现自己的豪言壮语好。

即便是强迫别人谦虚也有意想不到的好处。医生通常被视为目中无人的那一类人。医院决定降低病人患传染病的概率，于是让所有内科医生在看病前都要按照检查清单逐一确认。这有点有辱人格，但医院领导对此态度强硬——一旦医生没有按照流程进行，医院就会授权护士（代表上级）介入。结果怎样？"10天内，病人的感染概率从11%降至零。"当"偷工减料"的医生被迫遵守流程的时候，医疗效果将发生显著改进。一家医院的一项为期15个月的实验已经挽救了8个病人的生命，节省了200万美元的开支。

所以被迫保持谦虚或许是件好事，只要你还没有偏离自己的目标就好。托马斯·沙莫洛-普雷姆兹克曾说：

"降低自信程度可能会让你变得悲观，可是当悲观主义与你的志向为伍时会产生意想不到的结果。要成为任何领域内的佼佼者，你对自己再严厉都不为过，而如果你一开始就极度自信的话，这就几乎不可能实现了。"

220

有　效　努　力

BARKING
UP THE
WRONG
TREE

啊，消极心理也是有意义的。客观来说，这并不是一件像胎爆了一样的坏事。以批判的眼光看问题会让你受挫，因为你总是能找到自己的不足，然而这是迈向进步的第一步。心理学研究表明，负面情绪会触发学习动机。如果考试得了A，你会一笑而过。而如果成绩是F，你就想知道为什么考砸了。另一项名为"告诉我，我错在哪里"的研究表明，要想成为专家，我们就要做出一些改变。经验不足的人需要积极的反馈，因为这是他们做好自己不擅长的事情的动力。但对那些已经成为专家的人来说，他们会刻意寻找负面反馈，这样他们就能知道如何进取，尽管他们错得越来越少，也越来越不明显。

这与我们说的乐观和坚毅不谋而合。乐观的信念能让我们坚持不懈，但在某种程度上，这些信念只是一种假象。能准确看待世界的是那些悲观的人。研究表明，悲观的企业家在商界更加成功，乐观的赌徒会输更多钱，并且最优秀的律师都是悲观主义者。保持乐观与自信能让我们向前进，同时说服别人加入自己的队伍，而消极与悲观能让我们看清问题，让别人变得更好。是的，尽管前者更能让人接受，但两者都是成功所必备的。

亚伯拉罕·林肯就是一个很好的例子。我们所了解的低程度自信的好处在他身上都体现了出来。他广开言路，听取不同的意见。他愿意长时间待在战争部电报局，这样他就能第一时间知道别人提出的战略意见。（事实上，林肯十分欢迎大家提出新观点，拥有此专利的美国总统只有他一人。）

林肯还制定了"门户开放政策"。唐纳德·T.菲利普斯（Donald T. Phillips）是《林肯的领导艺术》（*Lincoln on Leadership*）一书的作者，他表示林肯或许是美国历史上最平易近人的总统。林肯用75%的时间与他人会面，据说内战初期入伍的每一位联邦士兵他都见过。

他仗势欺人吗？并不是。林肯喜欢用"交朋友"的方式与大家打交道，而不会用威胁的方式达到自己的目的。用他自己的话说："人与人之间，如果你想赢得对方对你事业的支持，首先你应该让他相信你是他真诚的朋友。"那么，他又是如何对待那些旗帜鲜明的敌人的呢？"把敌人变成朋友，我就会少一个敌人。"

林肯谦虚吗？是的，他总是能坦诚面对自己的错误。在给尤利塞斯·S. 格兰特（Ulysses S. Grant）将军的信中，林肯用非常直白的语气说："我想在此声明：你是对的，错的人是我。"

研究证实，谦卑的态度会带来丰厚回报。那些坦诚自身弱点并且低调行事的老板最受欢迎。斯坦福大学的弗兰克·弗林（Frank Flynn）教授发现人们更喜欢态度谦虚的领导者。一项针对美国海军的研究表明，受尊敬的领导者都很民主，而且十分擅长倾听他人的意见。只有在危急关头，人们才需要领导者站出来做决定（正如那些海盗）。

我们认为领导都有自恋倾向，正如我们所说，自恋狂更容易成为领导者，却无法胜任领导的工作。自恋狂往往只喜欢出风头，那么问题就来了：在群龙无首的危难时刻，自恋狂的积极性最低。

事实上，如果你真的想选出一个能当好CEO的"坏"人，不要选自恋狂，要选瘾君子。约翰·霍普金斯大学医学院的神经科学教授戴维·J. 林登（David J. Linden）认为上瘾的本性能让他们在关键时刻如痴如醉地工作：

瘾君子身上的那种冒险、猎奇、上瘾的特征可以加以利用，这会让他们在工作中表现出色。对许多领导者来说，他们的成功不是因为他们对工

222

有 效 努 力

BARKING
UP THE
WRONG
TREE

作的痴迷，而是因为这种痴迷的心理状态影响了他们的行为特征，使他们在工作中表现出了优秀的一面。

自我关怀才是最棒的

现在我们知道了自信的利弊：过度自信会让你自我感觉良好，给你勇气，让你一鸣惊人，但也会让你变得目中无人、疏远他人、原地踏步，以及由于否认事实而变得一无所有。低自信是你成为专家的动力和工具，也会使你受人欢迎，但这种感觉不是很好，可能会让别人觉得你能力不足。

有点难接受，是不是？听起来横也不是竖也不是。你可以很强势，但可能成为大家讨厌的人。你也可以让大家都喜欢你，但没人尊重你。这两者似乎很矛盾。不如把自信心这堆问题抛在脑后，怎么样？

不要急着反驳我。许多研究表明，透过自尊心看问题会让我们关于自信的争论带上悲伤的色彩。放下自信，我们还有什么呢？得克萨斯大学的教授克里斯廷·内夫（Kristin Neff）认为，我们可以用"自我关怀"来替代自信。失意时，这种关怀能让我们认清现实，不再幻想成功，并且不再苛求进步。不如意的时候，你会丢掉那些不切实际的目标，并且失败时也不再苛责自己，从此不再自欺欺人地认为自己非常优秀。相反，当意识到自己的不完美之后，你会原谅自己。

研究表明，日益增长的自我关怀与自尊心相比百益而无一害。你会心情舒畅，表现良好，而不会变坏或者止步不前。与自信不同的是，自我关怀不会让人产生幻觉。事实上，一项名为"自我关怀和应对与自己相关的不悦之事：善待自己的意义"的研究表明，具有较强关怀心的人思维更加清晰。他们能更准确地看待自己和世界，并且失败的时候不会苛责自己。同时，自尊心较强的人碍于面子总是会自欺欺人，或者对那些负面但对自己有益的反馈视而不见。他们沉迷于那些自我确证的理论，而不愿面对现实。这会滋生傲慢与自恋。从数据上来看，自尊心与自恋之间有很强的关联，而自我关怀与自恋几乎毫不相关。

如果你对自己以及自己的能力很有信心，而且没有自我膨胀，会怎样呢？人人都会喜欢你。神经科学研究表明，自我关怀会让你对他人产生怜爱之情，而不是过度自信带来的冷血无情。功能性核磁共振成像结果表明，自我关怀的人大脑中的某些区域在自我宽恕时会处于活跃状态，而当我们关心他人的时候这些区域也会处于活跃之中。对于恋爱中的情侣来说，好的另一半必备的品质是自我关怀之心而不是自尊心。

在本章前面的内容中我们已经探讨过，自信的好处之一就是让你变得更幸福。猜猜怎么着？自我关怀也会让你更幸福，并且毫无副作用："研究结果表明，自我关怀与内心的安宁息息相关，这包括增强幸福感、乐观精神、个人主动性以及连通性，同时能减少焦虑、抑郁、神经质般的完美主义以及一味地反思。"

很不错，对吗？为什么关怀之心有自尊心所不具备的优势？因为自尊心要么是不切实际的妄想，要么是一时的判断，这两者都不会有好结果。你要么与现实脱轨，要么不断地证明自己的价值，否则你总会对自己不满意。当你不能证明自己的价值时，你的自尊心就会受挫，而且不断地自我证明会让你感到疲惫和不安。自我关怀会让你认清现实，接受自己的不完美。正如著名心理学家艾伯特·埃利斯（Albert Ellis）所说："目前已知人类最严重的病就是自尊，因为这种病的发作是不固定的。"能够包容自

224

有　效　努　力

BARKING
UP THE
WRONG
TREE

身缺陷的人不会一直想要证明自己。研究表明，他们不太可能认为自己是"失败者"。

我知道有些人在想：一味地原谅自己的错误会不会让自己消极颓废？如果没有了自尊，我会不会因此丧失自己的动力和优势？

事实上，只有缺乏自我关怀之心时，你才会变得消极被动。当你充满自信的时候，你会忽略与自己内心的现实相违背的反馈，对吗？所以你不会做出任何改变。缺乏自信的你会发现问题，但会觉得自己没有能力克服困难。而在自我关怀的作用下，你不仅会意识到自己的问题，还会采取行动做出改变。研究表明，自我原谅会让我们做出更多的努力去解决问题，而不是被困难吓退。研究显示，由于具有自我关怀之心的人不会苛责自己，他们并不会十分害怕失败，也就是说他们更少拖延，也更坚毅。

原谅自己远比保持自信容易得多。你不需要一再改写自我言说的丰功伟绩，也不需要每天都做一件轰轰烈烈的事来证明自己的价值。很显然，我们喜欢听一些顺耳的话，但是我们也喜欢听实话。在自尊心的作用下，我们很难做到既听实话又听顺耳的话。关怀之心却告诉我们，我们可以接受自己的优点以及自己的不完美。

因此如何培养自我关怀呢？我们可以从海豹突击队的詹姆斯·沃特斯身上的品质学起：与自己对话。与其对自己说一些连自己都不相信的自我激励的话，或者不切实际的恭维让自己建立信心，不如对自己说一些善意的、温和的话语，就像你的祖母对你说的那些话一样，不要把自己逼得太紧或者在事情不顺的时候过于挑剔自己。研究人员克里斯廷·内夫说："在你的一生中，唯一能全天候关心你、爱护你的人是谁呢？你自己。"

同时你要接受自己人性的弱点。人总是会犯错误的，你不必像蝙蝠侠那样时时刻刻保持完美，你做不到，也没人能做到。刻意强求自己成为完美的人是不理智的，会让人感到挫败。

最终，你要接受自己的失败与沮丧，而不要否认它们，或者把它们看成世界末日。人生不如意十有八九。积极应对困难就好。研究表明，花时间记录幸福的瞬间、自己的不完美之处，以及如何在不导致情绪崩溃的情况下看待问题，会让人心情更加舒畅并增强自我关怀之心。沉思和保持警觉也有好处。把这些因素混合在一起，你会得到更好的结果。

这会在一夜之间改变你的命运吗？当然不会。但随着时间的流逝，你肯定会有进步。它不像自信与不自信的话题，这两者似乎总会产生副作用。

好吧，是时候整理一下刚刚探讨过的关于自信的两难困境，并总结一些有用的建议了。我们发现自我关怀还具备一点非常棒的优势。

怎样才算真正的自信

他失去了一切，包括全部家产。他一并失去的，还有理智。

但约书亚·诺顿（Joshua Norton）却没有丧失信心。哦，不。有些人失去理智之后，会变得一无是处并且处于失业状态，诺顿却相反。事实上，他获得了一份比之前好得多的工作。

1859年9月17日，诺顿成为诺顿皇帝一世。如果你还不知道美国历史上曾经有过皇帝，你得好好准备一下今晚的《危险边缘》（Jeopardy）智力竞赛节目。（别担心。就连詹姆斯·布坎南总统也不知道此事。）当然，诺顿皇帝的称号是自封的，但这都不重要了。

在二十一年中，诺顿曾骄傲地穿着挂满肩章的军装，佩带军刀，头戴

226

有　效　努　力

BARKING
UP THE
WRONG
TREE

孔雀毛装饰的头盔，在旧金山的大街上游荡。他还有两条分别叫巴墨和拉扎勒斯的流浪狗像随从一样跟着他。威廉姆·德鲁里（William Drury）在诺顿传记中写道："诺顿自身散发着尊贵的皇家气质，人们却觉得他温和、谦恭、言语诙谐。谈论任何话题时他都充满理性和智慧，除了他自己或者他的王国。"他也是有抱负的。后来他为自己追加了"墨西哥守护者"的头衔。最近，旧金山有包容疯癫之人的声誉，就像自由女神像迎接外来移民的那份包容一样出名。当时人们对诺顿的包容也不例外。那里的人不仅包容他，对他慷慨相待，还把他推为旧金山的非官方吉祥物。

餐馆给他提供免费食物，剧院老板总会给他留一张首演之夜的门票，政府为他的住宿留出一份预算，并且在他的旧军装穿破时为他提供一套新的。（为了表达感谢，诺顿赠予市长一份"永恒尊贵的专利"。）市民们非常乐意向国王"纳税"，以充实国库。一家打印店好心地为诺顿设计了一套官方政府债券，当地的商贩看到诺顿使用这种债券时会冲他眨下眼睛并点点头，然后当作流通的货币收下。这家商店里甚至还卖诺顿王玩偶。

有一次，当地的警官把他们的国王当成疯子抓了起来，这引起了当地市民的愤怒。诺顿很快就得以释放，警察局长也为此郑重道歉。一向仁慈的国王发出了"皇室赦免"，原谅了警察的过错。自那天起，警察局的人在镇上看到诺顿时就会敬礼。

不要以为受人敬重就能让诺顿松懈自己的职责。他绝对不会。他总是自信地执行自己的使命，定期颁布皇家法令。当地的报社也非常愿意刊登诺顿法。他最知名的那些公告涉及的范围十分广泛，包括宣布罢免弗吉尼亚州州长，禁止国会在华盛顿特区召开集会等。由于民主党和共和党长期斗争以致人民痛苦不堪，诺顿宣布废除两党。国王骄傲地捍卫着城市的荣誉。他宣布，任何将自己的家乡称为"弗里斯科"的人将受到25美元的罚款，25美元约为现在的430美元。（当然，对于那些不遵循他法令的城市监管者们，他会下令予以逮捕。）

诺顿王朝的消失是一件令人伤心的事情。《旧金山纪事报》（*San Francisco Chronicle*）用红色标题登出了一篇名为《皇帝已逝》的讣告。其他报纸以大篇幅详细地报道了诺顿的离世——而加利福尼亚州新任州长的就职典礼却只有寥寥38个单词。参加诺顿葬礼的送行队伍长达两英里，有十万多名市民前来悼念。（一些阔绰的捐赠者负责了葬礼所有的费用支出。）这一天所有旗帜降半，并且他的墓碑上刻着"美国国王及墨西哥守护者"。对了，墓碑上的文字并没有加引号。他永远活在人们心中。马克·吐温和罗伯特·路易斯·史蒂文森（Robert Louis Stevenson）都曾在其作品中写过诺顿。诺顿券目前是价值连城的收藏品。1980年，旧金山还举行了悼念诺顿逝世100周年的活动。

你或许认为诺顿是位成功的国王。他所颁布的一些法令如今变成了现实，虽然颁布的原因跟他毫无关系。他对妇女和少数族裔的支持意见被广泛采纳。他提议建立国家之间的联盟，这种构想先于联合国。诺顿曾经要求在奥克兰和旧金山之间建造一架桥梁实现互通，近期很多人要求以诺顿的名字重新命名海湾大桥。

马克·吐温写道："诺顿用虚幻的王室填补了他人生的空白。"假如诺顿对自己的王室权力没有如此自信，那么一百多年后人们也不会如此爱戴他。但是，如果你过于自信，你只会成为自己心中的国王。

所以我们怎样才能自信地宣称我们真正弄懂了自信的奥秘呢？

228

有　效　努　力

BARKING
UP THE
WRONG
TREE

* 自信很好，但自我关怀更棒

自我关怀胜于自尊。我希望成为社科作家中的贾森·伯恩（Jason Bourne），但我可能更接近于宫廷小丑。不过没关系。我们不必把自己看得比什么都重要，而且最好不要有这种想法。你不会想自欺欺人或者变成一个浑蛋的。你想要的是不断学习，同时不会讨厌自己。你要避免妄自尊大，这种心态往往是出于不切实际的幻想，同时你也不要总想着证明自己。因此，学会关怀自己吧。相比自信心来说，这种自我关怀百利而无一害。

* 调整自尊心至自然状态

你是那种适度自信的人吗？那就享受自信为你带来的优势吧，但要避免不切实际的幻想，并且保持同理心。谦虚地向别人学习，努力保持开阔的思维，不要以为自己什么都知道了。待人友善，不要成为你脑海中那个自以为是的国王。

你是缺乏自信的那一类吗？没关系。这时的你会比那些无所不知的人进步更快，并且能交到更多朋友。集中精力做一些力所能及的事情，这样你也就不会好高骛远了。（没人会在意我这个人是否信心满满，只要我写出来的作品还过得去。）把自己做的事情做好，信心自然而然就会得到提升。这也就是我们下一条要说的。

* 必须更有自信时怎么办？努力赢得自信吧

自信因成功而来，而不是有了自信才会成功。尽管我大力提倡我们要有自我关怀之心，但如果你不得不提升自信，那么最可靠的方法就是将手头的事情做到最好。丹尼尔·钱布利斯对顶尖的游泳运动员进行了研究，他发现每一天努力取得的"小进步"会让运动员的技能与日俱增，同时运动员对自己的能力也会更加自信。当我们具备竞争意识的时候，我们很有可能发挥失常而且挫败感加剧。因此面对挑战，我们应当注重提升自己的技能，而不是出风头。许多研究表明，"实现更高的目标"能提升我们的积极性，使我们面临的任务更加有趣，使人精力充沛。这种效果会蔓延到下一项任务中。还是那句话，选择适合自己的环境。沃顿商学院的G. 理查德·谢尔（G. Richard Shell）教授曾说："与那些相信你的人为伍会产生'转移期望'的后果，并创造一个自我实现的预言，最终增强自己的信心。"面对工作难题，你会越来越自信。正如IQ测试的发明者艾尔弗雷德·比内（Alfred Binet）那句关于智商的名言所说："起初聪明的人并非总是聪明到最后。"

* 不要装模作样

伪装不是一件容易的事，并且失败的代价太高。虽然这么做在短期内会给别人留下深刻的印象，但你最终会失信于人。即使你成功地骗过别人，往往会连自己也骗了过去，这恐怕是最糟糕的结局了。正如理查德·费曼（Richard Feynman）的那句名言所说："首要原则是你一定不能欺骗自己，然而你其实是最容易受骗的那一位。"

我知道，在一些关键的场合，你需要给别人留下好印象，这时候包装自己似乎是最好的选择。与其表现出一个假的你，不如努力展现出自己最好的一面。这一点在"最好的你可展露最真实的你：积极的自我呈现能留下更准确的个人印象"的研究中得到了完美印证。因此你不需要绞尽脑汁掩饰自己，在重要的时刻做真实的自己，这样人们才会正确地认识你。

230

有　效　努　力

BARKING
UP THE
WRONG
TREE

自我关怀之心给我们带来的额外好处到底是什么呢？是那个叫作"智慧"的小玩意。我可不是感性地随口一说。在"面对压力时善待自己"的研究中，研究人员发现自我关怀事实上是明智的表现。它与IQ或知识的多少无关，而是与"智慧"相关。（你每天做的事情中，有哪些真的会让你更有智慧？）

苛刻地以好坏或成败来定义自己，是既不明智又目光短浅的做法。要获得智慧，你需要更灵活、包容，并且在成长的过程中不断学习。想象一下你心目中最明智的人。他们是咄咄逼人、目中无人的那种吗？还是他们毫不自信？他们很可能镇定自若，善解人意，宽容，而且较少对他人评头论足。我们都希望有一天自己能像他们那样拥有智慧的头脑，那么你需要迈出的第一步就是学会自我关怀。

好吧，希望关于自信的争论已经得到解决了。（如果还没有，那么我会慈悲地原谅我自己。）

自信是一种内心感受和外在表现。但我们如何应对那些正儿八经的事情呢？你需要投入多少时间在工作中呢？许多成功人士都是工作狂，然而在你看来，成功之人往往工作和生活两不误，他们偶尔还能得到片刻休息。你到底需要多努力地工作才能成功呢？

6

工作、工作、工作还是寻求工作与生活的平衡

如何寻求工作与家庭的平衡，以及蜘蛛侠、佛教徒、
爱因斯坦、专业摔跤手和成吉思汗的经验教训

**BARKING
UP THE
WRONG
TREE**

了解棒球的人都知道特德·威廉斯（Ted Williams）。自1939年到1960年，他一直都是职业棒球运动员。毫无争议，他是有史以来的最佳棒球击球手，与巴贝·鲁斯（Babe Ruth）齐名。无论你是否熟悉特德·威廉斯，我都要告诉你一件事：特德·威廉斯从来没有玩过棒球。是的，从来没有。

这里的重点是动词：威廉斯没有"玩过"棒球。对他而言，击打棒球算不上玩这项运动。他十分认真地对待棒球这项运动。他在1988年的采访中曾说到，童年时期他就对着流星许愿，希望自己能成为世界上最优秀的击球手。然而他并没有守株待兔，等着梦想自动实现。他那执着、近乎完美的职业精神给他带来的成功远远超过了他对着天际划过的流星所许下的愿望。威廉斯曾说："我认为，如果我没有坚持不懈、心无旁骛地练习，我永远都不会因为击球登上新闻的头条……我心里惦记着的只有下一次棒球比赛。"

一万小时专家理论？或许威廉斯付出的时间远超一万小时。他对棒球运动非常痴迷。放学后，他会去当地球场练习击球一直到晚上9点，因为那时球场的灯会熄灭。然后他会回家接着在后院练习，一直到父母催他上床睡觉。通常他会早早地去学校，这样在上课之前他就会有更多时间练习击球。他会把自己的球棒带去教室。他选了一些作业少的课程，并不是出于懒惰，只是希望自己有更多时间练习击球。

然而这些练习时间对威廉斯来说远远不够。他几乎用尽了所有时间来练习，这一举动曾让第三章提到过的斯潘塞·格伦登和彼得·德鲁克感到自豪。偶尔我们会看到他站在球场上，背对着本垒板练习击球，训练完后他甚至还会像挥球棒那样挥动着自己的手套练习，这让队友们十分沮丧。女朋友？他根本没时间和女孩子交往。直到加入美国职业棒球队第二年他才有了女朋友。加入职业棒球队时，他隐瞒了自己真实的出生日期，他把八月说成了十月。为什么呢？因为赛季中过生日会让人分心。威廉斯告诉《时代》杂志："很多孩子都有成为优秀棒球运动员的天赋，但需要不断练习。只有练习才能将这种潜能发挥出来。"

威廉斯的成功并不仅仅是因为他投入了很多时间，还在于他如何花时间去练习。他是个完美主义者，他总是试图提高自己。他把棒球运动当成了一门纯粹的科学，远早于赛伯计量学和《点球成金》（*Moneyball*）。威廉斯甚至去过麻省理工学院，为了去学习更多关于棒球的物理知识。他还研究过最佳击球手，并最终写成一本叫《击球的科学》（*The Science of Hitting*）的书，时至今日，这本书仍被认为是关于棒球的最佳读物。

他的成功秘诀是他对投球手的不懈研究。威廉斯笃信"知己知彼才能百战不殆"。他显然把投球手当成了敌人，并常开玩笑地说："有什么是比一个投球手还蠢的？那就是两个投手。"他说："你不是在与辛辛那提红人队或者克里夫兰印第安人队对战，你的对手是那个投球手，你要把注意力放在他身上。"

他奉承裁判员，好从他们口中了解不同投球手的比赛风格，然后他会用一个小小的黑色笔记本记下来。他还会询问年纪较大的球员以获得更多

234

有　效　努　力

BARKING
UP THE
WRONG
TREE

信息。"我不会去猜他们是怎么投球的。我想弄清楚他们下一次的投球方式。"他说。令人惊讶的是，即便在职业生涯结束十几年后，他也能够说出不同投球手的习惯和偏好。这种完美主义式的敏感让他的棒球生涯辉煌至极，但也正是这种完美主义让他与那些采访他的体育新闻记者起过不少冲突。他们的批判激怒了威廉斯，而他为了成为最好的击球手已经给自己施加了太多压力。

他每天晚上都会用酒精擦拭球棒使其保持干净整洁。他会给球棒称重，确保它没有生锈。他的球棒在休息室还有专门的柜子存放，紧挨着威廉斯自己的柜子。他像对待孩子那样爱护着球棒，然后他会用球棒练习击球，直到双手出血。

他的努力是有回报的。在《纽约客》的特德·威廉斯简介中，约翰·厄普代克（John Updike）写道："没有其他运动员能像威廉斯那样持续地在赛场上给我们带来充满欢呼的激烈竞争。"但不要忘记，生活也可能给你投出一记曲线球。

二战拉开帷幕时，威廉斯应征入伍。对于这种拖自己职业后腿的事情，他有什么反应呢？好吧，如果他不得不成为一名海军战斗飞行员，那么他一样会做得很出色。威廉斯的朋友约翰·格伦（John Glenn）在他的自传中写道："他对待飞行的态度和他练习击打棒球的完美主义精神一致。"威廉斯虽然没有上过大学，却有一股冲劲，想要做好眼前的任何一项任务，因此无论他想做什么都能很快做好。

由于战争的缘故，威廉斯错过了整整三个赛季的棒球赛。重回赛场时，他会不会脱节？并不会。之前的训练已经非常疯狂了，重回赛场的他付出的努力是之前的双倍。三周后，他加入了参赛选手的阵容。

　　虽然大多数专业的体育运动无疑都是年轻人的比赛，但威廉斯在职棒联盟的生涯一直到42岁才结束。在职球联盟的最后一年，他的本垒打率是他整个职业生涯中最高的——9.4。甚至在1960年退休之前，他在最后一场比赛中也打出了全垒打。

　　退休后的他成了华盛顿参议员队教练。尽管他的完美主义性格决定了他非常不适合这个职位，但他还是做出了惊人的成绩。在他看来，他已经用了一万个小时成为专家，那么他想让你也做到。他认为在棒球赛季期间打高尔夫会影响击球技术，因此对那些打高尔夫的棒球运动员处以1000美元的罚款。他发起了马拉松式的击球练习，夜场比赛之前他规定运动员宵禁，限制饮酒，并且强制休息，甚至让他们禁欲。那些记不住对方投球手投球风格的击球手将领略威廉斯著名的暴脾气。

　　然而他的规则是有效的。击球率上升了，三击未中的出局率下降了，观众出席率急剧攀升。球队取得了24年来最好的成绩。他讨厌的那名体育新闻记者（对方也讨厌他）不得不称他为年度棒球队教练。

　　就算是个完美主义者，他也不可能全天候工作。我们都需要休息和爱好，在工作和生活中间寻找一个基本平衡的点。特德·威廉斯喜欢钓鱼，我们都知道这是个平和且令人放松的运动项目。不过，这对他来说或许并不是这样。他的一位朋友曾说："当他拉动鱼线的时候，他会在一句话中使用很多很多的感叹词，它们听上去很有诗意，像歌词，好像他在唱歌一样。他并不是心怀恨意或者愤怒，这就是他，他只是想让自己做得更好而已。"是的，最终他进入了国家淡水钓名人堂以及国际钓鱼协会名人堂。

　　1999年，《体育新闻》（*The Sporting News*）将威廉斯评选为100位最优秀的棒球运动员之一，他名列第八。1991年，乔治·布什总统授予了他

236

有　效　努　力

BARKING
UP THE
WRONG
TREE

总统自由勋章。

特德·威廉斯之所以成功是因为他从未停止努力。

工作越努力，就会越成功吗

所有这些努力真的能让一个人变得非常成功吗？毫无疑问，答案是肯定的。成功人士研究专家指出了一条可能会令成功人士感到气馁的法则："想成功的人必须只为某一项事业而活。他们一定要对自己的追求痴迷，甚至偏执才行。他们必须尽早下手，不断努力，并且永不言弃。成功的天平不会向懒人、拖延症患者或者善变的人倾斜。"（也就是说，凌晨3点25分还在写作的我也很不错喽？）

如果你觉得自己可以凭喜好工作，并且不费吹灰之力就能赚上百万并获得显赫的名声的话，赶紧合上书，去看"零资金买房"的电视广告吧。你不应该继续读这本书了。

还在读？很好。著名的加州大学圣克鲁兹分校的弗兰克·巴伦（Frank Barron）教授说："大量的产出是成功的铁律，即便是做出过显著贡献的人也不例外。"即便是发型大师维达尔·沙宣（Vidal Sassoon）曾经也打趣地说："我只在字典上看到过成功排在了工作之前。"是的，要想成功，你必须执着地付出努力。

基思·西蒙顿院长总结道："那些工作效率最高的人，做出的贡献通常也是最多的。"价格定律（The Price Law）能很好地说明努力工作的重要性。以某个领域中最优秀的人的数量为例，简单起见，我们设定人数为100。然后开平方根，得出的结果就是10。价格定律认为该领域中所取得的显著成就，有一半是来源于这10个人。也就是说，100个人里面有10个人做出了50%的显著贡献。同时西蒙顿指出，价格定律"适用于任何艺术和科学的主要领域"。

或许你会说，你既不是植物学家也不是画家。没关系。所有的专业领域中都有相似的现象：前10%的员工的工作效率比普通员工高出80%，比后10%的员工高出700%。而这种成绩的取得需要花费时间。哈佛大学教授约翰·科特研究了不同行业内的高级管理者，并发现每周工作60多小时对他们来说很普遍。而斯坦福大学的杰弗里·普费弗教授（见第二章）列出的企业成功的首要秘诀是什么呢？精力和耐力。因为你会需要它们的。

在不花费大量时间的情况下，你够否成功呢？在某种程度上当然可以，但在天赋和效率相当的情况下，那些花更多时间去做事情的人会更加成功。时间因素似乎成了"很不错"与"十分了不起"的分界线。当然，聪明的头脑会加分。然而"阈值假设"表明，聪明才智并没有那么重要，尤其是涉及重大突破时。回顾那些成功的人，我们会发现，他们中的大部分人比一般人聪明。智商不足120的人中很少有人做出开创性的事业或留下名垂千古的伟绩。但即便你的智商超过了120，许多研究表明，超出的部分并没有什么作用。究竟什么才是主导因素呢？并非运气，而是你所花的时间。一位曼哈顿计划的物理学家拥有180的智商，那是很不错，但那额外的60分与我们普通人相比并没有发挥太大作用。

有些人虽然花了大量时间去工作，却没有取得任何成就。罗伯特·希尔兹（Robert Shields）生前完成了3750万字的日志写作。他每天花四个小时记录生活，从血压到他收到的垃圾邮件，他会统统记录下来。他甚至会

238
有　效　努　力

BARKING
UP THE
WRONG
TREE

每两小时醒一次，这样就能详细记录自己的梦境。即便如此，他的努力并没有为他摘得吉尼斯世界纪录的荣誉。相反，他变成了一个丧失心智的人，就连他的讣告也是有史以来最病态的。

显然，仅靠时间战略是不够的。这些时间应该被用在刀刃上。你需要像特德·威廉斯那样让自己不断进步。这辈子开车花的时间已经很多了，对吧？那你是否准备好了去参加一场NASCAR（全国汽车比赛协会）竞速赛或者F1赛车比赛呢？或许你还没有做好准备。在我们日常从事的大部分活动中——包括工作，我们并没有试图提高自己的能力。一些研究表明，随着时间推进，医生和护士的工作水平并没有更上一层，听到这个结果你不会吓得不敢去医院了吧？没有 "积极向上的动力"，例如成为掌控局势的人，他们只会日复一日地重复工作，而不会努力成为专家。米开朗琪罗曾说："如果人们知道了我有多努力才获得如此成就，那么我的成就也就没那么完美了。"本杰明·布鲁姆对顶级运动员、科学家以及艺术家进行了研究。他的那项经典研究显示，导师伟大的其中一个关键因素既不是他的独门绝学，也不是情感支撑，而是更严厉地推学生一把。伟大导师的期望值和要求会不断地升高，直到学生能够达到导师的期望，开始独当一面。

研究表明，雄心壮志预示着成功，而职场上的成功更多是靠驱动力而不是智力、能力或者薪水。有了抱负和驱动力，再付出大量时间，成功就指日可待了。有一点可以肯定：我不会阻挠你实现自己的目标的，不然的话，我最后会变成被车轧扁的威利狼。

特德·威廉斯一心只想击打棒球，他付出了大量的时间，并且总是尝试着提高自己的击球水平，最终他成功了，以至于他那一代的大部分男生都梦想着自己有一天也能变成特德·威廉斯。你现在是不是在怀疑成功意味着痛苦，而且到50岁的时候有可能患动脉硬化？那么别吃惊，事实可能与你的怀疑恰好相反。

通常来说，加班对健康不利。因为你的运动量减少了，看医生的次数也少了，并且抽烟的次数也多了。更糟糕的是，一项名为"为了幸福？额外工时与员工福利"的研究表明，从幸福和压力的角度来说，成功的消极作用大于它带来的益处。还有一点就是，人们临死前说的最后悔的五件事情之一就是"我希望自己当时没有那么拼命地工作"。

如果你认为自己的工作很有意义，那么结局就大不一样了。之前我提到过特曼研究，该研究追踪了受试者从出生到死亡的整个过程。既然研究人员能看到一个人发展的全过程，那么关于在一项充满意义的事业中努力工作这一点他们有什么发现呢？《华尔街日报》曾报道："那些积极参与有意义的工作，且工作努力的人寿命最长。"有意义的工作意味着，这件事对你来说很重要，并且这件事你很擅长。大量研究表明，如果你从事的事情是你非常擅长的（心理学家称之为"特征优势"），那么这些工作将成为你最大的幸福提升器。一项盖洛普民意测验表明："美国人每天发挥优势的时间越长，他们经历忧虑、压力、愤怒、忧伤或者身体疼痛的概率就越低。"想象一下，如果你每天都能在工作中发挥自己的特征优势会有什么结果呢？你必然会工作更长时间。当工作是一种享受时，谁还会想回家呢？

这里的重点是"职业"。通常我们认为这个词含有贬义色彩。"我非常讨厌这份职业。"但是我们也用这个词来表达"工作"的意思。如果你对自己的工作满意，那就不是件坏事。正如马克·吐温在《汤姆·索亚历

240

有　效　努　力

BARKING
UP THE
WRONG
TREE

险记》（*The Adventures of Tom Sawyer*）中写的那样："工作包含着一个人必须做的事情，而玩耍却不是一个人必须做的事情。"如果你享受自己的工作，即便有压力，也是值得的。跑马拉松的过程中没有人会很开心。攀登珠穆朗玛峰的过程中，你也会怀疑自己为什么要选择攀登珠峰。攻读博士学位意味着要度过好几年孤独且疲惫的岁月。但最终这些事情的达成却令人感到骄傲。最好的例子就是养育孩子。当父母无疑非常有压力，甚至会很艰难。对有的人来说，这是一项全职工作。但没有人认真地说："养育孩子会要你的命。你可别生孩子了。"有时候你感觉它真的差点要了你的命，这却是大多数人生命中最有意义的事情，正是过程中的艰辛才使得最终的回报更加甘甜。你喜欢的职业同样如此。

如果有意义的职业能延长寿命，那么是什么还在把你快速地推向死亡？失业。麦吉尔大学的埃兰·肖尔（Eran Shor）教授发现，失业会将过早死亡的概率提升63%，之前存在的健康问题也会引发相同的后果。也就是说，它们之间不是相互关联的，失业很可能就是过早死亡的原因。这项研究规模很大，它历时40年，受试者达2000万人，涉及15个国家。63%的过早死亡概率适用于所有地区。

失业带来的不幸福可能是更为糟糕的后果。大多数研究表明，人们的幸福水平在我们的一生中几乎保持不变。结婚会让我们变得更幸福一些，但几年后我们又会回归之前的幸福水准。如果你的伴侣去世，一般情况下你会难过七年，但在这之后你的幸福指数又会上升到原来的水准。然而，总会有一些事情影响你露出微笑的频率，例如一场大病、离婚，或者失业等。事实上，即便是找到了新的工作你的幸福水平也不会完全恢复。但是失业会在你的生命里留下永久的印记。

那么退休会怎样呢？这是一种"良性"失业吧？错。退休往往会导致认知能力下降、心脏病以及癌症。这些问题并不是由年龄增长引起的，而是由人们的懈怠和无所事事引起的。

将长时间的工作与失业相提并论并不公平。然而，从事一份自己不喜欢的工作会比失业更危险。盖洛普2010年的一项调查显示，那些不喜欢自己工作的人对生活的满意度低于那些失业的人。对瑞典职工的一项研究表明，单调的工作会导致更高概率的心肌梗死。是的，一份无聊的工作真的可能要了你的命。

还记得我说的人们临死前称自己最后悔的事情之一就是工作过于努力吗？的确是这样的。但是最最后悔的事情是什么呢？"我希望我有勇气为自己活一次，而不是活在别人对我的期待里。"职业排名第二，仅次于教育，又领先于人际关系。我们用了大部分时间来工作。我猜，那些后悔努力工作的人是因为不喜欢自己的工作，那些没有为自己活着的人也是因为选错了职业。有挑战性且有意义的工作会让我们感到幸福和充实。但是，如果你的工作很有意义，严格意义上，你也不会把它当成一份工作了，是不是？

好吧，以上是成功的工作狂的例子。下面我们来看看一些没那么痴迷于工作的人关于痴迷工作的坏处有什么说辞。

（懒人们请注意：从这里开始可以放心阅读了。）

极端成功者的家庭和人际关系

阿尔伯特·爱因斯坦和查理·卓别林一同参加《城市之光》（*City*

242

有　效　努　力

BARKING
UP THE
WRONG
TREE

Lights）的首映。观众们为两位超级明星欢呼，这时卓别林对科学巨匠爱因斯坦说："他们为我欢呼是因为他们都能理解我的喜剧，而他们为你欢呼是因为没人理解你的成果。"

多么正确的说法啊！如果你问人们，爱因斯坦的研究成果是什么，他们会说"相对论"。再问什么是相对论，他们就会保持沉默，这非常尴尬，是吗？人们只知道相对论是一种非常重要的理论。正如沃尔特·艾萨克森（Walter Isaacson）在爱因斯坦的传记中写道："爱因斯坦发明了革命性的光的量子理论，证明了原子的存在，解释了布朗运动，改变了空间与时间的概念，并研究出了科学界最著名的方程式。"爱因斯坦的成果影响力很大，以至于每个人都相信总有一天他会摘得诺贝尔奖的桂冠。可是爱因斯坦的成就如此之多，以至于人们并不知道他会因哪一项成果获奖。他最终于1921年获奖，可笑的是，并不是因为相对论，而是他1905年的一项研究。他只用一年的时间就完成了该项研究，当时的他只有26岁。（这对于一个因为汗脚而被拒绝入伍的年轻人来说不是件坏事。）

和牛顿不同的是，爱因斯坦很有个人魅力，他致力于社会的公平与正义，他有自己的家庭和孩子。和那位孤寂的前辈一样，他的脑海里充满了各种科学思想。显然，他是个天才，但他真正的超能力却是他在工作中所投入的大量时间和精力。尽管他头顶光环，被朋友和家人环绕，但是他的思想仍然超然于外界，这样能更好地让他探索自己的思想。最终他的科学事业因此收获了回报。

这是一种浮士德式的交易。尽管爱因斯坦没有为此付出代价，但是他的家人却承受了很多。艾萨克森曾说："作为思想者，而不是父亲，爱因斯坦的优势之一是，他能够屏蔽外界所有让自己分心的事情，有时甚至包括他的孩子和家人。"当家人需要他的时候，他只会加倍努力地工作。

这种做法让他的家庭几度濒临破裂。爱因斯坦说："我认为我的妻子是我的一位不能解雇的员工。"这并不是他愤怒之下的刻薄言辞。当他的婚姻走向尽头的时候，他给了妻子一份"合同"，上头详细地写着婚姻存续状态下他希望妻子能做到的事情：

条款：

A. 你要保证：

1. 我的衣服及其换洗井井有条；

2. 我每天都能在自己的房间内按时享用三餐；

3. 我的卧室和书房干净整洁，尤其是我的桌子只能由我一人使用。

B. 你要声明放弃目前为止与我的所有私人关系，它们对社交并不十分必要。尤其是你要放弃：

1. 让我在家中陪你；

2. 与我一同外出或者旅行。

C. 在你我的关系中，你要遵循以下几点：

1. 不要期待与我有任何亲密接触，并且无论何时不能责备我；

2. 我要求你别跟我讲话的时候，你不能跟我讲话；

3. 如果我要求你离开我的卧室或书房，你要马上离开并且不能提出异议。

D. 在孩子面前你不能用言语或者行为贬低我。

虽然毫不情愿，但妻子还是同意了。但意料之中的事情还是发生了，由于爱因斯坦的疏远以及他与其他年轻女人的绯闻，他们的婚姻最终走到

244

有　效　努　力

BARKING
UP THE
WRONG
TREE

了尽头。

尽管在孩子小的时候他是一位细心的父亲，但随着时间的推移，他把越来越多的时间用在研究自己的理论上。离婚后的他很少去看望自己的孩子，而是一心一意地扑到了工作上。他的儿子爱德华患有心理疾病并且试图自杀，最终真的死在了一家精神病院。爱因斯坦有30多年没有看过自己的儿子。他的另一个儿子汉斯·阿尔伯特曾说："或许我父亲唯一放弃过的项目就是我。"

勤奋刻苦造就了天才，而天才再加上时间造就了成功。但究竟要花多少时间才不为过呢？

我有没有说过特德·威廉斯的工作狂态度以及完美主义性格对他的人际关系造成了什么影响？没有？好吧，不幸的是，他的故事和爱因斯坦非常相似。

特德·威廉斯之所以棒球打得如此之好，是因为他无时无刻不在练习棒球，而他的弱点正是把所有时间都用在练习棒球上了。罗布·考夫曼（Rob Kaufman）是威廉斯晚年的伙伴路易斯·考夫曼（Louise Kaufman）的儿子，他说："他是一个完全没有社交能力的人。他的大部分时间都在衣帽间度过。他很聪明，但是他的同伴们逐渐掌握的人际技巧，他却不愿去学。"

威廉斯离了三次婚。一位他交往过的女士伊夫琳·特纳（Evelyn Turner），无数次拒绝了他的求婚。她说如果想娶她，她必须成为他人生中最重要的事。威廉斯回应说："棒球第一位，钓鱼第二，你排第三。"当他和第三位妻子多洛雷丝·韦塔克（Dolores Wettach）吵架时，他的妻子曾威胁说要在他的传记后写一本名为《轮到我击球时没球了》的续集。威廉斯的一位朋友谢尔比·惠特菲尔德曾说："或许威廉斯是你所能想象到的最糟糕的结婚对象之一。"

威廉斯做父亲也不称职。他自己也承认："作为一名父亲，我很差劲，我从不会陪在孩子身边。我总是离开他们。"虽然他自己也做出过承诺，但总是做不到。赛场上的练习带来的荣耀却毁掉了他和三个孩子的关系。当他的女儿博比-乔要他谈谈他的童年时，他却让女儿读他的自传。

尽管威廉斯是一位成功的团队教练，但很显然他和队员们之间的关系也不是很好。红袜队（Red Sox）内野手特德·莱普修（Ted Lepcio）说："威廉斯很长时间内都想不通为什么像我这样的人不能表现得更好。我认为他想不通的是什么叫不完美。"

作为一名高度完美主义者，威廉斯想掌控所有的事情。而当他无法掌控全局的时候，他就会爆发。他的脾气很大而且是出了名的坏脾气。威廉斯有着一股掌握一切的冲劲，一旦事与愿违，例如妻子、孩子和家庭超出他的掌控范围时，他只会暴跳如雷。

他的脾气是一种催化剂（我们在第一章提到过）。说起他的坏脾气，第三任妻子多洛雷丝说："他的脾气是他最好的朋友，因为这是挽救他的力量，对他来说很重要。当他不得不挥动球棒时，愤怒的情绪会让他把球打飞。球是单纯地飞走了，可若他在钓鱼时发起怒来，让鱼上钩就毫无指望了。"很显然，坏脾气不适用于人际关系。如果威廉斯在友好的家庭游戏氛围中输掉象棋比赛，他也会掀翻棋盘。正如传记作者本·布拉德利（Ben Bradlee）所写："最终，多洛雷丝发现威廉斯的愤怒来源于他无法达成为自己设定的完美主义目标。当他达不到自己的期望时，无论多么

246

有　效　努　力

BARKING
UP THE
WRONG
TREE

无关痛痒的活动，都能让他爆发。"他永远都不会感到满足，因为外界以及他自己对自己的期望是不断升高的。他的队友吉米·皮尔索（Jimmy Piersall）曾问过威廉斯为什么总是爱发火。威廉斯跟他说："你想知道为什么吗？因为我时刻都要保持优秀，而你不需要。"

有一次，威廉斯愤怒地回到球员休息区，当时他对自己的表现很不满意。因为他认为自己不应该挥动球棒击打最后一球，但他无法控制自己。我们也都有过类似的经历：你觉得你已经犯了一个错，并且情不自禁地埋怨自己。但威廉斯刚刚打出的是本垒打，为自己的队伍赢得了比赛，所以这种错误无伤大雅。当他的队友为胜利欢呼时，他却非常郁闷，因为他认为自己应该做得更好。

对于竞技性比赛来说，例如棒球，这种态度能带来巨大成功（如果不是巨大幸福的话），但对人际关系的提升却毫无帮助。不幸的是，他的内在驱动力以及长时间的训练只会让他越来越有冲劲，威廉斯已经无法悬崖勒马。这种使他成为最佳棒球运动员的催化剂让他永远无法和那些最爱他的人正常相处。

正如萧伯纳（George Bernard Shaw）所说："真正的艺术家会让自己的妻子饿肚子，让自己的孩子赤足而行，让自己的母亲到70岁时仍为他的生活操劳，而他只会一心扑在自己的艺术工作上。"莫扎特的妻子生第一个孩子的时候他在做什么呢？竟然是在另一间屋子里作曲。

同理，那些醉心于工作的医生也是这样。一项对100多名荷兰医学专家的研究发现，让医学专家感到精疲力尽的主要因素是家庭生活对追求职业完美主义的干扰。心理学家理查德·瑞安（Richard Ryan）说："让顶级专家感到焦虑和抑郁的原因之一是，他们和周围的人处理不好关系。他们忙于赚钱和事业，因此生活中少了爱、关怀、同情心以及真正重要的事情。"对家庭不管不顾而一心忙于工作的现象并不罕见。古罗马有句谚语"libri aut liberi"，翻译过来就是"书籍或者孩子"。如果你的事业心真的很强，那么你就得牺牲家庭的幸福。

个人精力也非常关键。有创造力的工作者不仅陪伴伴侣的时间很少，根据《管理学会杂志》（*Academy of Management Journal*）的一项研究，他们和伴侣相处的质量也很低。他们回到家时，大脑已经是精疲力尽了，因此他们没有额外的精力来照顾对方的感受。一项研究发现，完美主义倾向较高的人与伴侣之间和谐相处的概率比正常人低33%。

有的人甚至还会使用一些外部手段来提高自己的工作效率。著名科学期刊《自然》对1400名读者做过一项非正式研究。研究结果表明，20%的人曾使用药品来提高自己的注意力，其中最常用的提神药物是利他林①。梅森·柯里（Mason Currey）对天才的行为习惯进行了分析，他发现服用安非他命②的大有人在，例如保罗·埃尔德什。密歇根大学的肖恩·埃斯特班·麦凯布（Sean Esteban McCabe）教授对美国研究生进行了分析，他发现4.1%的研究生也在服用此类药物。（请原谅我总是去倒咖啡提神。）

因此，一项令自己神往且愿意全身心投入的事业能给我们带来成功和充实感，但它也会影响到我们与他人之间的关系，而这对我们的个人幸福很重要。哈佛大学研究学者肖恩·埃科尔对此回应道："那些最能承受压

---

① 利他林是一种中枢兴奋药，直接兴奋延脑呼吸中枢，作用较温和。适用于呼吸衰竭和各种原因引起的呼吸抑制。

② 安非他命是一种治疗气喘、睡眠失常与过动症的药物，可以提神并防止疲劳。

248

有　效　努　力

BARKING
UP THE
WRONG
TREE

力的人会通过增加社交投资来为自己减压，这正是我们大部分人做不到的。我在研究中发现，最能带给我们幸福的是我们与他人的社交关系。"人们临死时说的最后悔的事情中位列第四的是什么？"我希望我能和自己的朋友们保持联系。"

如果不加以调整，一万小时的刻苦训练会让人陷入失衡的状态。哈佛大学研究生教育学院的霍华德·加德纳教授对许多出色的创作者进行了研究，例如毕加索和弗洛伊德：

我的研究表明，在某种程度上，每一位创作者都陷入了某种讨价还价、交易或者浮士德式的计划中，他们用这种方式来保护自己非比寻常的天赋。通常，他们执迷于自己的追求以至于牺牲了所有，尤其是他们无法成为一位全面发展的人。

如何拥有更平衡的生活

在一次采访中，国际象棋大师博比·费希尔（Bobby Fischer）表达的观点与上述研究结果如出一辙。一位记者问到，假如他没有如此痴迷国际象棋的话，他的人生会是什么样子。费希尔回答说："好吧，那样的话我的生活会更好，你懂的，会更均衡，更丰富。"弗朗兹·卡夫卡（Franz Kafka）的话进一步说明了这一观点："作为一名作家，我的人生非常简单——描绘出我理想中的内心世界，这项才能使其他事情通通退到了幕后，因此我的生活非常枯燥、单调，而且这种单调不会停止。任何别的事情都不能让我感到满意。"

第二章中我们从斯潘塞·格伦登和彼得·德鲁克身上总结出的机会成本理论也可以运用于此。每工作一小时就意味着和朋友、家人相处的时间少一小时。难道这就是成功必须付出的吗？遗憾的是，真的是这样。《为什么随着年龄增长，生产力会降低：犯罪与天才的联系》论文表明，至少对男人来说，婚姻对他们的工作效率起着负面作用，例如科学家、作者、爵士音乐人、画家，甚至犯罪分子。此研究的作者金泽佐藤（Satoshi Kanazawa）写道："科学家的婚后工作效率很快会下降，而未婚的科学家们即使是在晚年也能继续做出巨大的科学贡献。"

问题的关键是，你是否找到了最理想的工作。如果没有找到的话（大多数人都面临此情况），你会怎么办呢？我相信这对我们来说不足为奇，但如果你对自己的工作不感兴趣却又必须非常投入时会产生严重的副作用。在日本，这种现象已经超出了人们的控制范围，经常会有人因加班工作而猝死。这种现象普遍存在，日本人甚至给它起了个名字：过劳死（karōshi）。它逐渐成了人们熟知的词条，并于2002年被纳入字典。过劳死的人数在日本堪比车祸死亡的人数。

过劳死通常与心脏病或者中风等疾病相关，但自杀也并不是与此完全不相关，因过度工作而自杀的现象也有了专名：过劳自杀（karōjisatsu）。保险公司也因相关问题予以赔偿，死者家属会获得100万美元以上的赔偿金。调查发现，90%的日本员工甚至不了解工作与生活相平衡这一概念。为了制止这种行为的出现，一些公司会在下班时播放语音，主要是为了提醒员工们"回家"。

大多数人永远不会加班加到心脏病突发或者自杀的地步，我们只会将就，并且让自己非常痛苦而已。我们通常将这种问题视为"职业倦

250

有　效　努　力

BARKING
UP THE
WRONG
TREE

怠"，然而有趣的是，心理学家已经认定职业倦怠并不是过度的压力引起的，而是一种临床上的抑郁症。《职业倦怠与抑郁症的症状对比》一文中提到，"我们的研究并不支持职业倦怠与抑郁是两个独立概念的假设"。

我们都承受着不同程度的压力，但休息一段时间后，大多数人能缓解过来。克里斯蒂娜·马斯拉奇（Christina Maslach）是此领域内的一流学者，她认为真正的职业倦怠是你与工作之间不匹配造成的。尽管那些工作狂可能毁掉自己的人际关系，或者在工作中累到晕厥，但他们并不会像普通人那样感到职业倦怠。卡里·彻尼斯（Cary Cherniss）和戴维·克兰兹（David Kranz）发现职业倦怠很少会发生在寺院、蒙台梭利学校以及宗教护理中心等地方，因为这里的工作人员认为自己的工作是一种使命而不单纯是一份工作。但是如果一个人不喜欢自己的工作，他就会感到压力很大，因为他的职责和他的期望或者价值不相符。这不仅给他带来压力，实际上还会让他经历观念转变。他会认为自己无法取得进步，开始丧失积极性，最终变得愤世嫉俗和悲观。

所以，职业倦怠是坚毅的对立面。当我们谈到海豹突击队的詹姆斯·沃特斯和马丁·塞利格曼的研究时，我们看到快速恢复的能力往往来自乐观的心态。职业倦怠是对工作产生悲观态度的结果。"这不能让我向前取得进步。我处理不来这个。这件事永远不会变得更好。"

有些人可能认为你只需要咬咬牙坚持下去，但是当你十分悲观而且痛苦万分时，你很难取得成功。正如朱莉娅·贝姆（Julia Boehm）和索尼娅·柳博米尔斯基在《职业测估杂志》（*Journal of Career Assessment*）上的文章所说的那样，幸福会通向成功，但成功并不会同样带来幸福。乐观主义能让你继续前行，而职业倦怠则会让你进入悲观的下行螺旋，让你很难履行自己的职责，因为所有的努力似乎都是徒劳的。最后，你可能会发现自己希望过劳死。

如何解决这一问题？许多人认为大幅涨薪会使一切变得值得，但是他们错了。名为"客观和主观职业成功随时间变化如何相互关联"的研究表明，薪酬不会提高人们对工作的满意度。更高收入不会使这份工作变成一份更合适的选择，因此不太可能减缓职业倦怠。如果你在一个不适合你的工作中过度工作，也许你该做出改变了。

如果你痴迷于追求自己热衷的事业，那么以上解决方案也不会让你感到惊讶。你需要时间来维持人际关系。美国医学协会调查了顶尖的医生，研究他们如何避免职业倦怠，调查中提到的关键一点是"与家人和朋友分享问题"。

每个人都有局限性，为了丰富多彩的生活，我们的事业要既适合我们自己又能扶持家人。正如山姆·哈里斯在接受《大西洋》采访时所说：

"人类的某些成就可能确实取决于人们对成功的神经质式的需求，或他们对金钱或权力的欲望。许多艺术来自被自私的错觉迷住的地方。如果一个人永久地消除自我幻想，他可能不会写出伟大的小说，或者成立下一个苹果公司。佛性境界可能与下一个纳博科夫或史蒂夫·乔布斯格格不入。幸运的是，没有人需要在成为伟大的艺术家、成为企业家还是成为佛陀之间做出选择。对我来说，与之相关的问题是，我们在过充实的生活时，该保持何种程度的神经质、不快乐和自欺欺人。我认为普遍答案是，其程度远远不及我们大多数人的实际情况。"

252

有　效　努　力

BARKING
UP THE
WRONG
TREE

　　因此，尽管忘我的工作对于成功的高度而言可能是必要的，但它并不能带来充实和平衡的生活。

　　这又引发了其他问题：如果我们想要取得成功，又不想切断与朋友和家人的联系或承受职业倦怠带来的沮丧，那么减少工作量真的就可以得到更多吗？我们能否在玩乐中取得成功，还是说，这只是白日做梦？

享受你的工作

　　日本选手已经没有还手之力，他们什么也做不了，他们在自己的主场比赛中被打得落花流水。这很尴尬。

　　巴西的格雷西家族将柔道的擒抱风格带到了全新的高度。在混合武术的爆发性运动中，他们的名字已经成为胜利的代名词。柔道（jiujitsu）是日本的艺术，也是个日语词，不过它已被世界上另一个国家提升到看似完美的程度。格雷西家族在二十世纪早期学习了日本柔道，并在里约热内卢的后巷通过街头打斗和后来的无规则比赛改进了它。他们拿起了这门艺术，并将其发展成了一门科学。

　　自终极格斗锦标赛以来，罗伊斯·格雷西（Royce Gracie）一晚之内击败了三名对手，格雷西柔术已经造成了武术范式的转变。毫无疑问，任何要参加综合格斗赛的人都必然知道格雷西柔道术，否则他们就会被它击败，被击败的人也包括发明柔道运动的那个国家的选手。

　　日本一直喜欢格斗运动。K-1跆拳道赛事填满了足球场大小的场馆。Pride格斗锦标赛于1997年作为全国首屈一指的混合武术组织推出时，也吸引了大量观众。但是，许多参与其中的日本格斗选手被视为送给格雷西家族这样的外国选手的牺牲品。他们被嘲笑为"番茄罐"，因为在比赛结束时，他们被打得鼻青脸肿，颇像损坏的番茄酱罐。

在这个混合武术的新世界里，日本拼命地想重现其传奇的格斗历史，但似乎没有办法超越格雷西家族。这个家族的成员在他们学会走路之前就已经会在擒抱垫上翻滚了。仅仅靠更多或更努力地练习是不够的。格雷西柔道术是一种能够传染给所有武术的耐药病毒。

是否有解药可以恢复日本格斗的荣誉？

有，但它可能来自最不可能的地方。

没有人质疑樱庭和志的才华。但是，他们确实质疑了他的理智。他常被简称为"樱庭"。他不是经过传统训练的武术家，他是一名职业摔跤手。他的擒拿摔跤的风格是一种创始于十八世纪的混合擒抱法，并在嘉年华狂欢和比赛中引起了关注。类似于红鼻子驯鹿鲁道夫的故事，这位迥异于马戏团风格的专业摔跤手成了日本综合格斗界的"白色骑士"。

格雷西柔道最困难的挑战之一是"越过守卫"，即破解对手用双腿对你的控制，这样你就可以在垫子上占据主导地位。这通常像是一场艰苦反复的国际象棋比赛，因为双方一直在争取有利位置。樱庭是如何越过守卫的呢？他一个侧手翻飞过了对手的防守，这一招让他看起来更像蜘蛛侠而不是综合格斗选手。这招奏效了。

这个家伙并非来自少林寺，他更像是来自玲玲马戏团。看他的比赛之前，观众会紧张不安，他们知道会看到一场伟大的格斗，但他们更多预期的是这个出色的疯子下一步要做什么。

樱庭的创新型格斗风格不仅令人激动，而且自始至终他在比赛中都是

254

有　效　努　力

BARKING
UP THE
WRONG
TREE

完美的演员。日本媒体经常把他的一个对手，即格斗选手凯文·兰德尔曼
（Kevin Randleman）称为"大金刚"，所以樱庭在与凯文比赛时打扮成了
马里奥。

樱庭在格斗中做了其他选手不会做的事情：面带微笑。毫无疑问，任
何看他比赛的人都会获得享受。虽然他显然认真地接受了训练，但是他从
来没有那么认真地对待自己。

他也在做其他事情：赢。虽然经常与超过自己50磅的选手比赛，樱庭
在第一次出现在终极格斗锦标赛之后，连续11场比赛无败绩。之后只剩下
一个问题：他可以打败格雷西吗？除了主动选择的情况之外，几十年来格
雷西家族的任何成员从没有在专业比赛中失败过。

1999年11月21日，樱庭通过锁臂勾腿的招式控制住了罗伊勒·格雷
西，骄傲的格雷西家族拒绝拍垫认输。但是当罗伊勒的胳膊明显脱臼时，
裁判宣布比赛结束。樱庭赢了。

此事冲击了综合格斗界。格雷西已经被击败了，而且是被那个曾经是
职业摔跤手的疯狂小丑击败的。

在短短一年多的时间里，樱庭和志击败了第一武术家族的四名顶尖格
斗士，因此获得了另外一个绰号"格雷西猎手"。击败罗伊勒之后，格雷
西家族长埃利奥·格雷西（Hélio Gracie）向樱庭伸出手，他高兴地握手、
鞠躬。骄傲的巴西家族承认了这位值得尊敬的对手。日本格斗士至此恢复
了荣誉。

樱庭和志的纪录包括七次终极格斗锦标赛的冠军。这位曾经的职业摔
跤手被认为是"日本最伟大的混合武术家"。而我却怀疑是否有其他任何
一位格斗选手在拳击场上能像他那样享受比赛。

混合武术最新的顶尖高手不是在格雷西柔道中比格雷西家族做得更好的人，他是一个染了橙色头发，在拳击场中做侧手翻的疯子。樱庭并不是仅仅通过更多、更努力地练习取胜的。有时更多不是答案，它甚至可能意味着更不可能。有时候，我们需要放松和乐趣，也可能是需要一点疯狂，来做到我们最好的水平。

越放松，越成功?

科学家调查了254名成年学生贪玩的程度，然后对比了他们的成绩单。你猜怎么着? 贪玩的程度与好成绩成正相关。事实比这更进一步: 爱玩的学生会更常去阅读未被要求阅读的课堂资料。他们有好奇心，充满动力。其他研究发现，儿童的休息时间与他们的学业成绩之间存在联系。更多的玩耍等同于学习。有趣的事有助于我们与别人保持联系，不仅在我们的个人生活中如此，职场中也是一样。毕竟，如果你从来没有和他们一起开怀大笑过，你怎么可能了解某人呢? 威廉·汉普斯（William Hampes）研究了98名学生，他发现幽默与信任之间存在重要的关系。我们更有可能相信对我们开玩笑的人。

但是如果你是老板，你就不能专注于乐趣? 错。

如果你正在招募顶尖人才，你最好保证每个人都很开心。《领导与组织研究杂志》（*Journal of Leadership and Organizational Studies*）的一项调查发现: "工作场所充满乐趣对申请人的吸引力更大，胜过薪酬或晋升机会。"是的，这与你的想法完全相同: 相比在某个有趣的地方工作，金钱和升职对人们来说并不那么重要。

256

有　效　努　力

BARKING
UP THE
WRONG
TREE

你还需要长时间工作吗？更长时间意味着更多的收获，是这样吗？我们来看看最好的情况，或者最坏的情况。（这取决于你如何看待它，确实如此。）

管理咨询行业因有着超长的工作时间和苛刻的工作任务而具有传奇色彩。一周工作80小时并不罕见，大量的出差和不间断的电子邮件让许多人遭受着"死亡PPT"之苦。哈佛商学院教授莱斯莉·珀洛（Leslie Perlow）和杰茜卡·波特（Jessica Porter）想看看，如果一家顶级的咨询公司做出绝对不可想象的事情会发生什么：他们给员工放假一天。这是什么概念！对于追求效率的波士顿咨询集团的员工来说，这是不可想象的。的确，你可以休假，但是如果出现紧急情况（紧急情况总是会有），他们会说："我们需要你。"那么珀洛所说的"可预测时间"并不是真正的选项。她第一次在波士顿咨询集团提出这个话题时，第一位与她交谈的合伙人拒绝了。她花了六个月才在该公司找到另一位愿意尝试这个疯狂想法的合伙人。

我相信你不会因为员工喜欢这个而感到惊讶。与旧体制下的员工相比，获得可预期休假时间的咨询师比其他咨询师对工作满意的概率高23％，早上更愿意去上班的概率高24％。在一系列指标中，他们对自己的工作感觉更好，而且更可能留在公司。当然，休假让人感觉很好，但这还不是唯一的效果。咨询人员表示，他们为客户提供更好服务的可能性也提高了11％。客户也证实了这一点：有可预期休假时间的团队的最低评分与没有可预期休假时间的团队相同，而其最高分却远高于后者的最高分。

波士顿咨询集团了解到了这一研究成果。四年后，该公司东北区86％

的团队尝试给予员工可预期休假。员工的工作时间变少了，但公司的业绩却变好了。所以很显然，普通员工能力有限，当工作量过多时，他们完成工作的质量会降低，同时他们的生活质量也会受到影响。

2014年盖洛普民意调查显示，有39%的美国人每周工作超过50小时，18%的人每周工作超过60小时。所有加班的时间给这些人带来了什么好处？斯坦福大学的研究表明，几乎为零。随着时间的推移，生产效率急剧下降，"那些投入70小时的人在那额外的15小时内没有更多的产出"。他们创造的只有压力。

《社会经济学杂志》（*Journal of Socio-Economics*）发表的一篇文章指出："加班压力降低的幸福感大于加班费提升的幸福感。"数学等式在此行不通。

乐趣和放松与成功有何关系？似乎每个公司都在高喊创新口号。他们称自己需要创造力，但是把所有时间耗在办公室里，会产生新想法吗？不会。研究不断表明，创造力来自放松，而不是压力和过度劳累。

事实上，在你到达办公室之前的时间里，你的大脑便是在从事创意活动。大多数人在洗澡时能拿出最好的想法。宾夕法尼亚大学的斯科特·巴里·考夫曼（Scott Barry Kaufman）发现，72%的人在洗澡时都有新想法，比上班时更多。为什么淋浴有如此强大的作用？他们放松。别忘了，阿基米德的"尤里卡（我找到了！）"时刻不是在办公室，当时他正在享受舒服的温水澡。

258

有　效　努　力

BARKING
UP THE
WRONG
TREE

睡眠与创意

现代职场的很多快捷环境和创造性思维是直接相悖的。哈佛大学的特蕾莎·阿马比尔发现，在较大的时间压力下，你想出创意解决方案的可能性会下降45%。相反，所有的压力反而产生了她提出的"压力宿醉"。你的灵感离开大楼，可能几天都不会回来。

要真正拥有创造力，你需要走出这种精神过度集中的紧张状态，允许你的大脑思维漫游。研究人员推测，白日梦实际上也与解决问题颇为相似，它与你拼图时使用的大脑区域相同。爱做白日梦的人已被证明是更好的问题解决者。

说到停机时间，你我都要正视每天最长的停机时间——睡眠。我知道我不是第一个提出这一点的人（但我承诺我会成为那个最讨厌的）：因为多种原因，睡眠很重要。

研究表明，没有足够的睡眠时间会使人彻底变得迟钝。华盛顿大学医学院的教授约翰·梅迪纳（John Medina）解释说：

"拿一位在任何任务中都能排名前10%的学生为例，研究表明，如果她在工作日睡眠时间不足七小时，但周末会多睡四十多分钟，那么她的表现在睡眠时间正常的人中将跌到末尾的9%。"

而且你不会像你想象中那么快速地恢复脑力。2008年，斯德哥尔摩的一项研究表明，即便只有几个晚上仅睡五小时，而且之后一周正常睡眠，人们的精力仍然不能百分之百得到恢复。

睡眠已被证明会影响到你的决策、道德标准、健康状况，以及你漫无目的地浏览互联网的时间。研究还表明，睡美容觉真的有用。当科学家观察人们在睡眠被剥夺之前和之后的照片时发现，他们没精打采的照片的评分普遍很低，表明它们缺乏吸引力。

我知道，你觉得你没有问题。不，其实不是，就像醉酒的人大喊他们可以开车。这是睡眠被剥夺后真正吊诡的事情，你不一定会意识到这一点。你没有感觉到疲倦，并不意味着你休息好了并能表现出最佳状态。我的朋友，你的睡眠测量仪并没有校准好。《纽约时报》报道了宾夕法尼亚大学的睡眠研究员戴维·丁格斯（David Dinges）的研究：测试对象连续两周每晚仅睡4小时后，表示感觉很累但也还好。然后研究人员给他们做了一系列测试，结果他们的大脑像装了糨糊一样。丁格斯还发现，连续两周每晚睡6小时后，他们就像喝醉了一样。普通美国人每晚需要多久睡眠？盖洛普调查显示是6.8小时。

确实存在每晚只需要睡几小时的人，但你不太可能是其中之一。"短睡眠者"仅占总人口的1%~3%。（实际上很难找到这样的研究样本，因为这是少数几个几乎没有人会去医院就诊的疾病之一。）你知道晨型人几乎是病理上的活泼和乐观吗？短睡眠者几乎每时每刻都这样。研究人员称之为"行为被激活"，并认为这些人可能患有轻躁狂症，也就是我们在第一章中讨论的那种病症。再次说明，它虽与躁狂症相似，但程度轻得多。他们不是疯了，只是乐观，充满激情，情绪起伏较大。这种"紊乱"会遗传，据说是由hDEC2基因发生突变引起的，所以如果你的基因没问题，那么你就一定不是一名短睡眠者。你只是太累了，而且没有意识到自己有多累。

260

有　效　努　力

BARKING
UP THE
WRONG
TREE

当你我试图效仿这些人时会发生什么？我们来看看最极端的情况，毕竟这么假设更有趣。兰迪·加德纳（Randy Gardner）创造了一项纪录——超过11天不睡觉。研究人员记录了整个过程，发现他身上没有出现持久的健康问题，在补充了睡眠之后一切恢复正常。研究显示，在这个过程中，他的大脑变得乱糟糟的，过了一会儿，他开始口齿不清，接着出现幻觉，目光难以集中，而且在其中很短的一段时间里，他开始幻想自己是一名黑人橄榄球运动员，而不是一名白人少年。《吉尼斯大全》甚至从此取消了睡眠剥夺这一类别，因为它会把人害惨。孩子们，不要在家里尝试这个。

睡眠不仅影响你的疲劳程度和思维的清晰度，还会影响你的情绪。你我都曾有过在疲惫的状况下脾气变得暴躁的经历，但它的影响比这还严重，直至神经科学的层面。当我们疲惫不堪时，我们的大脑也会不由自主地专于消极的信息。还记得杏仁核吗？不能感受到害怕的那位女性，她大脑的该区域不能正常工作。加州大学伯克利分校的马修·沃克（Matthew Walker）的研究表明，睡眠被剥夺时，我们几乎处于与该女性相反的状态：一切都变得更加消极了。当学生们35个小时不睡觉时，功能磁共振成像（fMRI）显示，他们的杏仁核对坏事的反应比拥有正常睡眠的人高60%。当我们睡足8个小时的时候，我们的大脑会"重启"，我们的情绪也会更加稳定。如果不闭眼睛休息，大脑就会对坏事反应过度。简而言之，你累的时候很难开心起来。

早上的心情也会影响一整天的表现。睡眠质量和繁忙的通勤会影响你到达办公室至下班期间的工作效率。沃顿商学院的一项研究显示，你早上的心情会影响你对事情的反应程度。同事的一个错误到底是一件不足挂齿的小事还是一场毁天灭地的灾难？（同理，如果老板看起来很生气，你可能要等到明天才能要求加薪。）

早起还有另一个重要原因：早上的效率通常最高。我与杜克大学的教授丹·阿里尔利交谈时，他说："事实证明，大多数人在清晨的前两个小时内效率最高。不是一醒来就效率高，而是如果你7点起床，你的高效时段为8点到10点半。"不要因疲惫变得暴躁而浪费了最宝贵的时间。

换一种说法，你在牺牲睡眠的那三个小时内完成的任务更多，还是在精力充沛、充满乐观并积极参与工作的那一个小时内完成的任务更多？你在疲惫不堪、烦躁易怒、注意力分散的状态下，工作十小时可能不如你在"巅峰状态"下的三小时完成的任务多。因此，不如少关注一点时间的长短而多关注一下如何才能确保自己处于最佳状态吧。

好吧，该谈谈《恐吓从善：睡眠篇》（Scared Straight：Sleep Edition）了。英国研究人员研究白领工人时发现，他们通常每晚睡6至8小时，但随后睡眠时间减少，研究人员对他们进行了为期十多年的跟踪研究。结果是什么呢？这些人更容易死亡。该研究报告指出："有充分的证据表明，每晚睡眠时间从6小时、7小时、8小时减少的参与者，比整个阶段睡眠时间保持不变的参与者，因各种原因导致的死亡和患心血管疾病导致的死亡的概率更高。

那么，为什么我们得不到足够的时间呢？毕竟人人都喜欢睡觉。答案当然是工作咯。（如果你都猜不到我会这么说，那么你该立刻躺下休息一下了。）宾夕法尼亚大学医学院研究员马赛厄斯·巴斯纳（Mathias Basner）说："绝大多数证据表明，工作偷走了最多的睡眠时间。无论我们如何研究，这个问题在任何社会阶层中都很明显。"没有谁比视频游戏

262

有　效　努　力

BARKING
UP THE
WRONG
TREE

程序员埃文·鲁滨逊（Evan Robinson）对此见解更深刻了。换句话说，为什么公司会毫不犹豫地因为你工作时喝醉而解雇你，却不愿意创造条件让你沉醉在工作中？

你不是一台可以不间断运行的电脑，你需要休息，但是你却会因为在工作时睡觉而受到惩罚。那么，工作间隙睡觉就变成很棒的主意。小睡能提高业绩的证据已经很明显了。

现在，如果我们要讨论小睡，就必须谈谈宇航员了。正确的睡眠依赖于环境的提示。当外界很明亮时，你的大脑会认为应该保持清醒；当外界变黑时，则表示该睡觉了。这给宇航员带来了很大痛苦，因为当你不在地球上时，这些环境提示会让你感到很不适应。你我每天都会经历一次太阳升起，而宇航员在二十四小时内可以看到十几次日升。美国宇航局不得不对睡眠进行大量的研究，因为当宇航员累到不能正常工作时，后果可能是致命的。他们制订了疲劳对策计划。该计划被数十亿美元的政府机构称之为"小睡"。宇航局的一项研究表明，小睡使飞行员变得更加敏锐。"结果清楚地表明，飞行时40分钟有计划的休息显著改善了飞行员在长途飞行中的表现和身体上的敏捷性。"

我们谈到睡眠被剥夺后人会更难感到快乐。你猜怎么着？90分钟的睡眠反转了这个效果。一次午睡不仅能减少大脑对负面状况的过度反应，还增强了对好消息的反应。

你拥有的可能不是工作，而是共生生物

休息和玩得开心还会有什么帮助呢？休息的时间通常很短，所以我们

谈个长点的：休假。一项针对德国教师的研究表明，两周的假期可以增强工作参与度、减少职业倦怠，使这一状态保持长达一个月。假期能为你充电。（你可以把这页撕下来放在你老板的桌子上。）你将旅行提上日程并不意味着你有正当理由加班并剥夺自己的睡眠。研究人员发现，重新工作后的压力太大，使得实际上的恢复效果持续不到一个月，你就又排空了能量罐。同时，回家以后获得更多乐趣可以延长度假带来的这种效果。

我们需要乐趣，也需要休息，它们增加了成功的机会，并且会让你的雇主受益。工作努力并不一定意味着工作出色。花大量时间上网的意义在于，它告诉我们数量通常并不意味着质量。如果你能将工作完成得更出色，那么你就不必做更多工作了。请记住彼得·德鲁克谈到的80/20的观点。做些实现目标的事情，而不是花所有的时间来整理电子邮件。

作者托尼·施瓦茨（Tony Schwartz）说："精力而不是时间，是高绩效的基本货币。"这是一个定性描述，不是定量描述。并非所有的时间都是平等的。我们不是机器，而时间模型就是机器模型。我们的工作不是成为机器，而是让机器做聪明的事情。

故事的正反面我们都听过了。是的，像特德·威廉斯那样充满激情的痴迷者疯狂地工作，并取得出色的成绩，但是他们经常在人际关系方面付出代价。我们中的有些人从事的工作不是他们理想的类型，这时候长时间的工作会使他们失去更多、得到更少。没有人想被计入下一次的过劳死数字中。玩得开心、睡眠和休假可能会减少工作时间，却能在工作质量和积极性方面弥补减少的工时。

那么，为什么工作与生活的平衡会成为两难的问题呢？过去似乎并不存在这样的问题。是吗？真正的问题是什么？事实证明，今时不同往日，

264

有　效　努　力

BARKING
UP THE
WRONG
TREE

世界已经发生了翻天覆地的变化，但是你还是可以对此做些改变。

为了更好地说明这一点，我们确实应该谈谈蜘蛛侠。

彼得·帕克（Peter Parker）再次感到疲惫不堪。

最近他总是很累。打击犯罪当然会消耗体力，他的超能力一直都在帮他抵消这种疲惫感，但是现在有些不一样。

在他作为蜘蛛侠的冒险中，帕克发现了一件新衣服，不是他经典的蓝红色衣服，这件衣服是黑白的。它不仅看起来很酷，而且能增强他的力量。这件衣服可以完美模仿任何款式的衣服，所以他从来没有把它藏起来。当你拥有一个秘密身份时，这是不错的功能。它也为他提供了近乎无尽的强韧织线。对使用织线摆荡在楼间打击罪犯的斗士来说，非常值得拥有。

但是自从他有了这件衣服之后，他总是很累。当然，这不可能是衣服引起的，毕竟那只是件普通织物。直到一天晚上，彼得·帕克将衣服脱了下来，瘫在床上，并且很快就睡着了……

然后衣服动了，它爬到了他的身上，再次裹住了他。它使帕克站了起来，接着穿着这件衣服的帕克从窗户跳了出去，从一个网跳到另一个网，而他全程都是睡着的。

第二天，帕克醒来，疲惫不堪，但不明白这是为什么。他知道他必须做点什么。

里德·理查兹（Reed Richards）是神奇四侠的领导者，也是一位伟大的科学家。彼得·帕克决定向他寻求帮助。理查兹进行了一些测试，并带来了非常令人不安的消息。新衣服不是衣服。它当然不是普通织物，它是有生命的。从生物学上看，它是一种共生生物，像寄生虫一样。它很聪明，有自己的行为动机。它正在从蜘蛛侠的超能力中获取力量，试图与帕克永久地融合在一起。他会成为它的一部分。它不会为他服务，而是使他为它服务。

但是有个更大的问题：现在不但帕克知道了真相，而且它也知道他知道了这个真相。他摆脱不了这个共生生物了。

我们在此暂停一会儿。我知道你们中的一些人在想什么：为什么这个人没完没了地谈论一件超级英雄的衣服？抱歉。我会为非漫画迷讲清楚：当你第一次得到你的工作时，你是否认为它是一次难得的机会？它是否为你提供了看似不错的薪水和福利？但在你走向成功的道路上，你是否发现它正在耗尽你的精力？你总是感到劳累吗？你是否在本应睡觉的晚上仍在工作？这看起来更像是你成了它的一部分，而不是它成了你的一部分，对吗？你拼命维持自己的独立性，却发现你无论多么努力都不能摆脱它？

是啊，确实如此。

我会在这里做你的里德·理查兹：你拥有的可能不是一份工作，而是一种共生生物。而现在，蜘蛛侠们，我们得想办法反击了。

压力重重的时代

我们的时间有多不够用？我们被迫变得有多不耐烦？谁最清楚这个世界对我们施加的压力？电梯设计师。

作者詹姆斯·格莱克指出，奥的斯电梯公司的产品每九天输送的乘客数量就相当于地球的全部人口。但是乘客们还是想要一切变得更快。他们

266

有　效　努　力

BARKING
UP THE
WRONG
TREE

希望电梯来得更快、走得更快、电梯门打开得更快。电梯设计师已经尝试过各种解决方案来应对我们因任何延迟产生的无止境的沮丧感。算法能让电梯预留出等电梯的时间，并使之最小化。三菱创造了一台能像飞机起飞时一样快的电梯——每秒超过40英尺，但是我们仍然会跺脚、翻白眼，嫌它不够快。

他们意识到，我们平均愿意等待15秒左右。到40秒时，我们开始握紧拳头。调查显示，不得不等待两分钟的调查对象认为自己已经等了十分钟。所以他们试图使用一些伎俩。装满镜子的电梯间？那不是为了美观优雅而设计的。将电梯间设计得光可鉴人是因为我们盯着自己的镜像看时不太会注意到自己等了多长时间，抱怨的人数也会下降。

但是，一旦我们进入电梯，情况不会变得更好了。设计师们称之为"门停"——门关上之前的等待时间，通常在四秒以内。具体几秒钟没有关系，反正不够快。电梯里哪个按钮因连续按压掉漆掉得最厉害？格莱克确认是"关门"按钮。

这让我们再回到保持工作与生活平衡的话题。我们一直面临时间不足的问题吗？我们的父母和祖父母是否有同样的心有余而力不足的感觉？从1986年至1996年的十年内，媒体提到工作与生活的平衡32次；仅仅2007年就提起该话题1674次。时代发生了变化。

一方面，人们花在工作上的时间更长了。《哈佛商业评论》调查了超过1500名工资收入处于美国前6%的人，发现35%的人每周工作超过60小时，10%的人在办公室工作超过80小时。1980年，受过大学教育并在美国拥有一份全职工作的男性中，22.2%的人一周工作50小时，到2001年这个比例变成30.5%。这解释了为什么我们中许多人会有"钱多时间少"的感觉，同时也有很多人感觉"钱少时间也少"。

当然，所有这些工作的时间都必然来自人们生活的其他方面。《哈佛商业评论》的调查者在与收入前6%、每周工作超过60小时的受访者交谈时发现："超过69%的人认为，如果他们没有工作那么长时间，他们会更健康；58%的人认为他们的工作妨碍了自己与子女之间原本牢固的关系；46%的人认为这妨碍了他们与配偶的关系；50%的人表示自己的工作使得他们不可能有令人满意的性生活。"

如你所想，这对幸福有很大的影响。过去的大多数研究表明，成年人比年轻人更加快乐。但现在已经不是这样了。自2010年以来，30岁以下的人比前几代年轻人更加幸福。但是，30岁以上的人不如他们此前的同龄人那么开心了。为什么会这样？研究者琼·特文格（Jean Twenge）解释说：

"美国文化越来越强调为自己设立较高的期待，鼓励人们追求梦想。年轻时人们对梦想很有好感。然而，普通人成熟后便已经意识到自己的梦想可能不会实现。幸福感降低是不可避免的结果。过去的成年人可能没有太高的预期，但是现在人们的期待如此之高，以至于他们无从实现。"

另一项研究显示，1976年至2000年期间，高中毕业生的抱负和期望上升到了荒谬的水平，并且随着时间的推移不断增高。简单地做一点数学题就明白了。没错，他们现在成了失望的成年人。用伟大的哲学家泰勒·德登（Tyler Durden）的话说："我们都在电视上看到，相信有一天我们会成为百万富翁、电影之神和摇滚明星，但我们不会。因此我们正在慢慢地认

268

有　效　努　力

BARKING
UP THE
WRONG
TREE

清这个事实，我们非常非常生气。"①

　　这是怎么回事？在现代社会，成功的标准变得荒谬。它们不再难以企及，而是根本不可能达到。电视上播放着20岁的硅谷亿万富豪。你以为自己很擅长某件事？互联网上总有人做得更好，工作更少还更快乐。他们也有漂亮的牙齿。对于大多数人来说，当我们环顾四周，我们的部落只有一两百人，我们可以在某方面脱颖而出，变得与众不同，价值非凡。而现在我们的环境是一个有着70多亿人的地球村。总有比你更好的人，媒体也总会报道这些人，每当你以为自己可以接近他们时，他们就提高标准。

　　这些心理预期还不够糟糕吗？现代世界实际上使竞争更加激烈了。人才市场是全球性的。这意味着如果你不能够应付这份工作，企业不必为此担心，因为地球另一边肯定有人可以。计算机使事情更加高效，需要的人更少，全球人才市场为每个职位提供的申请人数量是需求数量的十倍之多。

　　世界在说"多一点，多一点，再多一点"，我们也是如此。扬克洛维奇营销顾问公司的J. 沃克·史密斯（J. Walker Smith）告诉《华尔街日报》："现在没有人希望成为中产阶级，每个人都想站在顶端。"我们现在可能比以往任何时候拥有的都要多，但是我们没有更加快乐。我们却本能地认为这个问题仍然可以通过获得更多来解决，比如更多钱、更多食物、更多东西，越多越好。我们甚至不知道自己需要更多什么，但是可以肯定的是，我们现在拥有的东西不能解决我们面临的问题。这不是一个反资本主义者的妄言或你爷爷所说的"你们小孩什么也欣赏不来"，而是我

———————————
①　来自电影《搏击俱乐部》。泰勒·德登为片中一位叙事者。

们直觉失误的又一个证明。问题是在追求"让我感觉好些的事物"上没有终点。这是一个吃馅饼比赛，而一等奖是更多的馅饼。

这些期望使我们更难实现我们从周边环境自动继承的目标，但这不是最糟糕的部分。在今天的世界里，一切都是我们的错，或者至少它让我们感觉就是这样。

24小时工作无休

我们喜欢做选择，而且21世纪给了我们几乎无限的选择。通过技术，我们现在总是可以选择工作。办公室的门再也不会在下午五点就关闭。和朋友在一起的每一分钟，或者陪孩子玩耍的时间，我们都可以拿来工作。所以每一时刻都意味着一个决定，而过去不需要做这个决定。但是，一直在脑海中权衡着这些决定对我们来说非常有压力。

我咨询过斯沃斯莫尔学院的巴里·施瓦茨（Barry Schwartz）教授。他研究选择和幸福背后的问题，他是这么说的：

"现在的社会是，你的工作会跟着你回家。事实上，无论你去哪里，你的工作都会跟随你。你在看一场球赛时，你的工作在你的口袋里，对吧？这表示你不一定想一直工作，但你必须做出不工作的决定。无拘无束的决定。'我应该陪孩子一起玩还是应该回复这些电子邮件？'30年前不存在这个问题。你回家了当然是陪孩子玩耍，不需要做决定，而现在要了。"

270

有　效　努　力

BARKING
UP THE
WRONG
TREE

技术大大增加了选择，这既有好的方面也有坏的方面。还记得那项针对收入前6%的人的研究吗？"22%的受访者表示技术正帮他们做好工作，99%的人表示技术延长了他们的工作时间，64%的人指责它侵占了家庭时间。"在莱斯莉·珀洛的研究中，一位执行官看着自己的智能手机说："我喜欢这东西，同时又讨厌它。我喜欢它的原因是它给了我许多权力，而讨厌它的原因是它对我的控制力太强了。"

巴里·施瓦茨对此解释道："当这个世界没给你太多选择，而且事情不能按照你想要的方式进行时，这就是世界的错。你还能做什么？"但是，当你有一百种选择却没能选好时，负担会转移，因为你原本可以做出更好的选择。

问题是，我们喜欢有选择，但讨厌做选择。有选择意味着有可能，做出选择意味着失去可能。拥有如此多的选择，也就意味着增加了遗憾的机会。当工作是一个永远存在的选项时，一切都成为与之权衡的存在。花更多时间工作意味着与朋友、配偶或孩子在一起的时间更少。如果你选择错了，这就成了你的错，再次做选择会让你更加紧张。我们越努力地工作，感觉越糟糕，因为一切都在不断地接受着评判。

在吉姆·鲁宾斯（Jim Rubens）的著作《过于成功》（*OverSuccess*）一书中，他描述了一项研究，展示了我们所受到的那种影响：

调查2300名收入5万美元以上的消费者，我们发现该群体"有抱负，压力大，与人群疏离，充满焦虑"。不足40%的受访者表示"自己是社区的一部分""我的生活取得了恰当的平衡"或"有很多亲密的朋友"。只有30%的人满意自己的个人形象，也只有18%的人在恋爱关系中感到幸福。

2008年，有52%的人表示晚上会因为精神压力而醒来，40%的人说他们承受的压力使他们想哭。约33%的女性表示，如果用1至10分来划分她们的压力水平，她们认为自己会得8分、9分或10分。

它同样会对你与家人相处的时光造成严重影响。1980年至1997年期间，美国家庭谈话的数量下降了100%。是的，100%。该研究的作者称，这意味着"1997年普通的美国家庭每周都没有时间在一起，因为谈话是家庭成员之间的主要活动"。他继续说道："基督教青年会2000年在有代表性的美国青少年样本中开展全国民意调查，21%的青少年认为'他们最在意的是有没有足够的时间与父母在一起'。"（好的，一个乖戾的美国普通青少年最担忧的是他们见不到自己的父母，这意味着肯定出了问题。）

但是，当我们在工作和家庭中面临如此大的压力还要取得成功，当我们总是可以选择但选错时总觉得这是我们自己的错，我们变得迫切需要解决方案。于是，一些人选择放弃生活中的某个方面以发展其他方面。《恰到好处的生活》（*Just Enough*）的作者劳拉·纳什（Laura Nash）、霍华德·史蒂文森（Howard Stevenson），以及哈佛商学院教授克莱顿·克里斯坦森称这个策略为"排序"。他们的态度是，首先做一份讨厌的工作，并赚很多钱，然后成立一个家庭，最后才会做真正想做的事，并感到快乐。

然而，在人际关系方面并不是这样的。克里斯坦森正确地指出："在这些关系出现严重问题的时候修复它们往往太晚了。这意味着，几乎矛盾的是，建立强大的家庭和亲密友谊最重要的时间看起来是好像没有必要的时间。"

《恰到好处的生活》的作者们在对高级管理人员的研究中证实了这一

272
有　效　努　力

BARKING
UP THE
WRONG
TREE

点。是的，这个团队的职业生涯相当成功，但背后的故事听起来更像是特德·威廉斯和爱因斯坦。"当我们进一步探索时，我们发现许多人未必在其他方面做得好，例如家庭、长期的职业健康、和谐的工作环境、脱离大众监督时依然能保持的个人品格等。"我们不能对关系进行排序，它们需要定期、持续的关注。正如爱默生所说："我们总想做好生活的准备，却从未活在当下。"

何为美好生活

说了足够多的失望和不愉快的事情后，你能怎么办呢？

你需要给自己定义成功。环顾四周看看，成功是否不再是一个可实现的选择。试图通过对比其他人的成就而取得成功是危险的选项，这意味着你的努力程度和投资高低因他们而定，这会让你始终保持全速运转。在人人都愿意每天工作24小时和每周工作7天的全球性竞争环境中，模糊地说你想"成为第一"太不切实际。我们要的是选择和灵活性，我们得到了，但现在边界不再存在，你不能再参照外界的情况决定何时停止。世界将永远告诉你：继续前进。

振作起来。我将要说些不那么令人愉快的事情：你必须做出决定。世界不会划清界限，但你必须学会适可而止。你需要问自己，你想要什么，否则你只会得到他们想要的东西。对不起，我必须把这点向你说明，在当今世界"全部得到"是不可能的，因为其他人已经界定了每一类事务的边界。我们曾经靠世界来告诉我们什么时候结束，但现在的平衡必须来自你自己。否则，你可能会面临人们临终时最常有的那个遗憾：没有勇敢地过自己想要的生活，而是过了别人规定的生活。

企业家白田健（Ken Hakuta）说："成功是你将在商业中不断碰到的现象，你总会用一些东西来解释它，那些东西应该是你自己的目标和目的。"

巴里·施瓦茨说，我们必须成为"选择者"而不是"采摘者"。采摘者从可用的选项中选择，使我们陷入眼前所见选项造成的二分选择的误区；但是选择者"深思熟虑后发现，也许没有一个可用的选项是令人满意的，如果他或她想要正确地选择，他或她可能必须自己创造"。

什么样的事物相组合会让你觉得自己拥有的已经足够？什么扼杀了你对"更多"的需求？在这个拥有出乎你想象的无限选择的世界中，什么能让你冷静地说"不用了，谢谢"？《恰到好处的生活》的作者对成就非常高的专业人士进行了60多次访谈，并对90名高级管理人员进行了调查。事实证明，他们中的大多数人都不知道这些问题的答案。有趣的是他们犯了相同的错误。通过反思这些错误，研究人员能够了解我们在生活中需要的东西以及如何以最好的方式得到它。

我们都知道美好的生活不仅是金钱带来的，但是我们中的任何一个人都不能确定那些其他的东西是什么，以及如何得到它们。让我们面对现实吧，钱很容易数清，在较短的时间内也能给我们带来快乐。我们都知道爱、朋友和其他东西也很重要，但是它们也更复杂，我们不能简单地把它们通过亚马逊会员服务快递回家。

凭借某个指标来评估生命成为一个关键问题。我们不能只使用一个尺度来衡量一种成功的人生。

在《恰到好处的生活》中，作者将一切显示我们的生活是否处于正轨

274

有　效　努　力

BARKING
UP THE
WRONG
TREE

的晴雨表称为"折合策略"。大多数人发现自己很容易把关注点只放在金钱上，然后说"让数字上升"。这的确简单方便，但完全错了。正如我们所看到的，与作者进行交流的那些狂热型成功人士经常认为他们失去了其他生活领域，如人际关系。当我们尝试将一切折合为一个指标时，我们会不可避免地感到沮丧。

研究人员认识到生活需要多个衡量标准。例如，要想与家人维持良好的关系，你就需要花时间与他们相处。所以相处的时间是一种衡量方式。但如果把与对方在一起的时间花在了争吵上，也不好。所以你需要衡量数量和质量。

该研究提出了四项最重要的标准：

1. 幸福：在生活中获得幸福感或满足感。

2. 成就：与他人努力实现的类似成就相比，你获得的成就更突出。

3. 意义：对你关心的人产生积极影响。

4. 传承：以帮助他人在将来取得成功的方式建立你的价值或成就体系。

他们还提出了一种简单的方式将这四种标准解读为你生活中的四种感觉：

1. 幸福=快乐

2. 成就=收获

3. 意义=（对别人的）价值

4. 传承=延伸

你需要在每个指标上达到多少才能感觉自己成功了？当下就让你确定如何平衡这四个方面好为余生准备所需也许令人恐慌，你不需要考虑那么远。你在十岁时感到满足的事不会适用于20岁的你，更不会适用于80岁的你。万物都是变化的，这没有关系。细节会改变，但你的价值观不会轻易动摇。

你需要在日常中投入这四种需求。如果你忽视其中任何一个，你就会偏向折合策略。以一个尺度来衡量生命是不对的。过久延迟任何一种需求，你都会面临排序问题。

我最喜欢的一句话是沃伦·巴菲特说的："我总是为那些说出'我将为此付出十年；我真的不是非常喜欢它。然后我会再来做那件事……'的人感到担心。这就像把所有的性生活都留到老年一样。这不是一个好主意。"

所有这一切都是有道理的，但我们必须解决工作与生活平衡问题的症结：你该如何划定边界？你怎么知道你何时得到了足够的"收获"，并需要投入更多精力到"价值"或"延伸"中？

问自己什么才叫"恰到好处"是一个良好的开端。

这种想法并不适用于大多数人，这也就是我们要把工作与生活的平衡问题放在首位的原因。宣称"只有最优秀的人才能如何"并不适用于这个充满无穷选项和无止境竞争的世界。海飞丝曾经有26种不同类型的洗发水。宝洁公司说"够了"，于是将其减到稍微合理的15种，这一举措使利润上涨了10%。

巴里·施瓦茨说："我们经常忽略的事实是，这些限制是有好处的。它们使我们更容易做出决定，让生活更简单。它们会使我们认为'这不是你的错'，因此使我们更快乐。"我们相信这些限制最终值得权衡。无限的自由是交替出现的无力感和压迫感。另外，好的限制是我们根据自己的价值来确定的。

276

有　效　努　力

BARKING
UP THE
WRONG
TREE

　　人们处理很多选择的方式有两种：最大化或满足化。最大化是探索所有选项，对其进行衡量，并尝试得到最佳结果。满足化是思考你需要什么，并选择能满足这一需要的首要选项。满足化依赖于"恰到好处"。

恰到好处就好

　　当今世界，最大化是不可能做得到的，也无法令人满意。想象一下在亚马逊网站上搜索一本"对你而言最好的书"。祝你好运，因为你得逐本评估所有书，你需要数年时间。但这么做存在一个更深层次且不那么明显的问题。你可能认为，评估得越多就越可能产生更客观的结果——你是对的。但这也将导致你最终获得的主观乐趣更少。

　　那正是巴里·施瓦茨和希拉·延加（Sheila Iyengar）在研究过程中发现的。那些毕业后最大化尝试找工作的学生最终都找到了很好的工作——他们的薪资比别人高20%。但相比追求满足化的人，他们最终对工作并不满意。追求最大化者处于期望的往复循环中，更容易后悔，因为他们总认为自己可以做得更好。当然，如果我们是在比较脑科医生，那么最大化也许是个好方法，但在大多数人的生活中，这样只会使我们不开心。提出了"最大化"和"满足化"这两个概念的诺贝尔奖获得者赫伯特·西蒙（Herbert Simon）最后称："当你考量压力、结果和付出等因素时，满足化正是最大化的途径。"

　　如纳什和史蒂文森所指出的："如果两个事物是此消彼长的关系，那你就无法使其最大化。"这再次涉及斯潘塞的取舍原则。你每天只有24小时并且精力有限，你必须给不同类别的各个事物划定界限。你不可能既将精力全部投入于其中一方又能成为各个方面的人生赢家。

一切都归结于"你想要什么"这个问题。如果你不做决定，世界将为你做决定。如你所见，这就像在跑步机上跑步一样，一直追逐却从未到达。埃伦·加林斯基（Ellen Galinsky）进行了一项研究，他问孩子们："如果你可以实现一个愿望，而且这个愿望只能与你的妈妈或爸爸的工作对你造成的影响相关，你会什么许愿？"最常见的回答是什么？他们都希望父母"没那么多压力和不那么累"。

想要平衡工作与生活？那么就记住巴里·施瓦茨曾告诫我们的——"恰到好处就足够好了"。

好了，现在你需要考虑一下这四项标准并达到"恰到好处"的地步。你希望成为选择者，而不是选择器。你想要"征服这个世界"，但你也想下午六点回家，周末不加班。这似乎不可能实现。好吧，你知道谁成功地实现了这个不可能吗？你知道谁名副其实地征服了世界吗？

成吉思汗。他是怎样做到的？他有一个计划……

铁木真生于乱世，出生地更是极为恶劣。12世纪的亚洲草原就像狂野的西部，甚至更糟。独自存活十分艰难，资源的争夺意味着该地区的游牧部落无法和睦相处。

连娶妻都尤为困难，因为很多男性无力支付娶妻的开销。所以他们靠绑架女人来解决这一问题。这是真的。尽管绑架将来的伴侣变得越来越常见，但没有人乐于见到自己的女儿被掳走。因此，伴随着盗窃与暴力，部落之间的仇恨日积月累。

艰难的时期意味着严苛的措施，每个人都可能因他们所遭受的最后一丝不公而爆发。也许你赢得了一场战争，为此高呼"万岁"（是的，这个

278

有　效　努　力

BARKING
UP THE
WRONG
TREE

词来自蒙古语），但毋庸置疑，下周便会有人前来复仇。然后你会反击。这会永远持续下去，而且任何人都得不到好处。历史上的蒙古人给我们留下了野蛮人的印象。他们过去的确是这样。

直到铁木真出现。

我们尚不确定他何时出生（普遍猜测是1162年），我们也无从得知他的出生地点。他的青年时期被乱世烙上了印记：他的父亲被敌方部落毒死，而他自己也被奴役了一段时间。他从未学过阅读或写作，也没有受过教育或像亚历山大大帝那样从父辈手里继承丰富的资源，但他是军事策略界的莫扎特。他真的很厉害，以至于他的敌人控诉他利用巫术作战，为了胜利不惜与魔鬼为伍。

一个生逢乱世且目不识丁的年轻人是如何在25年内征服了比罗马人四百年内所征服的领地更大的地盘的呢？他是如何建立了一个超过1200万英里的巨大帝国的？这个巨大的王国所依靠的不过是一支从未超过十万人的军队，这支队伍如作家杰克·韦瑟福德（Jack Weatherford）所言，"用现代一个较大的体育场就可以轻松容纳"。

当时，草原上的其他人总是对近期施加在他们身上的暴力做出反抗。铁木真走出了这个恶性循环。他不只是反抗，他思考了他想要的东西，并且制订出了一个计划。

首先，他团结了草原的部落，破除了使游牧部落陷入仇恨循环的血缘关系。他建立了奖赏才干、忠诚，同时忽视血统和政治背景的精英管理体制。他废除了绑架娶妻的恶习，严厉惩罚违法者，以打破困扰该地区的冤冤相报的恶性循环。他废除了各个部落的名字。他们现在都是"毡帐内的人民"。1206年，蒙古草原游牧民族终于实现了统一。随后，铁木真获得闻名后世的称号：成吉思汗。

这本身就是巨大的成功。但他又如何打败当时的中国和欧洲这样的先进文明呢？他是如何仅仅凭借十万牧民就战胜了训练有素、装备精良的大军的呢？是的，对此他也有良策。

他的策略不是在敌人擅长的领域打败他们，而是利用自己人民的天然优势。蒙古人从三岁开始骑马。作为不了解现代技术的淳朴民族，他们通过利用更快的速度和更强的灵活性来打败更强大、装备更精良的军队。杰克·韦瑟福德写道："成吉思汗创新的作战技术使得中世纪欧洲的重装甲骑兵战略被淘汰，取而代之的是以单元协调作战的纪律严明的骑兵。习惯了在马背上飞驰的他们不必在他们的军队后面缓慢地拖着军需补给行进。每名战士将额外牵引三到五匹马，这样他们就不会骑上疲劳的坐骑。这使得蒙古骑兵能在九天的时间内行进600英里，这比内燃机被发明出来早几百年。"

他们以现代化军队的作战方式进行战斗。他们就像蜂群，从无数个角度以单独团体作战的方式突袭敌人。当你观察蒙古军队是怎样发动战争的，你就会意识到他们实在高瞻远瞩，现代化军队还在向成吉思汗学习。人们研究他的风格，用坦克和飞机替代马。他早于德国人几百年掌握了闪电战。

成吉思汗的军队看起来像农民兵，所以他们经常被低估，这是成吉思汗惯用的优势。他也不会虚张声势地猛烈反击。如果敌人以为他实力薄弱，那就再好不过了。他在战斗中最喜欢的计策就是假装撤退。当敌方以为自己赢了时，他们就会进行追赶，破坏他们的阵形，追击至伏击点，在那里蒙古弓箭手会向被团团困住的猎物射出漫天箭雨。

280

有　　效　　努　　力

BARKING
UP THE
WRONG
TREE

　　当然，总会有新的挑战出现。成吉思汗虽然经常提前制订计划，但他也是灵活变通之人。他从每一次小规模战斗中学习。大多数人以为，他的军队在遭遇城墙要塞时会受阻。在广阔的草原，蒙古人甚至没有两层的建筑，更别说拥有攻下这类防御工事的知识了。他们没有包围战、弩炮或者投石机方面的经验。不过他们不一定需要。

　　成吉思汗知道总会有他不了解或没有时间去学习的事物，所以他总是在招兵买马。在他征服的人之中，任何一个有用之人都可以加入他的军队。一个敌方弓箭手成功地射中了成吉思汗的坐骑，使他落下马来。当这个人被抓到时，成吉思汗没有处死他，反而任命他为将军。同样，蒙古人吸纳了大量的熟悉包围战的汉人工程师，使成吉思汗的军队在这方面变得尤为强大，从而"结束了围墙城市的时代"。

　　成吉思汗的计划如此稳固，以至帝国在他死去之后并没有崩塌。它存续了另一个150年。（下次寄信的时候，想一下成吉思汗。正是在他当政期间，第一个国际化的邮政系统才建立。）

　　他是一个没有父亲的目不识丁的无名小卒，身处乱世，来自蛮夷之地，却成了世上最强大的人之一。成吉思汗从不盲目地对问题做出反应。他思考的是什么才是他想要的。他制订计划，然后将自己的愿望在现实世界中实现。

　　这就是你需要的：制订计划。我们中的大多数人不愿花这个时间。我们是被动的，像蒙古草原上的部落一样。而工作与生活之间难以平衡的问题在于，过去那些界线对我们已不再适用了。我们不能等着世界来告诉我们什么时候该停下或者调整，现在要依靠我们自己。这就意味着我们需要计划，否则我们将经常感觉到自己做得不够。我们不需要面对中国的军队或者东欧的敌人。我们的战争自始至终都是与我们自己进行的。但这是一场只要我们制订了计划就一定会赢的战斗。对我们有用的事情与对其他人有用的事情稍有不同，不过我们可以利用一些工具来帮忙解决这个问题……

巴里·施瓦茨曾明确指出："我们现在拥有如此多的选择权，却成了选择器，而不是选择者，这才是问题的关键。"我们没有决定我们想要什么，然后去获得它。事到临头了，我们耸耸肩说"好吧，我猜"。基本上，我们是让别人告诉自己去做什么的。亚里士多德说过，上帝是"不移动的移动者"。他移动其他事物，但没有人告诉他如何移动。我们明显可以模仿这个策略，并从中受益。

主动去计划和控制你的生活

变得被动不仅会影响你获得你想要的东西的机会，还会减少你获得真正的快乐的机会。研究显示，我们经常不会选择一些真正使我们快乐的事情，我们会选择轻松的事情。心理学家米哈伊·奇克森特米哈伊发现，看电视使青少年真正感到快乐的时间为13%，业余爱好占34%，运动和游戏占44%。但什么是青少年最常选择的事情？他们花了四倍多的时间看电视。因为没有计划，我们做着被动并且轻松的事情，而不是真正令人满足的事情。

罗伯特·爱泼斯坦（Robert Epstein）调查了30个国家中的3万人，发现减轻压力最有效的方法是制订计划。当我们提前考虑可能遇到的困难并预测如何克服它们时，我们会感觉事情处于自己的掌控之中。那就是完成事情的秘诀。如同功能性磁共振成像研究显示的那样，掌控感会促使我

282

有　　效　　努　　力

BARKING
UP THE
WRONG
TREE

们行动。当我们认为自己可以做出改变时，我们便更愿意投入其中。当你所做之事正确的时候，事情变得不再可怕。并且最有趣的地方——也是对我们最有益的地方——在于，真正重要的并不是你的掌控引起了所有这些变化。重要的只是那种掌控的感觉。当乔·辛普森拖着断了的腿困在山上时，他无法掌控自己的处境，但把当时的环境当作一场游戏，他感觉自己可以做到。

掌控的重要性一直延伸到神经科学层面。简要概括一下：当你有压力时，你根本无法准确思考。在压力下，你的理性思考中心——前额皮质——只能举手投降并选择放弃。你的边缘系统，即控制情绪的蜥蜴脑将接手一切。耶鲁大学医学院的埃米·阿恩斯顿（Amy Arnsten）的研究提到，"即使十分轻微的急性不受控压力也可以引起快速的和突发的前额叶认知能力缺失"。安斯顿还在采访中提到："前额叶功能的缺失只会发生在我们感到失控的时候。前额叶皮质本身决定了我们是否处于掌控之中。即使我们抱有一切尽在掌控的幻想，我们的认知功能还是会受到限制。"你的心脏也不喜欢失去控制。来自《健康心理学》（Health Psychology）期刊的一项研究发现，当你感觉到自己无法掌控事态时，你心脏病发作的可能性将大幅度提高。猜一猜，谁的心电图会出现最大幅度的突升？那些通常情况下得心脏疾病概率很低的人。

为了更好地了解日常生活中掌控感的重要性，我们来观察一下企业家们。一项针对近两千个小型企业的老板的调查显示，超过一半的人每周工作超过40小时，而且他们的工作要求并不低。41%的人表示，为自己工作减轻了自身的压力，而32%的人说这么做增加了压力。但是你猜发生了什么？高达79%的人表现出对管理一家小公司的满足感，70%的人对他们的生活方式感到开心。这超过了我们之前看到的为他人工作的人的工作满意度。所以，相似的工作时间、相似的压力，但是他们远比那些人快乐。为什么？关于创业的初衷，他们的回答中排在前几位的是"做自己的老板""做自己的决定""以我自己的方式来做"。他们想要掌控权。尽管总的时间和总的压力稍有变化，但他们更快乐。

效率与成功之间存在怎样的关系？伦敦政治经济学院研究了印度的357位首席执行官如何利用时间以及时间对利润的影响。大人物工作越久，公司就会赚越多钱。但是他们对这些时间的利用使这一切变得不同。额外利润全部来源于与员工一起的计划内的活动。首席执行官们花在计划外的时间并没有使公司获得额外利润。

所以，如果你想既成功又幸福，计划至关重要。接下来，你需要找到让你现在就着手实施的步骤或流程。但是在我们具体介绍之前，请务必记住一点：这是你自己的计划。而最可能妨碍它生效的——好吧——是你。"我不能这样做"和"我的老板永远不会允许我这样做"的膝反射式反应是你首先将面临的困境。不是每个人都能实现自己写下的想法，但只是简单地忽略那些看起来在你能力之外的事情则是一种错误。就算你不能一字一句地遵照法律，也请遵从法律的精神，写下这个词就行：尝试。

人们常犯的另一个重大错误是，看着清单，然后一发现自己做到的事情，便开口说："我做到了！我真聪明！我现在可以合上这本书了。"自我安慰会让你感觉很好。但是你现在要做的是去改善你的生活，专注于计划中你没有做到的那些事。记住，强调负面事物可能会让你感觉糟糕，但它是你提升自我的必经之路。这是高手们会做的事！

284
有 效 努 力

BARKING
UP THE
WRONG
TREE

记录你的时间

　　如果你不知道你的时间去了哪里，那么你将无法平衡你的时间。前英特尔首席执行官安迪·格罗夫（Andy Grove）曾经说过："要了解一个公司的战略，得关注他们实际做了什么，而不是他们宣称的将来会做的事。"随时记下每个小时所做的事情，不要依靠你那容易犯错的记忆力。坚持一周。你的行为将你引向了何处？它是不是你想去的地方？注意：结果将会让你感到沮丧。我向你保证，你浪费了比你想象中还多的时间。除此之外，请格外注意哪些时间是对以下四大方面有用的：

　　1. 幸福=快乐

　　2. 成就=收获

　　3. 意义=（对别人的）价值

　　4. 传承=延伸

　　或者，你的时间的去处不属于上述任何一项？

　　为了改进你使用时间的方式，你得学习一下犯罪学。为了减少城市中的犯罪，对人进行追踪不像观测地貌一样立竿见影。研究者发现，一半的犯罪发生在城市仅5%的区域内，这被称为"高发区"。在这几块小区域里派驻两倍的警力就能将全市的犯罪率减半，报案电话将减少6%~13%。

　　所以找到你日程表中的"高发区"。你在什么上浪费的时间最多？又在哪些方面花费太多时间，以至上述四个方面顾此失彼？相比"工作少一些"或"试着花更多时间陪伴家人"的模糊概念，改变你在"高发区"上日常耗去的时间将会使你得到更丰厚的回报。由此类推，找出那些对你有好处的选择。你何时会得到与付出不匹配的结果？是清晨还是深夜？是在家还是在办公室？试着让这些时刻前后联系起来。

记住，时间是恒定的，你无法使同一时间内做的两件事都取得最大化的效果。你也不想利用排序或折叠策略来消除上述任何一类。你要想平衡对你有用的这四大方面，就要对每周想分给某一方面的时间做出决定。之后可以对之进行修正，但你现在就需要知道答案。认真写下来。我等着你告诉我。一旦你达到了其中一方面的时间量，就继续去解决其他方面的"高发区"吧。

如同我们在坚毅那一章中谈论的，将事情转化为游戏可以把棘手的问题变得更加有趣和迷人。著名的风险投资人维诺德·科斯拉（Vinod Khosla）毫无疑问处于他做投资的巅峰状态，但是他仍让助手记录他每个月与家人一起吃饭的时间。想出一个适合你的巧妙的衡量标准，情况会大不相同。毕马威负责战略投资与增长计划的总经理凯文·博伦（Kevin Bolen）想有更多时间与妻子和两个儿子相处。他的高发区就是出差。所以他要努力达成的目标在于放弃他所有常飞账户上的铂金顾客身份。他的免费飞行和出差补贴变少了，但是这标志着他完美实现了工作与生活的平衡。

与老板谈话

有些人会说他们没有做出重大改变是因为身不由己，他们的老板不会允许他们这么做。如果你真的想平衡好工作和生活，不要做假设。与你的老板坐下来实际地讨论一下。别误会，我不是让你说"嘿，少给我派活"。询问他们具体想让你做什么，以及他们对你的期望是什么，以及你的改变是否真的会造成巨大的麻烦。答案可能会让你感到惊喜，尤其是当

286

有　效　努　力

BARKING
UP THE
WRONG
TREE

你考虑了他们的需求，并尝试获得双赢时。问一下他们想要你投入"浅度工作"的大致时间，比如回复邮件和坐在办公室开会之类，以及他们想要你投入多少时间在那些真正产生收益的"深度工作"上。仅是这样的谈话就可以降低你的压力。《职业健康心理学杂志》的一项研究显示，当工作要求较高时，对别人期望自己做的事情有更清晰的认识会减轻压力。这样更容易做出正确的决定，且不会产生焦虑感。

无论老板们能否意识到，这种聊天对他们也有益。《哈佛商业评论》详细介绍了一种被称为"积极伙伴关系"的策略。其中，普通员工和经理均需公开他们想要独立且专业地完成的工作内容。这项针对473名高管的研究显示，在实行了一年的积极伙伴关系策略之后，之前想要离职的62个人决定留下来了，他们中的很多人甚至得到了晋升。

随着你对计划进行调整，你将会希望这样的谈话越多越好，十有八九你的老板会欣赏你的计划。有计划，会询问事务的优先级，并且积极解决问题，这样的员工非常有价值。需要老板事后纠正错误的才是真正难搞的人。并且当你做出了成果，你将会得到更多选择。更多选择意味着更多自由和更多掌控权去完成你的计划。一旦合理利用，它将是每个人螺旋式上升的通道。

现在你知道了哪些是棘手的"高发区"，哪些使你的付出与收获不匹配。接着，把时间分配给以上提到的这四大方面，并且你已经从老板那里获得了指引和认可。现在你可以真正做出改变了。

待办事项清单会害了你。给所有的事情都规划时间吧。

乔治城大学教授卡尔·纽波特（Cal Newport）是效率上的成吉思汗。卡尔认为，待办事项清单是魔鬼的发明。因为这个清单没有对时间进行任何考虑。你是否好奇为什么自己从来没有完成过清单上的全部任务？你可以轻松地为只有24小时的一天列出需要28小时才能完成的活动。你需要实际了解在你拥有的时间里你可以做些什么。唯一的方法是在日历上给这些事划定时间，而非列出一个永无止境的清单。

决定一下你何时结束一天的工作，这样你将会知道自己还有几小时。按优先级将待办事项依次填入。卡尔将其称为"固态时间表"。如果你想保持工作与生活的平衡，你就需要划分界限。这个表格会促使你变得有效率。把下午6点设为最后期限，据此安排各项任务，你可以在纷乱的任务中理清头绪，变得切合实际，而不会被永远都不会发生的事情吓倒。

我们中的大多数人都用错了日历：我们没有给任务规定时间，反而将干扰项提上了日程。开会、打电话、预约医生……这些都被我们列进了日程。你知道经常被我们漏掉的是什么吗？实实在在的工作。所有这些事都会让你分心。它们通常是别人的工作，却获得了一段专门的时间，而你的真正工作却被抛弃了。如果真正的工作是影响底线的事情，是让你受关注的事情，能让你加薪并且在竞岗中脱颖而出，那么好的，不客气地说，或许它也值得一点专门的时间。

此外，一天中至少有一小时，最好是在上午，是你的"固定时间"。这是你一天中不被打断地投入在工作中的一小时，你要把它当作宗教仪式一样去接受并执行。这一小时是神圣不可侵犯的。邮件、会议和电话通常

288

有　效　努　力

BARKING
UP THE
WRONG
TREE

只是"浅度工作"。你希望用这一小时来做卡尔所谓的"深度工作"。这一小时内，你会真正地把事情向前推进而非蜻蜓点水。"浅度工作"让你不会被解雇，但"深度工作"才能让你晋升，并且你也不希望在每天的最后时刻来完成它。你希望能够在脑力充沛的状态下完成重要的任务。研究显示，睡醒后的两个半小时至四个小时是你的大脑最敏捷的时段。你想把这段时间浪费在电话或者会议上吗？

如果你在办公室里完全被任务淹没，那该怎么办？如果你无法中断休息，那么就在上班之前的家里完成这一小时。彼得·德鲁克引用了瑞典一项针对12名高管的研究，研究显示他们根本无法在不被打断的情况下持续工作20分钟。唯一一个能够做出深思熟虑的决策的人是那个上班之前在家里花了90分钟工作的人。

严格规划每一天，刚开始的确很痛苦，但很有效。对你的休闲时间也进行计划能让你收获额外的好处。想想就觉得害怕？看看数据怎么说。《幸福研究期刊》（*Journal of Happiness Studies*）的一个针对403人进行的研究显示，你对休闲时间的管理与高质量的生活息息相关。有意思的是，增加人们的休闲时间对他们的幸福感没有任何提升，但提前对这段时间进行规划却大有不同。正如我们之前讨论的，我们对时间的利用通常不是很明智——我们做轻松的事却没做使我们快乐的事。花一点时间进行规划，你将获得更多乐趣，而不是变成一个"沙发土豆"。

所以，为一切事情划定时间，利用"固态时间表"完成重要的事情。但我知道你在想什么：所有的"浅度工作"并没有自动消失。处理烦琐工作的好方法就是"批量处理"。拨出一些碎片时间来处理邮件、回复电话和更换纸张。会议结束后，关掉通知，手机静音，然后回到重要的事务中。我的一天中有三个批量处理时间，但需要频繁交互的工作可能需要更多的批量处理时间。这是为了尽可能地控制和规划这些时段，因此它们不会渗入"深度工作"的时间。在没有邮件和社交网站的时代，我们成功登月，建造了金字塔。你可以过两三个小时再去检查它们。如果你的老板要求快速回复，那该怎么办呢？设置邮件筛查选项，这样你只会收到顶头上司或者真正重要的人的通知，剩下的都可以等。

为确保你不会让目前已完成的事功亏一篑，你还需要记住：学会说"不"。如果你摆脱了不必要的活动，规划好了每一件事，利用了固态时间表，并批量处理了烦琐的工作，却不能阻止别人把微不足道的任务堆积到你的桌子上，你将永远地陷在"浅度工作"中。你向老板询问了事务的优先级后，他将按你实际拥有的工作时间来安排任务。如果一些事情没有优先级，那么不要在此花费时间，你需要说"不"。引用沃伦·巴菲特的话："成功的人与非常成功的人之间的不同在于非常成功的人几乎对一切事情说'不'。"

掌控你的环境

这很重要。超出你想象地重要。它会在你未曾察觉的时候影响你。当我与杜克大学教授丹·阿里尔利谈话时，他指出：

"过去40年的社会科学课程教会我们最重要的一点是环境很重要。如果你去吃自助餐，这家店是以这种方式运营，那么你会吃这种食物。如果它以不同的方式运营，那么你会吃另一种食物。我们以为是自己做出的决

290

有　效　努　力

BARKING
UP THE
WRONG
TREE

定，但环境在很大程度上影响着我们。正因如此，我们需要思考如何去改变环境。"

我们当然不能控制我们所到的每个环境，但我们拥有比我们通常使用的还要多的控制权。分心的事情真的会让你变笨。在嘈杂的铁路附近的教室上课的学生期末考试成绩会落后于在安静的教室学习的学生。当噪声被消除时，两者的差异消失了。办公室的状况也是如此。研究显示，高效率的电脑程序员有一个共同点，无关他们的经验、薪水或者花在项目上的时间，而是他们的老板给了他们一个不受干扰的工作环境。

这就是你可以利用优点做出反应的地方。肖恩·埃科尔推荐"二十秒法则"：让你应该做的事头二十秒易于着手，让你不应该做的事头二十秒难以进入。听起来很简单，但效果显著。通过整理你的工作空间，把能诱惑到你的东西藏起来，暗示自己做出更好的选择。阿里尔利告诉过我一项谷歌位于纽约的办公室进行的简单研究。他们把M&M巧克力放在容器中，而非开放空间。这没什么大不了。但结果是什么呢？员工们一个月内少吃了三百万颗糖果。所以，关掉那个让你分心的网页，把手机放在房间的另一头充电吧。

我知道控制环境可能有些困难。共享的工作区、开放的办公室、爱聊天的同事和时不时监视你的领导……这就是我为什么给你推荐这个至少部分时间都适用的方案：藏起来。预定一间会议室，然后在那里开始工作。你不仅会避免分心之事，而且可能变得更有创造力。斯坦福大学的杰弗里·普费弗和鲍勃·萨顿教授注意到："大量的研究表明，越多的权威人物在你周围，他们问的问题越多，尤其是他们给出的反馈越多，工作的创造性就越少。为什么？因为做有创造力的工作需要不断地受到挫折和面对失败，而当老板看着你的时候，你就想要成功——这意味着你要证明自己，不那么具有创造力的事情必定更奏效。"

适时且准时地结束这一天

你使用了"固态时间表"，对吗？你决定了什么时候结束工作，同时据此安排你的时间表。很好，因为莱斯莉·珀洛说过，达到工作与生活的平衡的关键在于实行"严格的休息机制"。你得确定什么时候离开办公室，这样你就可以确保你正在填充享受、收获、价值和延伸之桶——而不仅仅是工作、工作和工作。

除非你厌恶你的工作，否则如何结束你的一天比你想象的重要得多。为了对此进行说明，我需要与你谈论把东西强塞入你的大桶中这件事。是的，简直是强塞东西到你的大桶中。诺贝尔奖获得者丹尼尔·卡内曼和丹尼尔·雷德梅尔（Daniel Redelmeier）测试了人们在做完结肠镜检查过后还记得多少疼痛。结果是，这项检查持续了多久和有多疼并不会影响人们的记忆。真正重要的似乎是不适感的峰值和它是如何结束的。检查时间长，疼痛平均值高，但峰值较低且结束得很温和，这样人们回忆时会感到没那么不舒服。与此同时，低平均值的快速检查但具有尖锐的峰值和结束时强烈的不适在记忆中的呈现会非常糟糕。无论是你和伴侣之间的争吵还是好莱坞电影的最后一句台词，结尾都很重要。所以花点时间顺利地结束这一天吧。每天在办公室的这些最后时刻会很大程度影响你对自己工作的感受。

292

有　效　努　力

BARKING
UP THE
WRONG
TREE

卡尔·纽波特推荐了"停工仪式"。在这个仪式中，你要花些时间来结束繁忙的一天，并为明天做好准备。研究显示，写下你明天需要注意的一些事情可以解放你的大脑，且有助于你放松身心。神经科学家丹尼尔·J. 列维京（Daniel J. Levitin）解释道："当你在担心一些事情，你的脑灰质害怕你会忘记这件事时，会引起一连串的大脑区域的反应，这被称为'复述循环'。"你心里会一直装着这件事。写下你的想法，并为明天制订计划，然后关闭这个循环。

给自己留出一些停工时间。解除压力最好的方法是什么？投入到爱好中，或者花时间与朋友相处是再好不过的选择。研究显示，周末很美好是因为它是与你在乎的人一起度过的额外时光。在周末你平均多出1.7小时跟朋友待在一起，这是幸福的源头。同时不要忽视睡眠。你不会希望以自己是足球明星的幻觉开始一天的生活。

既然你有大致的计划，那就把它写下来。（成吉思汗做不到，但是你可以。）罗伊·鲍迈斯特的研究显示，这不仅有助于你完成目标，而且可以避免你的大脑在休息时忧心于某事。

你的计划不会在一开始就称心如意的。你会搞砸一些，但没关系。不要忘记自我关怀。原谅自己既会让你不那么难过，又可以避免拖延。一项针对119名学生进行的研究显示，那些在某次考试的复习中拖延的学生原谅自己后在第二次考试前没那么拖延了。他们的感觉更好，不会给自己施加过多压力，而是能够继续前进，有更优异的表现。

当你知道了什么有用和什么没用时，你便可以对计划进行微调。四大方面中的哪一个没有获得足够的时间？不断调整，直到它更接近你想要的平衡状态。这种追踪、检查和改善的方法就是彼得·德鲁克所说的去你想去的地方的方法。计划能让你更接近全方位成功的人生。

目前在这个星球上，人类中有0.5%是成吉思汗的后代。那是两百分之一。所以在许多标准下他都是成功的。他会制订计划。你不必征服世界，无论是实际上还是象征意义上。如果你把这四大方面记在脑海中，那么"恰到好处"就够了。

史蒂文·杰伊·罗斯（Steven Jay Ross）是帮助建立了时代华纳集团的人，他曾精妙地总结道：

"世界上存在三类人——进入办公室，把脚放到桌子上，然后做12小时白日梦的人；上午5点到办公室，然后工作16小时，从来不曾停下做梦的人；把脚放上桌子，做一小时梦，然后做些与梦相关的事情的人。"

我们在这六章里谈到了很多内容。让我们从全局出发，看看事情可能变得多糟糕，以及如果我们努力尝试，可以达到怎样的高度。

什么能造就成功的人生

打起精神，谨慎阅读，接下来的这些话可能会戳到你的痛点。

"我希望你死去。"

这句话真的很令人难受，尤其是当一个母亲对儿子说这句话的时候。但她的儿子马丁已经不在了，他正一动不动地躺在床上。马丁已被诊断为脑死亡。她无法继续面对这样一个儿子。

马丁的父母日夜照料他。父亲每天晚上每隔两小时醒来一次，给他翻身，他才没有得褥疮。照料他给家庭造成了巨大的压力。尽管医生说他永远不会恢复健康了，但是他们仍然把爱倾注在他们儿子的身体上，因为他们爱他。

马丁这样的状态已经持续了多年，他并没有脑死亡，他对外界拥有清晰的意识。他只是被"锁住了"——他能意识到周围的世界，但生活无法自理。他能听到母亲说的话，却没有办法对她做出回应。

当然，那句话很伤人，但不是你想象的那样。毕竟，马丁也希望自己一走了之。她并不是恨他。她看到曾经精力充沛的儿子变成了植物人，于是想彻底结束儿子所处的恐怖状态。马丁不会因她说了那句话而生气，他感受到了别人的悲悯。

自12岁以来，这个神秘的疾病就开始侵扰他，他从那时起就卧床不起，并被诊断为脑死亡。但几年后，他从一具不再受自己控制的躯体里苏醒，并且以这样的状态生活了长达11年。

你的母亲希望你死去是一件可怕的事，尽管如此，这件事仍然值得关注。这种现象是独一无二的，毕竟很久以前，整个世界都将他视为一个失去生命的躯壳。他是被照料、翻身、安排日常和清洁的对象，与人没有任何互动。此时的他不是一个人，最多算一个存续的累赘。

当人们不再把你当人时，他们对待你的行为就会有所不同。他们会在你面前毫无顾忌地做任何事情。他们一遍又一遍地在你面前照镜子，而不用担心会被人称为自恋狂。在你面前，他们会毫无顾忌地大声放屁，而在"真正的人"面前，他们会憋住。

马丁的无力感持续存在，几乎压倒一切。他生活中的一切都是别人为他决定的，比如他是否吃过饭，是躺在左边还是右边等。医院的看护人员对他毫无感情。在很多场合，他甚至被严重虐待，可他什么也做不了，什么都说不出来。

晚上独自睡在床上时萌生过可怕的想法？这却是他生命的全部。他的想法是他唯一拥有的。"你毫无办法"这句话就像一首不能从脑海中赶走的歌曲。"你孤身一人"又让你感觉不到任何希望。

出于纯粹的生存目的以及为了不陷入疯癫，马丁不经意间成了一名禅师。他超脱了他的想法。没有接受过任何训练的他发现了正念。几小时、数天，甚至几周的时间都可能瞬间逝去，因为他从生活和思想中超脱了出

296

有　效　努　力

BARKING
UP THE
WRONG
TREE

来，但虚空不是涅槃（生命之火的熄灭）。这里是黑暗，无所谓好坏，但也没有希望。他确实允许某个念头偶尔爬进脑海，这个念头和他母亲的想法相同：希望自己死去。

有时候，这个世界会干扰他，使他被命运抓住，把他拖回现实。谁最常这么做？谁是他的死对头？

巴尼。

那个令人难以忍受的紫色恐龙以及电视上没完没了的愉快歌声，一遍遍地提醒马丁他有多惨。他不能换频道或砸电视，他只能一遍又一遍地听这些节目。

马丁不能逃避命运的安排，所以他选择了另一条道路。他开始逃进想象中。他梦想着可能发生的所有美妙的事情，不受自然规律或现实规律的约束，当然也不会受到这具顽固躯壳的控制，毕竟这副躯体一直都在无视他的每一个命令。他幻想着自己想要的一切。时间就这样过去了。

后来，有两件事改变了他的命运。他中年的时候慢慢恢复了对身体的部分控制——他可以用手抓住东西了。一名跟踪他眼部运动的护士开始相信他可能还有意识。她建议医生再次对他进行测试。他们意识到他的确还有意识。

事情变化得很快。在摇杆和电脑的帮助下，马丁可以与人沟通了。坐在轮椅上后，他可以移动。马丁感到极大的宽慰。但是，正如播客《看不见的力量》（Invisibilia）指出的那样，他并没有自鸣得意，而是开始实现更多的梦想。

两年后，他开始在办公室工作。还不够。他一直借助机械来工作，并以此作为诀窍，成了一名在家工作的网页设计师。后来他成立了自己的公司。

他上了大学。

他把自己的经历写成了回忆录，这本回忆录的名字叫《幽灵男孩》（*Ghost Boy*），出版后备受赞誉。

他学会了开车。

而到2009年，他不再是孤身一人了。33岁的他和乔安娜结了婚。乔安娜是他姐姐的一个朋友，他们是通过Skype①认识的。十多年来，他都是面无表情，而现在他的脸上常常挂着微笑。

在接受英国广播公司采访的时候，他说：

"成功是有魔力的，一点小小的成功能培育更大的成功。一旦我取得了一点成果，这会鼓励我尝试更大的挑战。它扩大了我对极限的看法。如果我做到了这一点，那么还有其他的哪些事也是我可以做到的呢？"

马丁目前还在轮椅上，他不能在没有电脑帮助的情况下说话。但他上过大学，事业有成，婚姻幸福，生活美满。想想看，他被迫承担的苦难比我们任何人都要多。

只有很少人会遇到马丁面临的那种挑战，但是我们总会陷入困难的局面，就好像"被锁住了"。我们试图在精神上摆脱它们或随波逐流，但正如史蒂文·杰伊·罗斯所说，首先要有梦想，然后去做我们可以取得成功

---

① 一款通信应用软件。

298

有　效　努　力

BARKING
UP THE
WRONG
TREE

的事情。事实上，这是我们唯一能做的了。

　　成功有许多形式：一些令人难以置信且印象深刻，一些简单而离奇，还有一些近乎荒谬。我们受到媒体渲染的那种成功形象的影响，从而忘却了我们自己对成功的定义。而这种成功是你可以实现的。

　　不用担心天赋的作用。本杰明·布鲁姆对成功人士（从雕塑家到奥运会选手，再到数学家）的研究显示，天才通常不能控制人生中的成功。布鲁姆说："在对国内外学校进行40多年的密集研究之后，我得出的主要结论是，只要有适当的先决条件，任何人们能学到的东西，所有人都可以学成，并取得成功。"

　　阻碍你定义成功的是什么？在大多数情况下，只要有时间和精力，没有什么是无法克服的。当我想到成功的极限时，我的脑海中会出现一种叫Scrabble的拼字游戏。奈杰尔·理查兹（Nigel Richards）是拼字游戏史上最伟大的玩家。他是法国拼字游戏冠军。FiveThirtyEight网站报道："他的官方评分与第2名玩家的距离，和第2名高出第20名的分数大致相同。"他直到28岁才开始玩这个游戏。他第一次参加全国锦标赛就赢了。法语拼字游戏没有谁比他玩得更好。还有一件事值得一提，奈杰尔·理查兹甚至不会说法语。

　　他的获奖感言需要翻译。在横扫英语界拼字比赛多年之后，他把注意力转向了高卢人的语言，刚开始时他只是记忆单词，却并不知道它们的意思。而法语拼字比北美拼字难，因为它有近20万个单词。他想成为法语拼字游戏冠军，并且不想让不会说法语成为他的阻碍。

　　我们在本书中已经谈了很多与成功相关的事。从惊险的登山故事体现出的坚毅，到诺贝尔奖得主关于分清优先级对幸福生活有多重要的研究，现在让我们简明扼要地收个尾（比结肠镜检查收尾带来的不适感少得多）。

成功最重要的秘诀是什么？

一个词：一致。

成功不是任何单一品质的结果，它是关于你是谁和你选择去哪里的问题。扮演合适的角色，拥有恰当的技能。做一个好人，并与其他好人为伍。拥有一个既能让你前进，又能把你和世界联系在一起的故事。打造一个对你有用的人际网，找一个能平衡你的内向或外向性格的工作。在学习中提升自己时保持适度自信，在不可避免的失败面前原谅自己。维持四大方面之间的平衡，创造没有遗憾的圆满生活。

正如霍华德·史蒂文森和劳拉·纳什在研究努力维持这四者平衡的成功人士时所写的那样：

在能增强你优势的环境下发挥你的特征技能，并使之与你的个人价值一致，你会更加积极且充满热情地去追逐成就感、影响力、幸福感和使命感。当你为自己确立的关于成功的目标与你所共事的团队目标同步时，你的回报会更加丰厚。

如何保持一致呢？正如德尔菲的神谕所言："认识你自己。"你的"强化剂"是什么？你是一个给予者、接受者还是二者兼有？你是更内向还是更外向？不够自信还是过度自信？四大方面中的哪一个是你毫不费力就能满足的？哪些常常被你忽视了？

然后，将这些特质与你周围的世界保持一致。选择正确的位置，找到

300

有 效 努 力

BARKING
UP THE
WRONG
TREE

一个能激发你的"强化剂"的工作。创造一个激励你成长的故事。下一些能扩大你的视野的小赌注。使用WOOP来实现你的梦想。

你的人际关系是带给你幸福的东西。学者和畅销书作家肖恩·埃科尔在一份报告中称:"2007年,我对1600名哈佛学生进行了一项研究后发现,得到社会支持与获得幸福之间的关联性系数为0.7。这数字比吸烟和癌症之间的关联性系数还高。"多少钱才能买来一段良好的社交关系带来的幸福感?《社会经济学杂志》的数据表明,每年必须多赚121000美元。

纵观全局时会发生什么?当你濒临死亡时,成功意味着什么?一位研究人员找到了答案。乔治·瓦利恩特(George Valliant)主持了格兰特研究。他全面跟踪研究了一群男子的生活,从他们大学毕业直到死亡这一段时间。他从几十年的研究中总结出的结论是什么呢?"生活中唯一重要的是你与别人的人际关系。"

所有这些人际关系和被称为爱情的东西,对你的成功志愿来说太过温暖和模糊了吗?答案是否定的。瓦利恩特和他的团队就受访对象在47岁时拥有的人际关系进行了评分("结婚多久了?是否有孩子?孩子与你们关系密切吗?有多少个朋友?"),打分结果几乎与这位男性在职业生涯中获得成功的程度成正比。人际关系的分数就像一个水晶球,清楚呈现了他们赚了多少钱,职业生涯获得了多大程度的成功。得分最高的人挣的钱比那些得分最低的人多一倍以上。这是果而非因?不太可能。那些最感性的家伙的收入是那些最自恋的人的2.5倍。

这些人际关系不仅可以助你成功,还可以拯救你的性命。记得斯潘塞·格伦登的健康话题吗?我曾提到他接受了肝移植。他第一次病重时,医生就断定他最终可能需要移植一个新的肝脏，他的朋友们都做过检测，看是否有匹配的。（肝脏是独一无二的，因为它可以再生，所以捐赠者和受捐者都会随时间长出一个完整的器官。）他的朋友卡尔是一个很好的匹配者。多年来，斯潘塞的健康状况继续恶化。医生说斯潘塞已经别无选择了，他需要移植。

卡尔不仅仅是志愿者。他透露，自有幸成为匹配者以来，他一直注意饮食和锻炼方式。过去几年里，他达到了自己最好的状态，所以等到时机成熟时，他就可以向斯潘塞捐出最健康的肝脏。多亏了卡尔的计划，今天这两个朋友都过得很健康、快乐。我希望我们都足够幸运，能拥有卡尔这样的朋友。

如果你将自己的专业知识用在职场，并且能和周围的人目标一致，这就会形成一个向上的积极状态，不仅能为你带来事业上的成功，还能创造幸福感和成就感。

至此，我们的精神旅程即将结束。你读到了疯狂的自行车骑手、感觉不到痛苦和恐惧的女子、奇怪的钢琴家、连环杀手、海盗、监狱帮派、海豹突击队、多伦多浣熊与少林寺僧侣；你需要多长时间成为蝙蝠侠，拥有埃尔德什数，成为牛顿、爱因斯坦、特德·威廉斯和蜘蛛侠；还有哈佛大学与麻省理工学院之间的雷达战争、幽灵军队与人质谈判专家、美国皇帝（愿他安息）、象棋比赛、日本的橙色头发摔跤手、成吉思汗和满世界飞去对别人说"谢谢"的人。感谢你花时间阅读这些乱七八糟的内容，走完这段阅读之旅。

在这本书中，我想探索的真相是，那些研究和动人的故事显示的什么

302

有　效　努　力

BARKING
UP THE
WRONG
TREE

东西能真正带来成功。我成功了吗？这取决于你。我并非无所不知。我只是一株内向的兰花，幸运怪物，未经筛选的领导者，一个想要成为奉献者的平衡者，一个常常过于自信且缺乏自我关怀的人。但是，我想我已经选择了正确的环境，见贤思齐。这对我来说已经足够。所以，花点时间弄清楚你是谁，你需要什么吧。

想了解更多信息，请访问我的网站：bakadesuyo.com。上面有更多内容。就像受人诟病的"人脉"一词，鉴于你的蜥蜴脑并不真正了解作家或写手的区别，不如这么看吧：我是你的朋友。想认识我的话，请随时给我发邮件。我的邮箱：ebarker@ucla.edu。

祝你取得圆满成功。

致　谢

罗伯特·德尼罗告诉我永远不要攀名人抬身价。

——鲍勃·瓦格纳

沃尔特·格林曾飞往世界对帮助过他的人表达感谢。但对我来说，我能做的是，对帮助我写成此书的人表示感谢，他们中的许多人在成书过程中努力使我保持"精神正常"。

也许很多人告诉过你，写一本书是多么难，但他们不会说这个过程是多么孤独。没有以下这些好人，我不可能完成此书：

超级经纪人吉姆·莱文，我的编辑希拉里·劳森和吉诺维瓦·略萨。

所有在这本书中贡献过故事、研究和想法的人。

再次感谢我的父母。没有他们，我是不可能成功的。

感谢所有阅读我博客的人。

感谢贾森·哈洛克，他是议会能指望的最好的威尔逊。

感谢卢修斯·福克斯，没有他就没有蝙蝠侠。

感谢泰勒·考恩，是他向整个互联网推广我那没多少人知道的博客的。

304
有　效　努　力

BARKING
UP THE
WRONG
TREE

感谢安德鲁·凯文·沃克、朱莉·杜尔克和德鲁·霍姆斯。他们让我离开房间，引荐我加入"兄弟联盟"。

感谢我的朋友和无私的合作者——黛比、尼克·克拉斯尼、迈克·古德、拉古·玛娜瓦蓝，以及克里斯·沃斯。

感谢我的表弟赖恩，他是我最好的兄弟；我的姑姑克莱尔，她在送给一个饥肠辘辘的作家的生日贺卡中总会夹一张支票；以及我的姨妈芭芭拉，我大学期间，她总是对我给予关怀和照顾。

感谢以下在成书的过程中给我提过建议和意见的人：丹·平克、亚当·格兰特、戴维·爱泼斯坦、沙恩·斯诺、约翰·理查森和希拉·赫恩。

感谢塞多纳光照派（Sedona Illuminati）成员：詹姆斯·克利尔、赖恩·霍利迪、乔希·考夫曼、史蒂夫·坎布、沙恩·帕里什、尼尔·埃亚勒和蒂姆·乌尔班。

感谢在我写书写到快疯狂时支持我的可爱之人：鲍勃·拉丁、保罗·科埃略、克里斯·叶、珍妮弗·阿克和杰夫·汤普森侦探（他问我是否愿意接受纽约证券交易所人质谈判团队的培训，说得像我会拒绝一样）。

感谢我大三时的女朋友。当我说我想成为一名作家的时候，她嘲笑了我。感谢她的激励。

图书在版编目（CIP）数据

有效努力 /（美）埃里克·巴克（Eric Barker）著；
刘惠译 . — 长沙：湖南文艺出版社，2018.9
    书名原文：Barking Up The Wrong Tree
    ISBN 978-7-5404-8739-3

    Ⅰ. ①有… Ⅱ. ①埃… ②刘… Ⅲ. ①成功心理—通
俗读物 Ⅳ. ① B848.4-49

中国版本图书馆 CIP 数据核字（2018）第 114637 号

著作权合同登记号：图字 18-2017-267

BARKING UP THE WRONG TREE
Copyright©2017 by Eric Barker
Published by arrangement with HarperOne, an imprint of HarperCollins Publishers.

上架建议：畅销·成功励志

YOUXIAO NULI
有效努力

作　　者：	[美]埃里克·巴克
译　　者：	刘　惠
出 版 人：	曾赛丰
责任编辑：	薛　健　刘诗哲
监　　制：	吴文娟
策划编辑：	董　卉
特约编辑：	叶淑君
版权支持：	辛　艳
营销编辑：	徐　燧
装帧设计：	利　锐
出版发行：	湖南文艺出版社
	（长沙市雨花区东二环一段 508 号　邮编：410014）
网　　址：	www.hnwy.net
印　　刷：	北京盛通印刷股份有限公司
经　　销：	新华书店
开　　本：	700mm×995mm　1/16
字　　数：	236 千字
印　　张：	20
版　　次：	2018 年 9 月第 1 版
印　　次：	2018 年 9 月第 1 次印刷
书　　号：	ISBN 978-7-5404-8739-3
定　　价：	48.00 元

若有质量问题，请致电质量监督电话：010-59096394
团购电话：010-59320018